Claus Dieter Meyer / Karsten Müller

# Magische Endspiele

Joachim Beyer Verlag

ISBN 978-3-95920-122-3

1. Auflage 2020


Ein Imprint des Schachverlag Ullrich, Zur Wallfahrtskirche 5, 97483 Eltmann



Herausgeber: Robert Ullrich

Originaltitel: ChessBase DVD Magische Schachendspiele

# Inhaltsverzeichnis

# Zeichenerklärung

| | |
|---|---|
| + | Schach |
| # | Schachmatt |
| x | schlägt |
| ! | guter Zug |
| !! | ausgezeichneter Zug |
| ? | schwacher Zug |
| ?? | grober Fehler |
| !? | beachtenswerter Zug |
| ?! | fragwürdiger Zug |
| □ | einzig spielbarer Zug (zum Sieg oder Remis führend) |
| +− | Weiß hat entscheidenden Vorteil |
| ± | Weiß steht besser |
| ⩲ | Weiß steht etwas besser |
| = | die Stellung ist ausgeglichen oder remis |
| −+ | Schwarz hat entscheidenden Vorteil |
| ∓ | Schwarz steht besser |
| ⩱ | Schwarz steht etwas besser |
| ↑ | mit Initiative |
| → | mit Angriff |
| ⇄ | mit Gegenspiel |
| ⊙ | Zugzwang |
| ⌓ | besser ist |
| ∞ | unklar |
| =∞ | mit Kompensation für den materiellen Nachteil |
| 1-0 | die Partie endete mit einem Sieg von Weiß |
| ½-½ | die Partie endete remis |
| 0-1 | die Partie endete mit einem Sieg von Schwarz |
| CDM | Claus Dieter Meyer |

# Einleitung

Dieses Buch ist das letzte Produkt meiner langjährigen Zusammenarbeit mit dem Bremer Schachtrainer und Analytiker FM Claus Dieter Meyer (1946-2020), dem es am Herzen gelegen hat, zum Abschluss noch ein Werk über Endspiele herauszubringen.

Erneut hat er einen faszinierenden Fundus aktueller sowie zeitloser Partien bzw. Fragmente scharf unter die Lupe genommen, um diesmal spezielle Themen für ein ambitioniertes Endspiel-Trainingsprogramm herauszufiltern. Sodann habe ich die Eckpunkte seiner Arbeit zusammengestellt, gegliedert und mit eigenen Beispielen ergänzt.

Um die außerordentlich kompakte und facettenreiche ChessBase-DVD *Magische Schachendspiele* nun auch in Buchform präsentieren zu können, wurde der Themenkreis enger gezogen. Dabei wurden ausgewählte Teile des ursprünglichen Stoffes beibehalten und mit etlichen zusätzlichen Beispielen, die in das neue Konzept passen, angereichert.

Im Mittelpunkt stehen nach wie vor solch „magische Themen" wie Matt, Patt und Zugzwang. Dabei ist der Fokus auf Beispiele gerichtet, in denen „Magie" und lehrreiche Inhalte auf eine Weise miteinander verknüpft sind, dass auch viele Faustregeln veranschaulicht werden können und – was fast noch wichtiger ist – viele *Ausnahmen* von den Regeln.

Ich hoffe, dass dieses Buch einen würdigen Abschluss von Claus Dieter Meyers beeindruckendem schachlichen Lebenswerk bildet.

GM Dr. Karsten Müller

Hamburg, im Juni 2020

# Danksagung

Ich bedanke mich besonders bei dem Verleger Robert Ullrich vom Beyer Verlag für die gute Zusammenarbeit und bei Thomas Beyer für das vorbildliche Layout. Bei ChessBase bedanke ich mich speziell für die Erlaubnis, die Fritztrainer DVD *Magische Schachendspiele* als Basis dieses Buches zu nutzen sowie für die neue Idee mit der Einbindung der *QR Codes*. Ebenso geht mein Dank an diverse Mitglieder des Bundesliga-Teams vom SV Werder Bremen für gelegentliche analytische Unterstützung – sowie an GM Luis Engel für viele neue Beispiele, Aufgaben und Ideen.

# Vorwort

Magie hat Einzug in unser Leben gehalten. Drachen kreisen über unseren Köpfen und Harry Potter hatte viele Schlachten zu schlagen.

Aber – gibt es Magie im Schach? Claus Dieter Meyer und Dr. Karsten Müller nehmen den Leser mit auf eine fantastische Reise. Nicht zum Mittelpunkt der Erde und auch zu den Sternen soll es nicht gehen. Das Ziel der Expedition sind magische Momente in Schachendspielen.

Begleiten Sie den König von Luis Engel beim Marsch über das halbe Brett. Bewundern Sie die Eleganz eines Magnus Carlsen in einem Endspiel mit ungleichfarbigen Läufern. Bestaunen Sie den Blackout eines Silizium-Monsters gegen einen Artgenossen.

Claus Dieter Meyer hat sich in seiner unnachahmlichen Art auf die Suche nach solchen Beispielen begeben. Seit Beginn seiner Trainerlaufbahn trieb ihn die Lust am Entdecken von Pointen, die Freude am Erforschen tiefgründiger Zugfolgen und die Suche nach der Wahrheit in scheinbar aussichtsloser Lage an.

In das vorliegende Werk flossen neueste Partien aus seinem Umkreis genauso ein wie Partien von Weltmeistern. Subtilste Studien nehmen gleichberechtigt Platz neben ungeschliffenen Diamanten aus der Oberliga. Allen Beispielen gemeinsam ist jedoch der aufblitzende Funke, die originelle Idee, ja manchmal eine Kaskade von glänzenden Manövern. Eingefangen von Claus Dieter Meyer und zu Papier gebracht von Dr. Karsten Müller.

Keinesfalls fehlen darf in diesem Buch die „Never Ending Story" der beiden Autoren, wenn man so will, ihr persönlicher weißer Wal. Die Arbeit an der Partie *Kunnemann gegen N.N.* steht exemplarisch für die tiefgründige Analyse und die pure Lust am Denken. Der Weg ist hier das Ziel!

Als Bundesnachwuchstrainer freut es mich natürlich besonders, GM Luis Engel mehrfach und an exponierter Stelle erwähnt zu finden.

Dr. Karsten Müller setzt mit diesem Buch die Zusammenarbeit mit seinem einstigen Trainer und späteren Freund Claus Dieter Meyer gleichsam fort und führt dessen Vermächtnis weiter.

Für alle Spieler, Lernenden und Trainer sei das Buch als wertvolle Materialsammlung und als unterhaltsame Lektüre empfohlen.

Wie sagte bereits Tom Hanks in einem seiner Klassiker: „Es war wie – Magie".

Bernd Vökler

Juni 2020

# Kapitel 1 – Matt

Das ultimative Ziel des Spiels tritt im Endspiel zunächst oft in den Hintergrund, weil ohne Damen weniger Angriffspotenzial zur Verfügung steht. Aber es gibt auch im Endspiel direkte Königsangriffe und wir haben einige besonders faszinierende herausgesucht.

## 1A) Matt durch den letzten Bauern im Spiel

### 01.01
### Mate Bagi (2470)
### Wadim Swjaginzew (2626)

Ulcinj 2019

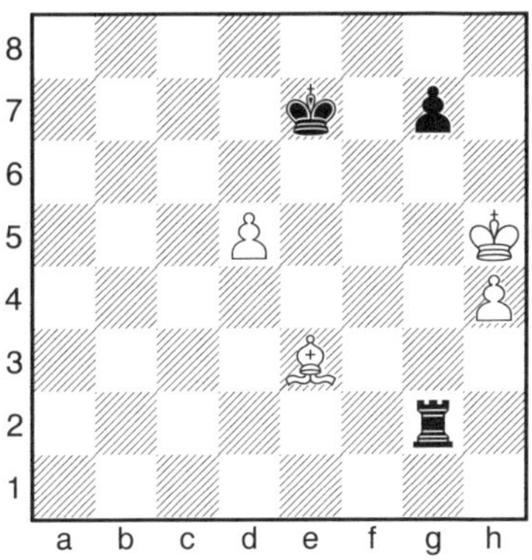

Schwarz am Zug

Wadim Swjaginzew kannte als Schüler des russischen Meistertrainers Mark Dworetzki das folgende magische Motiv sicher schon vorher.

**60...Kf6!**

Genau so muss der König das Mattnetz knüpfen.

Nicht jedoch 60...Kd6? 61.Lg5 Kxd5 62.Kg6=

– oder 60...Kf7? 61.Lg5 Tg1 62.d6 Td1 63.Lf4 Kf6 64.Kg4=.

**61.d6 Tg6!** und Weiß gab auf, denn aus dem Mattnetz gibt es kein Entrinnen.

**62.d7 Kf5 63.d8D Th6+ 64.Lxh6 g6# 0-1**

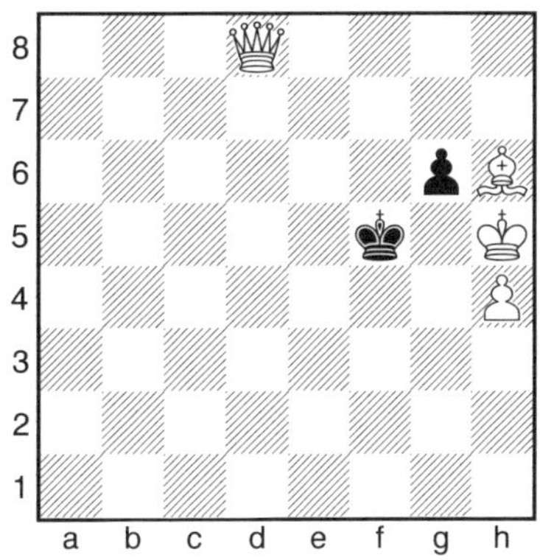

Der letzte Bauer setzt matt und Schwarz hat im Verlauf keine einzige weiße Figur geschlagen. Wahrhaft magisch!

## 1B) Matt durch die Dame im Spiel

Das kommt natürlich weit häufiger vor, darf aber hier nicht fehlen.

**01.02**
**Bulat Murtazin (2384)**
**A. Pletl (2222)**
Palic 2016

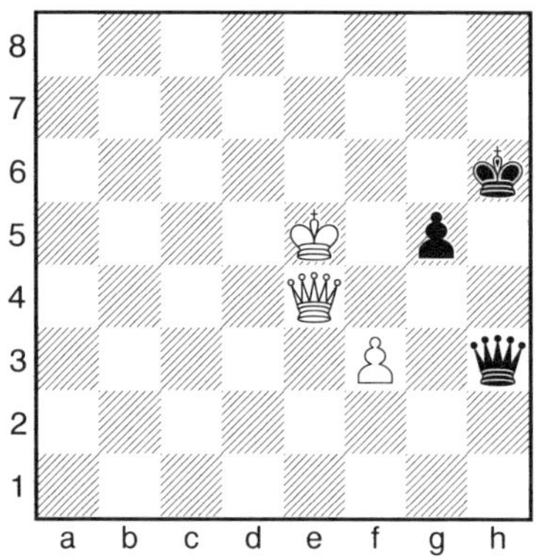

Weiß am Zug

**94.Kf6!**

Der König sperrt seinen Widersacher im Schwitzkasten ein.

**94...Dh5**

94...Kh5?! 95.Dh7#

**95.Df5!**

Die eigentliche Pointe: Schwarz ist in tödlichem Zugzwang.

95.Dd3? De8!=

**95...g4**

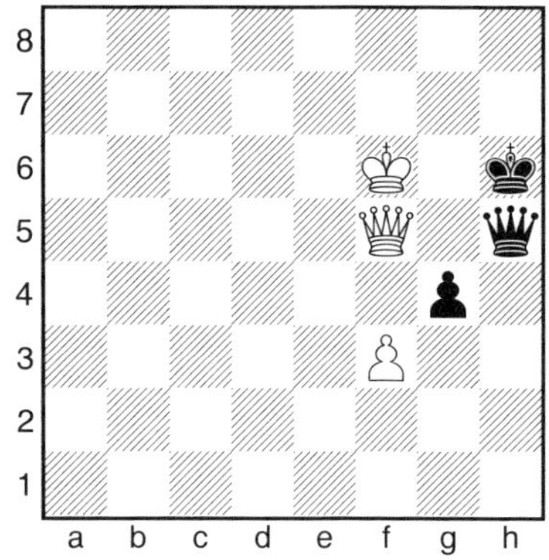

**96.Dxg4** und Schwarz gab auf.

– 96.Df4+!? ist noch einfacher: 96...Kh7 97.Dc7+ Kh6 98.Dg7#.

– Nicht jedoch 96.fxg4? Df7+! 97.Kxf7 patt (97.Ke5 De7+=).

**96...Dxg4 97.fxg4 Kh7 98.g5 Kg8 99.Kg6!**

Die entscheidende Opposition.

**99...Kh8 100.Kf7 Kh7 101.g6+** +–

Oft gibt es in Damenendspielen neben Matt- auch Pattmotive.

## 01.03
## Jor Cruz (2088) – S. Del Rio de Angelis (2524)

Figueira da Foz 2017

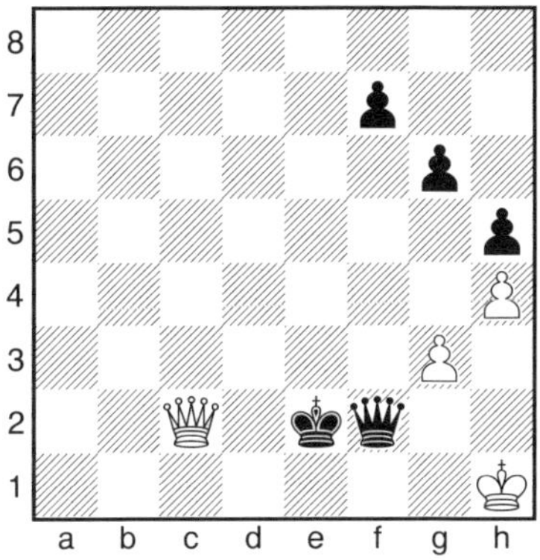

Schwarz am Zug

**84...Kf3!**

Der König macht sich in Richtung h3 auf die Socken.

– 84...Kf1? 85.Dd1+ De1 86.Df3+ =

– 84...Ke1? 85.Dc1+ Ke2 86.Dc4+ Ke3 87.Dc3+ (87.Dc5+? Kf3–+) 87...Ke4 88.Dc4+ Kf3 89.Df4+ Ke2 90.Dc4+ =

**85.Dd3+**

– 85.Dc6+ hilft auch nicht wegen 85...Kg4 86.Dxg6+

(86.De6+ f5 87.Dxg6+ Kh3 88.Dg4+ hxg4 89.h5 Df1#)

86...Kh3 87.Dg4+ hxg4 88.h5 Df1#.

– 85.Dxf2+ Kxf2 86.Kh2 f5 87.Kh3 Kg1–+

**85...Kg4**

85...De3 gewinnt auch; z.B. 86.Df1+ Kg4

(Nicht jedoch 86...Kxg3? wegen 87.Dg2+ Kf4 88.Dg5+ Ke4 89.De7+ Kd4 90.Da7+ Kd3 91.Da3+ Ke2 92.Da2+ Dd2 93.Dxf7=.)

87.Dxf7 De1+ 88.Kg2 Dxg3+ 89.Kh1 Dxh4+ 90.Kg2 Dg3+ 91.Kh1 Df3+ –+.

**86.De4+**

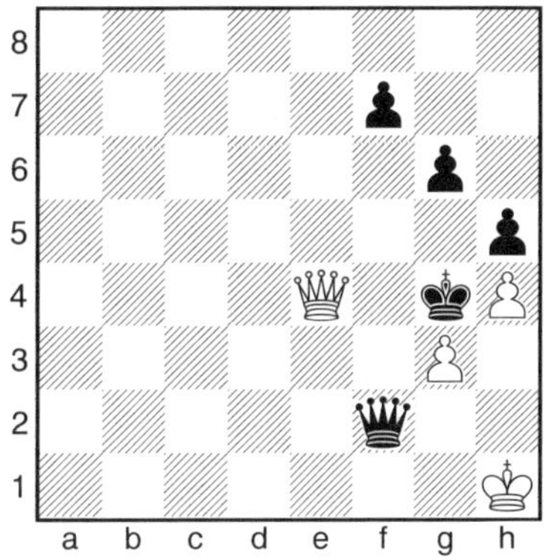

86.Df5+ Dxf5–+; 86.Dxg6+!? scheitert ebenfalls an 86...Kh3 87.Dg4+ hxg4 88.h5 Df1#.

**86...Kh3!**

Der König erreicht seinen sicheren Unterschlupf.

Natürlich nicht 86...Kxg3? wegen 87.Dxg6+ Kxh4 88.Dg3+ Kxg3 patt.

**87.Dg4+ hxg4**

Angesichts von **88.h5 Df1**# gab Weiß auf.

Dieses Kapitel ist solch großartigen taktischen Einfällen wie dem folgenden gewidmet.

„Es soll die Mattgelüste anstacheln und die Mattphantasie anregen. Denn es gibt für den Schachspieler nichts Schöneres, als am Ende der Partie zum Gegner sagen zu können: Sie sind schachmatt!“ (aus Kurt Richters *Schachmatt*, Berlin 1958).

### 01.04

**Sergej Karjakin (2750)**

**Maxime Vachier-Lagrave (2778)**

Saint Louis 2019

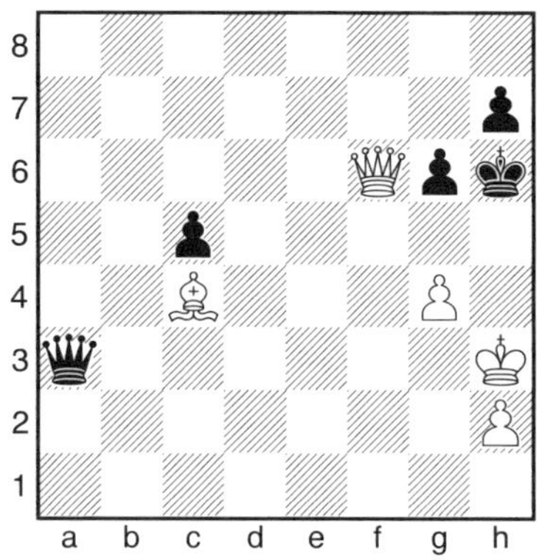

Weiß am Zug

**48.Ld3!**

– Ebenfalls gewinnt 48.Lb3! Dc1 (48...Dxb3+ 49.Kh4+–) 49.g5+! Dxg5 (49...Kh5 50.Ld5+– 50...De3+ 51.Lf3+) 50.Df8+ Kh5 51.Ld1+ +–.

– In die Falle laufen hingegen die Alternativen 48.Kh4? Dg3+ 49.Kxg3 patt (49.hxg3 patt) sowie 48.Kg2? Dg3+ 49.Kf1 (49.Kh1 Dg1+ 50.Kxg1 patt) 49...De1+ mit Zugwiederholung oder Patt.

**48...Dxd3+**

48...c4 49.Kh4+–

**49.Kh4 Dd4 50.Df8+ Dg7 51.g5#**

**1–0**

Manchmal können weit vorgerückte Freibauern gegen die Dame remis halten. Doch im folgenden Fall reicht der weiße König ihr rechtzeitig die Hand.

## 01.05

**Jan Smeets (2602)**

**Raj Tischbierek (2432)**

Bundesliga 2019

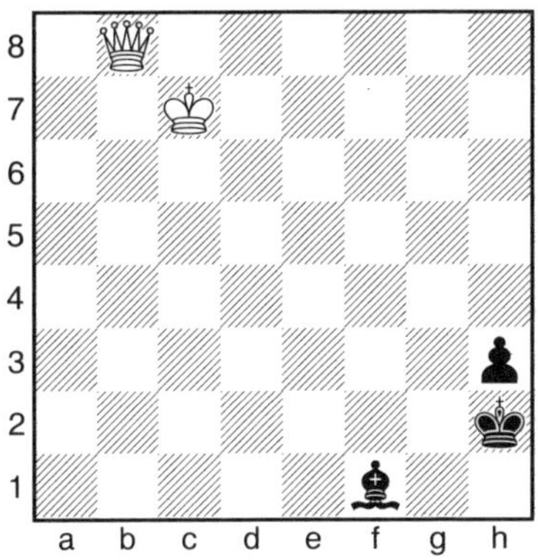

Weiß am Zug

**62.Kd6!**

Der König macht sich mit Siebenmeilenstiefeln auf die Socken.

Nicht jedoch 62.Kc6+? Kg1 63.Da7+ Kg2 64.Da2+ Kg1 65.Dg8+ Lg2+= oder 62.Kd7+? Kg1 63.Dg3+ Lg2=.

**62...Kg2 63.Db2+ Kg1 64.Dd4+ Kg2 65.Dd2+ Kg1**

65...Kg3 66.De1+ Kg2 67.Ke5 h2 68.Kf4 h1D 69.Dg3#

**66.De3+ Kg2 67.Ke5 h2**

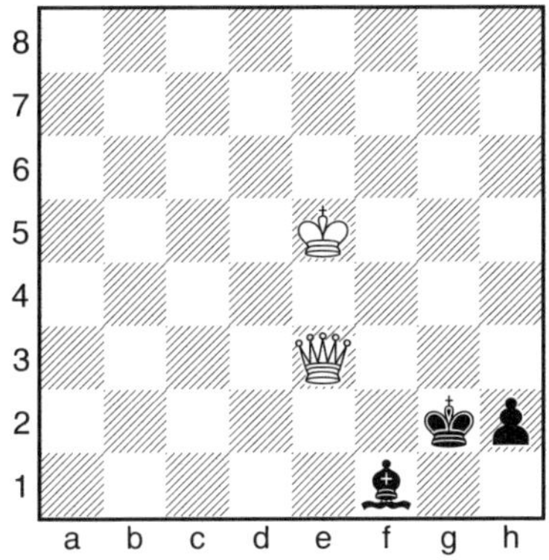

**68.Kf4!**

Das ist die Pointe des Mattangriffs.

**68...h1S**

68...h1D 69.Dg3#

**69.Dd2+ Kg1 70.Kf3 1-0**

Schwarz gab auf wegen der denkbaren Folge **70...Lh3 71.Dd4+ Kh2 72.Dh4 Kg1 73.Dxh3 Sf2 74.Dg2#.**

## 1C) Matt durch den Springer im Spiel

Springer wechseln mit jedem Zug die Felderfarbe und können somit in dem Sinne kein Tempo verlieren. Daher muss man stets auf Zugzwangsituationen achten.

**01.06**

**Maili-Jade Ouellet (2197)**

**S. Jacquet (1936)**

Quebec Open 2018

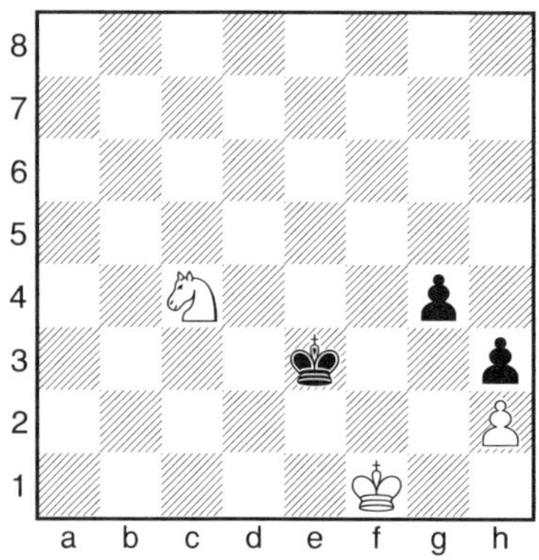

Schwarz am Zug

**95...Kf3?**

Nun wird Schwarz ausmanövriert.

Nach 95...Kd4! (95...Kd3? 96.Se5+ +–) 96.Sd2 Kd3 97.Ke1 Ke3 (97...g3=) ist Weiß bei wechselseitigem Zugzwang am Zug: 98.Sf1+ Kf3 99.Sg3 Kg2 100.Ke2 Kxh2 101.Kf2 patt.

**96.Sd2+ Ke3 97.Ke1**

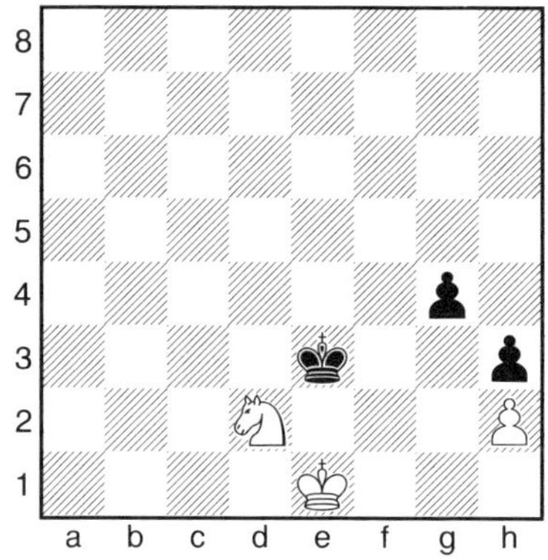

Wechselseitiger Zugzwang mit Schwarz am Zug

**97...g3**

97...Kd3 98.Sf1 Ke4 99.Kf2 Kf4 100.Sd2 Kf5 101.Kg3 Kg5 102.Sf1 Kf5 103.Se3+ +–

**98.Sf1+ Kf3 99.Sxg3**

99.hxg3? h2 100.Sxh2+ Kxg3=

**99...Kg2 100.Sf1 Kf3 101.Sd2+ Kg2**

101...Ke3 102.Sf1+ Kf3 103.Sg3 Ke3 104.Kf1 Kf3 105.Sh1 Kg4 106.Sf2+ Kh4 107.Ke2+–

**102.Ke2 Kxh2**

102...Kg1 103.Kf3 Kxh2 104.Kf2+–

**103.Kf2**

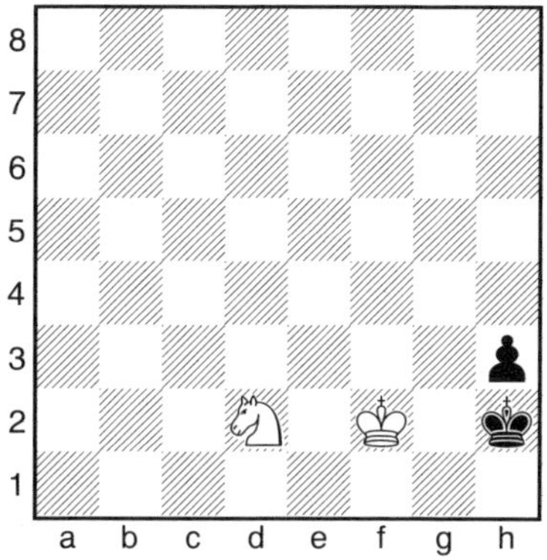

Nun folgt Stammas berühmtes Matt.

**103...Kh1 104.Sf1 h2 105.Sg3#**

Normalerweise können zwei Springer alleine kein Matt erzwingen. Wenn der Gegner allerdings noch Material hat, kann sich das ändern.

## 01.07 Studie von Paul Heuäcker

1937

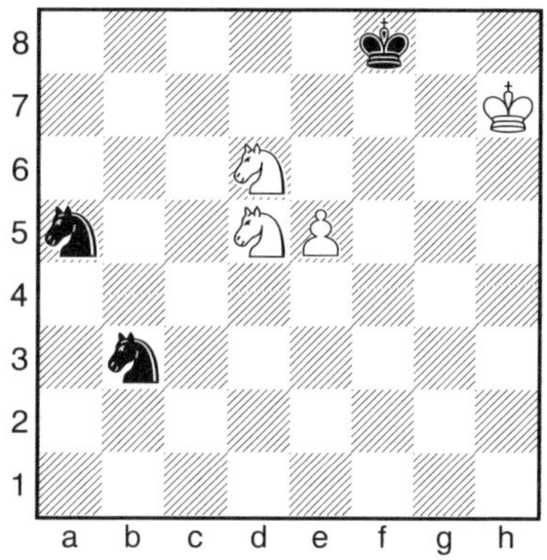

Weiß am Zug

Erstaunlicherweise spielt der weiße Bauer beim Gewinn selbst keine Rolle, sondern wird paradoxerweise sogleich geopfert.

**1.e6 Sc6 2.e7+!**

2.Kg6? Se7+ =; 2.Kh8? Se7=

**2...Sxe7 3.Sf4! Sc5**

3...Sd4 4.Kh8 mit tödlichem Zugzwang.

**4.Kh8**

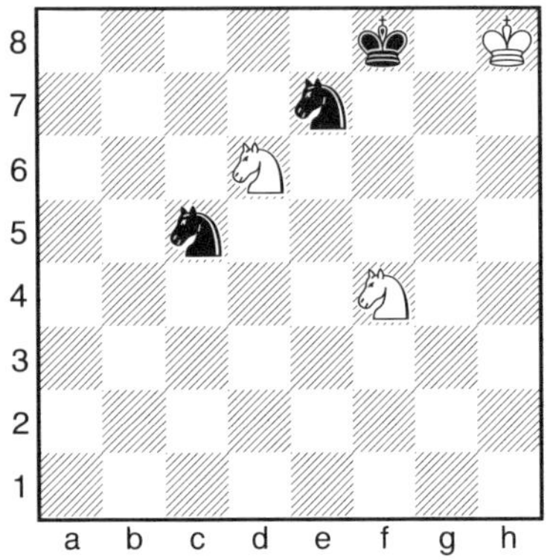

**4...Sf5**

4...Sd5 5.Sg6# (5.Sxd5? Se6=)

**5.Sg6#**

Zu den größten Merkwürdigkeiten im Schach gehört es, dass zwei Springer alleine kein Matt erzwingen können. Wenn der Verteidiger jedoch noch einen Bauern hat, sieht es anders aus.

Falls dieser sicher auf oder vor der sogenannten *Troitzky Linie* (a4–b6–c5–d4–e4–f5–g6–h4) von einem Springer blockiert ist, gewinnt der Angreifer immer, allerdings nur wenn man die „50 Züge Remisregel" nicht berücksichtigt.

Hat der Bauer jedoch wie im vorliegenden Fall die *Troitzky Linie* überschritten, so gibt es eine Verlustzone für den verteidigenden König, welche sich um die gefährdeten Ecken herum befindet. Im vorliegenden Fall sind die Ecken h8 und a1 die Ausgangspunkte der Verlustzone.

## 01.08

## Sergej Karjakin (2760)

## Samuel Sevian (2634)

Douglas 2018

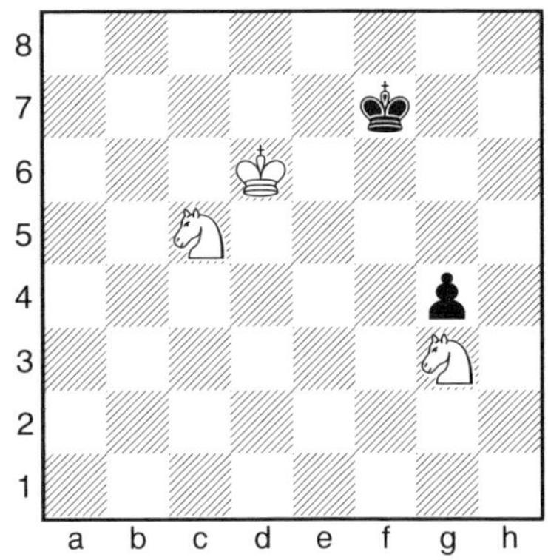

Schwarz am Zug

**81...Kf6?**

Karjakins Kampfgeist wird belohnt. Nun kann der schwarze König aus der Verlustzone rings um die Ecke h8 nicht mehr entkommen.

Der König muss sich unverzüglich so weit wie möglich von der Verlustzone entfernen: 81...Ke8!

(81...Kf8? 82.Kd7 Kf7 83.Sce4+– ist Zugumstellung zur Partie.)

82.Ke6

**a)** 82.Se6 Kf7 83.Sc7 Kf6 84.Sd5+ Kf7 85.Kd7 Kg6! 86.Ke6 Kg5! 87.Ke5

(87.Kf7 Kh4!=) 87...Kh4 88.Kf4 Kh3=

**b)** 82.Kc7 Kd8!

(82...Ke7 83.Sce4 Ke6 84.Kc6 Ke5 85.Kc5 Kf4=)

83.Kd6 Kc8 84.Kc6 Kb8 85.Sd7+ Ka7

(Die a8-Ecke ist sicher: 85...Ka8 86.Kc7 Ka7 87.Sc5 Ka8=.)

86.Se5 Ka6 87.Sd3 Ka5 88.Kc5 Ka4 89.Kc4 Ka3 90.Kc3 Ka4=

(Nach 90...Ka2? 91.Kb4 ist der schwarze König in der Verlustzone eingesperrt: 91...Ka1 92.Kb3 Kb1 93.Se2 g3 94.Sc3+ Ka1 95.Sb4 g2 96.Sc2#.)

**82.Sce4+**

Der freie Springer gibt ein sogenanntes *Henrysches Seitenschach*, welches hier sogar eine Barriere bildet. Damit ist der schwarze König in der Verlustzone eingekerkert.

**82...Kf7 83.Kd7 Kf8 84.Sd6 Kg7 85.Ke6 Kg6**

85...Kf8 86.Kf6 Kg8 87.Se8 Kf8 88.Sg7 Kg8 89.Se6+–

**86.Sde4**

Der freie Springer zieht das Netz wieder zu.

**86...Kg7 87.Ke7 Kg8**

87...Kg6 88.Kf8 Kh7 89.Kf7 Kh6 90.Kf6 Kh7 91.Sf5 g3 92.Kf7 g2 93.Sg5+ Kh8 94.Se7 g1D 95.Sg6#

**88.Kf6 Kh7**

88...Kf8 89.Sd6 Kg8 90.Se8 Kf8 91.Sg7 Kg8 92.Se6 Kh7 93.Sf5 g3 94.Kf7 g2 95.Sg5+ Kh8 96.Se7 g1D 97.Sg6#

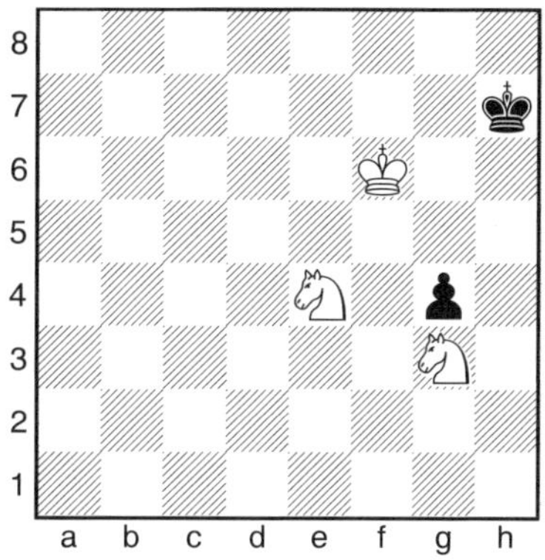


**89.Sf5**

Nun kann der Blockadespringer in den Mattangriff eingreifen.

**89...Kg8**

89...g3 90.Kf7 g2 91.Sg5+ Kh8 92.Se7 g1D 93.Sg6#

**90.Ke7 g3 91.Sf6+ Kh8 92.Kf8** 1–0

Schwarz gab angesichts von **92...g2 93.Sd6 g1D 94.Sf7#** auf.

# Kapitel 2 – Patt

Anders als Matt ist Patt ein typisches Endspielthema. Schon im Fall von „König und Bauer gegen König" spielt Patt eine zentrale Rolle. In der Praxis ist es daher wichtig, dieses magische Motiv auf der Rechnung zu haben.

## 2A) Der tolle Turm

Dabei handelt es sich um ein studienartiges Motiv. Der Turm kann wegen Patt nicht geschlagen werden und es ist oft eine spannende Frage, ob er abgeschüttelt werden kann oder nicht.

**02.01**
**M. Haas (2216) –**
**St. Tschann (2166)**

Badische Verbandsliga 2019

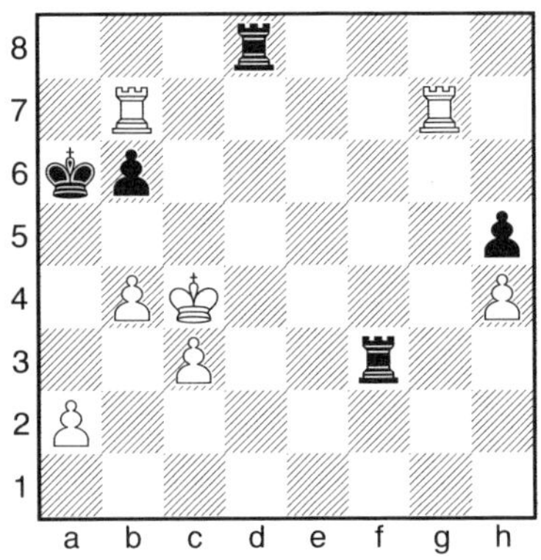

Schwarz am Zug

**1...b5+!**

Der Auftakt eines trickreichen Gegenangriffs.

Bloß nicht 1...Tf4+? 2.Kb3 b5, was nach beispielsweise 3.Ta7+ Kb6 4.Ta5 Tf5 (4...Txh4 5.Tg5+–) 5.Tga7 Kc6 6.a4+– glatt verliert.

**2.Txb5**

2.Kb3 wird mit 2...Txc3+! 3.Kxc3 Td3+= nebst Patt oder Dauerschach entkräftet, denn der tolle Turm kann nicht abgeschüttelt werden.

**2...Tf4+**

Darauf büßt Weiß zwar seinen Turm b5 ein, aber nicht ohne einen tückischen Hintergedanken.

**3.Kb3**

Freilich nicht 3.Kc5?? wegen 3...Tc8+ 4.Kd5 Kxb5–+.

**3...Kxb5 4.Tg6!**

Diesmal ist es Weiß, der die einzig spielbare und zugleich gefährliche Fortsetzung entkorkt.

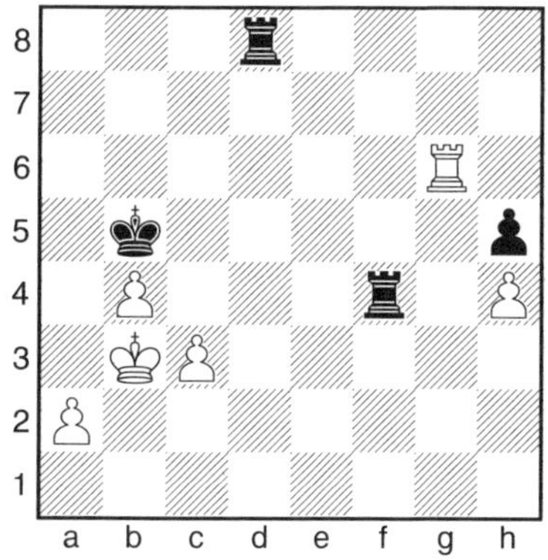

Zwar hat Schwarz einen Turm erbeutet, aber nun muss er gegen die Mattdrohung 5.a4 eine Parade finden.

**4...Td6!**

4...Txb4+!? funktioniert allem Anschein nach auch, ist aber unnötig kompliziert; z.B. 5.cxb4 Td3+ 6.Kc2 Th3 7.Tg5+ Kxb4 8.Txh5 Kc4! mit theoretischer Remisstellung.

(Nicht jedoch 8...Ka3? 9.Kd2+–)

Weiter könnte folgen: 9.a4 (9.Kd2 Ta3 10.Ke2 Kd4!=) 9...Th2+! 10.Kc1 Ta2 11.Tg5 (11.Ta5 Th2 12.h5 Kb4=) 11...Kc3 12.Tg3+ (12.Tc5+ Kb4) 12...Kb4 13.Tg8 (13.Th3 Txa4=) 13...Kc3=.

**5.Txd6 Txb4+!**

Der letzte und endgültig Frieden stiftende Patt-Trick.

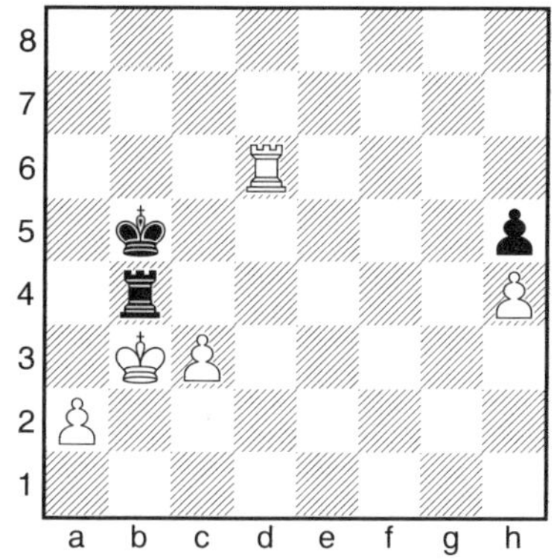

**6.Kc2**

6.Ka3 Txh4= 7.Kb3 Th1=; 6.cxb4 patt

**6...Txh4=**

Der weiße Vorteil hat sich verflüchtigt, und die Spieler einigten nach weiteren Vereinfachungen auf remis (nach dem 67.Zug von Schwarz). Hier der vollständige Partieschluss:

**7.Td8 Kc6 8.Kb3 Th1 9.Th8 Kc5 10.Tc8+ Kb5 11.a4+ Kb6 12.Tb8+ Kc6 13.Tg8 h4 14.Kb4 h3 15.Tg6+ Kc7 16.Th6 h2 17.Kc5 Tc1 18.Th7+**

**Kb8 19.Txh2 Txc3+ 20.Kb6 Tb3+ 21.Ka6 Ka8 22.a5 Tb8 23.Th6 Tb1 24.Tb6 ½–½**

(Quelle: Artikel von Clemens Werner im Schach-Magazin 64, Ausgabe Mai 2019; modifiziert und überarbeitet)

Turm und Springer harmonieren mitunter nicht gut miteinander. Daher ist im folgenden Fall große Genauigkeit angesagt.

**02.02**

**T. Kantans (2526)**

**T. Stremavicius (2444)**

Zonenturnier Palanga 2018

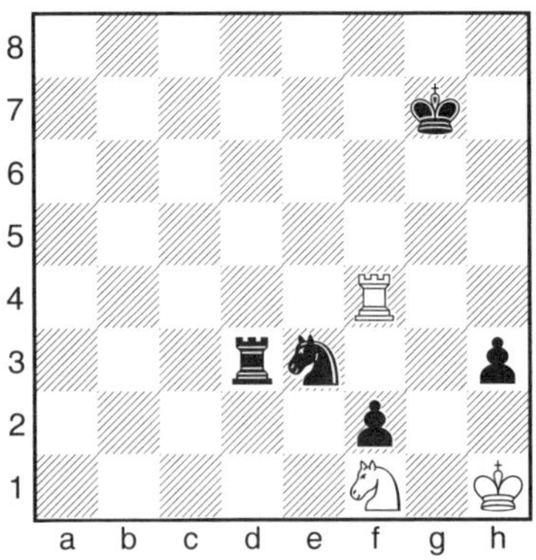

Schwarz am Zug

**76...Sxf1?**

Nun kann der schwarze König dem tollen weißen Turm nicht entkommen.

– Und nach 76...Sd1? 77.Kh2 ist Schwarz zu angebunden, um gewinnen zu können; z.B. 77...Kg6 78.Th4 Se3 79.Sxe3 Txe3 80.Tf4=.

– Ganz anders sähe es hingegen nach 76...Td1! 77.Txf2 Sxf1! aus.

(Nicht jedoch 77...Txf1+? 78.Txf1 Sxf1 79.Kg1 h2+ 80.Kg2= und die weiße Pattverteidigung kann nicht ausgehoben werden.)

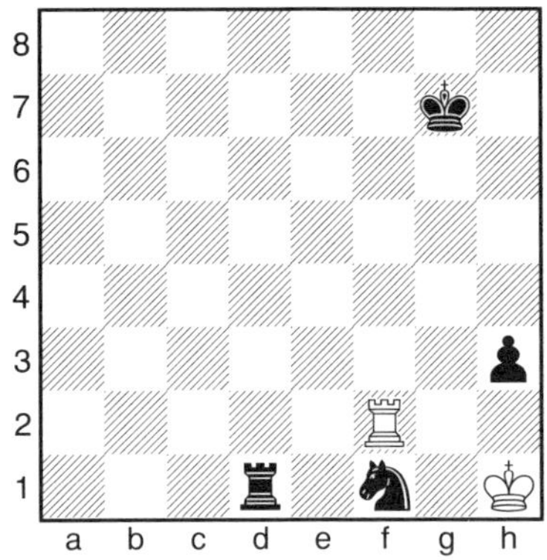

Nun wird sich das schwarze Mehrmaterial auf kurz oder lang durchsetzen, wie die folgenden Beispielvarianten belegen: 78.Tf4

(78.Tf3 Sd2+ –+; 78.Ta2 Td3 79.Kg1 Tf3 80.Ta1 Kg6 81.Txf1 h2+ –+)

78...Kg6 79.Tf8 Ta1 80.Tb8 Sd2+ 81.Kh2 Ta3 82.Th8 Sf1+ 83.Kg1 Tf3 84.Tg8+ Kh7 85.Ta8 Se3 86.Ta4 Kg6 87.Ta8 Kg5 88.Th8 Sg4 89.Th7 Kf4 90.Tf7+ Kg3 91.Txf3+ Kxf3 92.Kh1 Kg3 93.Kg1 h2+ 94.Kf1 h1D+ –+.

**77.Tf7+ Kg6 78.Tf6+ Kg5 79.Tf5+ Kxf5**

½–½

Im folgenden Fall strebt Schwarz sogar ein Remis mit *zwei* tollen Türmen an.

**02.03**
**W. So (2812)**
**Sergej Karjakin (2781)**
Stavanger 2017

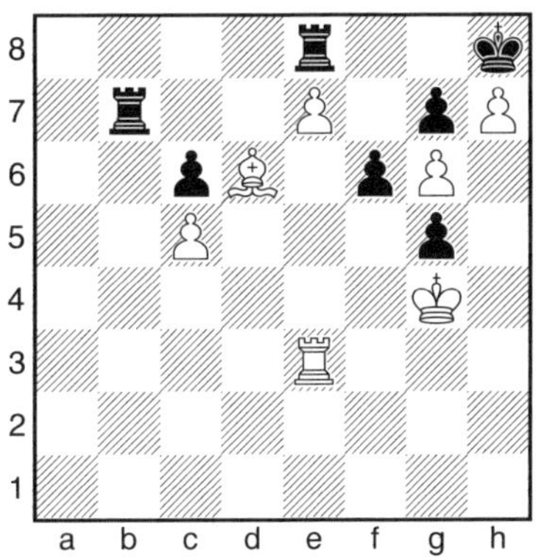

Schwarz am Zug

**65...f5+!**

Nun kann Weiß gegen den schwarzen Pattplan nichts unternehmen. Schwarz kann sich stets von seinen beweglichen Kräften so trennen, dass die Partie mit Patt oder Dauerschach endet.

– 65...Tbxe7? 66.Txe7 Txe7 67.Lxe7 f5+ 68.Kxf5 g4 69.Ke6 g3 70.Kf7 g2 71.Lf8 g1D 72.Lxg7#

– 65...Tb1? 66.Kf5+–; 65...Tb4+? 66.Kf5 g4 67.Ke6 Tb7 68.Kf7+–

**66.Kxg5**

Auch nach 66.Kxf5 kommt Schwarz gerade rechtzeitig: 66...g4 67.Ke6 g3 68.Kf7 g2 69.Lh2 Tbxe7+ 70.Txe7 Txe7+ 71.Kxe7 g1D 72.Lxg1 patt.

**66...Tb1!**

66...Tb2? 67.Tf3 verliert. Allerdings muss Weiß große Längen gehen; z.B. 67...Td2

(67...Tg2+?! 68.Kh5

– 68...f4 69.Txf4 Th2+ 70.Kg5 Tg2+ 71.Kh4 Txg6 72.Tf8+ Kxh7 73.Txe8+–

– 68...Td2 69.Txf5 Td5 70.Txd5 cxd5 71.c6 d4 72.c7 d3 73.Lf4 Ta8 74.Ld2 Te8 75.Kg4 Ta8 76.Kf3 Tc8 77.La5 d2 78.Lxd2 Te8 79.Lf4 Tc8 80.Kg4 Ta8 81.Le5 Te8 82.Kf5 Ta8 83.Ke6 Ta6+ 84.Kf7 Txg6 85.c8D+ Kxh7 86.Df5 Kh8 87.Kxg6 Kg8 88.e8D#)

68.Kh5

(68.Txf5? Td5 69.Txd5 cxd5 70.c6 d4 71.Kf4 d3 72.Ke3 d2 73.Kxd2 Txe7=)

68...Td5 69.Tf4 Tc8 70.Ta4 Td1 71.Lg3 Te8 72.Ta3 f4 73.Lh4

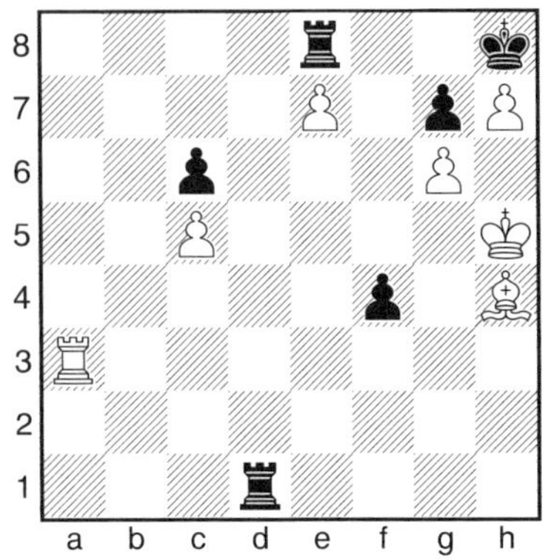

73...Td4 74.Lg5 Te4 75.Td3 Te5 76.Kh4 Te6 77.Td6 Te4 78.Kh5 f3 79.Td3 T4xe7 80.Lxe7 f2 81.Tf3 f1D 82.Txf1 Td8 83.Lg5 Ta8 84.Tf7 Te8 85.Td7 Ta8 86.Lf6+–

**67.Ta3**

– 67.Kf4 Tb7 68.Ta3 Tb1 69.Ta7

(69.Ta6 Tf1+ 70.Kg5 f4 71.Txc6 f3 72.Kf4 f2 73.Ke3 Te1+ 74.Kxf2 T8xe7 75.Lxe7 Te2+=)

69...Tf1+ 70.Kg3 f4+ 71.Kg2 Te1 72.Td7 f3+ 73.Kf2 Te2+ 74.Kf1 f2 75.Td8 T2xe7 76.Lxe7 Txd8 77.Lxd8 patt

– 67.Tf3 Tg1+ 68.Kxf5 Txe7 69.Lxe7 Tf1 70.Ke6 Txf3 71.Kd6 Tf5 72.Kxc6 Txc5+=

**67...Tg1+ 68.Kxf5**

68.Lg3 f4 69.Kxf4 Tg2 (69...Txg3? 70.Kxg3 Tb8 71.Tf3+–) 70.Kg4 Te2 71.Ld6 T8xe7 72.Lxe7 Te4+=

**68...Te1**

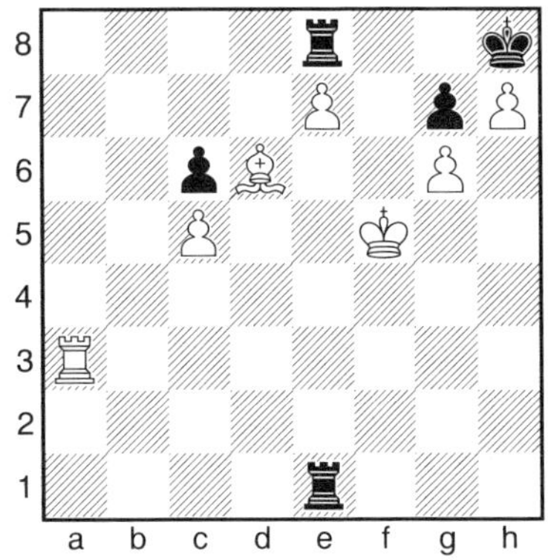

**69.Ta2**

Nach 69.Ta7 ...

(69.Le5 Txe5+ 70.Kxe5 Txe7+ 71.Kd6 Td7+ 72.Kxc6 Tc7+ 73.Kd6 Tc6+ =)

... kann Schwarz selbst 69...T1xe7 (69...Te6=) 70.Lxe7 Tf8+ 71.Ke6 Te8 spielen, weil Weiß den Pattkasten nicht auflösen kann; z.B. 72.Kd6 Td8+ 73.Kxc6 Tc8+ 74.Kd6 Tc6+ 75.Kd5 Txc5+ =.

**69...T8xe7 70.Lxe7 Te5+ 71.Kxe5** patt

½–½

Eine Pattkäfig-Konstellation kann oft große Probleme verursachen – wie z.B. den folgenden Riesenslalom des schwarzen Königs.

**02.04**
**Guy Levin (2052)**
**Arie Axelrod (2224)**

Netanya Open 2019

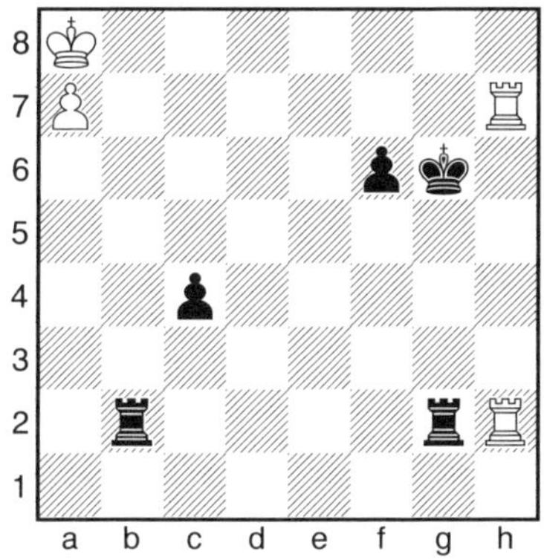

Schwarz am Zug

**63...Txh2!**

Der schwarze König kann dem weißen Desperado-Turm entkommen, indem er den Bauern c4 als Slalomstange benutzt.

Nicht jedoch 63...c3? 64.Txg2+ Txg2 (64...Kxh7 65.Tg7+=) 65.Tc7 c2 66.Kb8=.

**64.Th6+ Kf5 65.Txf6+**

Nach 65.Th5+ Ke4 66.Th4+ Kd3 67.Td4+ wird der tolle Turm mit 67...Ke2 68.Te4+ Kd1 69.Te1+ Kd2 70.Td1+ Kc3 71.Td3+ (71.Tc1+ Tbc2–+) 71...Kb4–+ ausgetanzt.

**65...Ke5 66.Te6+ Kd5 67.Td6+ Kc5 68.Tc6+ Kb5**

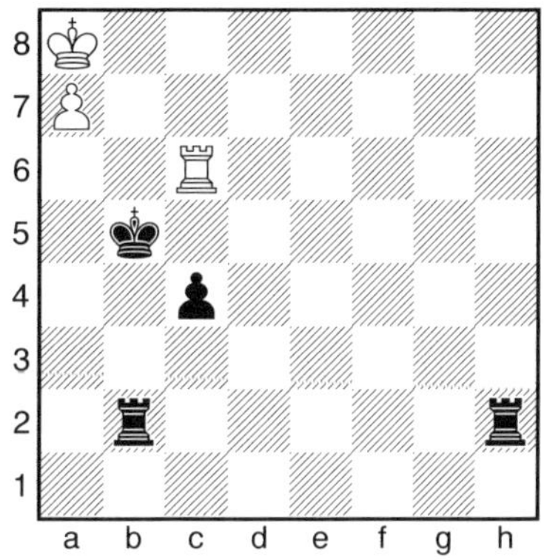

**69.Tb6+?!**

69.Tc5+!? erfordert mehr Genauigkeit von Schwarz: 69...Kb6

(69...Kb4? 70.Txc4+= stellt die Slalomstange ein.)

70.Tc6+ Ka5 71.Ta6+ (71.Tc5+ Tb5–+) 71...Kb4 72.Ta4+ Kb3 (72...Kc3? 73.Txc4+ =) 73.Ta3+ Kc2 74.Tc3+ Kd1 75.Td3+

(75.Tc1+ Kd2 76.Td1+ Kc3 77.Tc1+ Tbc2–+; 77.Td3+ Kb4 78.Tb3+ Txb3–+)

75...Tbd2–+

**69...Kxb6**

**0–1**

## 2B) Festungen und Patt

Viele Festungen basieren auf Patt, aber nicht immer geht das glatt.

### 02.05
### Abraham Glasser (1987)
### Zhi Qu

USA 2014

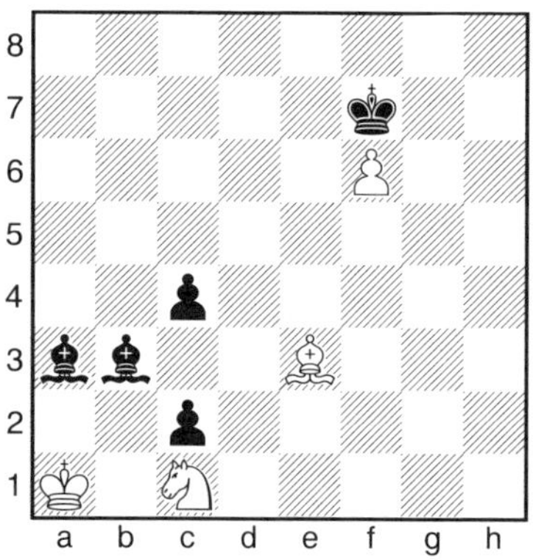

Weiß am Zug

**71.Sxb3!**

71.Se2? scheitert an 71...Kxf6! 72.Lc1 Ld6 73.Sc3 Le5 74.Kb2.

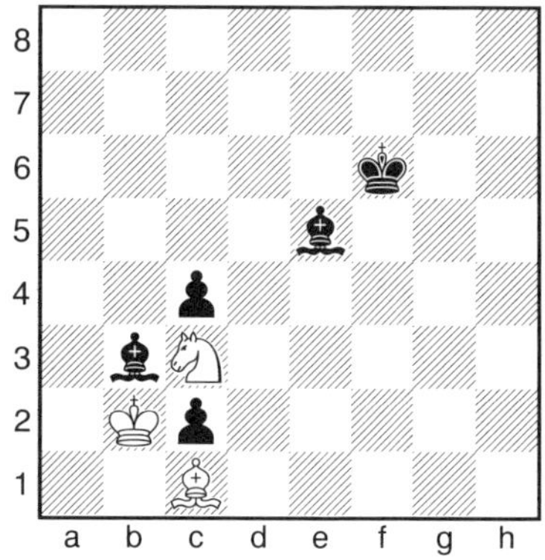

Das ist *keine* Festung. Der schwarze König kann auf lange Sicht mit einem langen Marsch eindringen; z.B. 74...Ke6 75.Ld2 Kd6 76.Le3 Kc6 77.Ld2 Kc5 78.Le3+ (78.Kc1 Kd4 79.Se2+ Kd3 80.Sf4+ Ke4 81.Se2 Ld6 82.Lh6 La3+ 83.Kd2 Lb4+ 84.Kc1 c3−+) 78...Kb4 79.Ld2 c1D+ −+.

**71...cxb3 72.Lc1!**

Die weiße Pointe.

**72...Lxc1** patt

½–½

Oft setzt sich eine Mehrfigur im Endspiel mittels Zugzwang durch. Im folgenden Fall muss Weiß aber auf Patt achten.

**02.06**

**A. Bodnaruk (2411)**

**O. Girja (2457)**

Kazan 2014

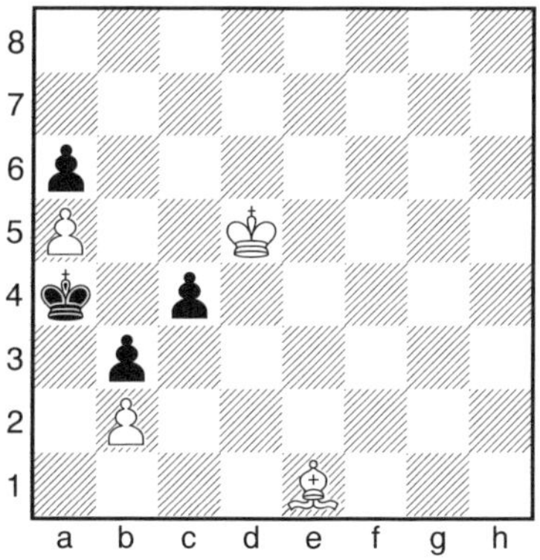

Weiß am Zug

**59.Kd6**

Weder 59.Kc6?? c3 60.Lxc3 patt – noch 59.Kxc4?? patt.

**59...Kb5 60.Kc7 Ka4**

Nach 60...c3 61.Lxc3 Ka4 62.Kb7 Kb5 …

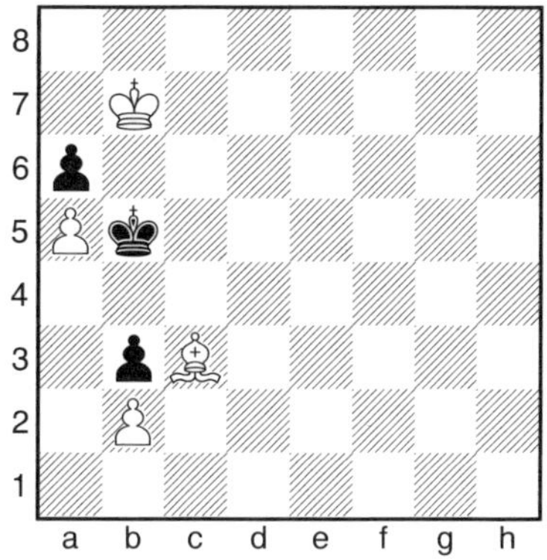

… gewinnt Weiß durch Opfer des Läufers: 63.Lb4 Kxb4 64.Kxa6 Kc4 65.Kb6 Kd3 66.a6 Kc2 67.a7 Kxb2 68.a8D+–.

**61.Kb7 Kb5 62.Ld2 Ka4 63.Kxa6 c3**

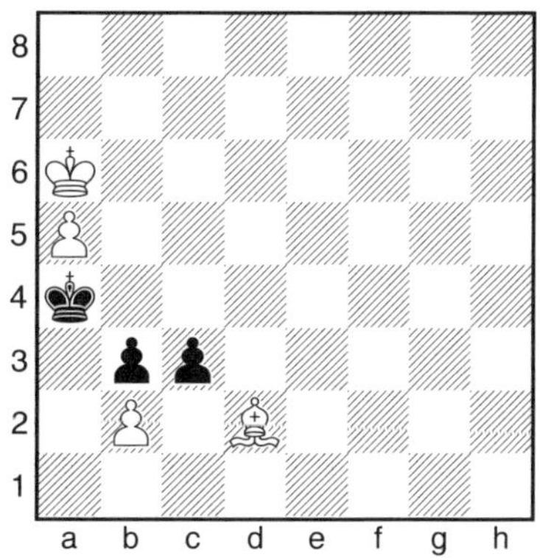

**64.Lc1!** Die Schlusspointe. **1–0**

Der folgende spektakuläre Fauxpas, wenn auch Insidern hinlänglich bekannt, darf in diesem Kapitel über Pattverteidigungen einfach nicht fehlen.

## 02.07

**Alexander Grischuk (2726)**

**Judit Polgar (2707)**

Biel 2007

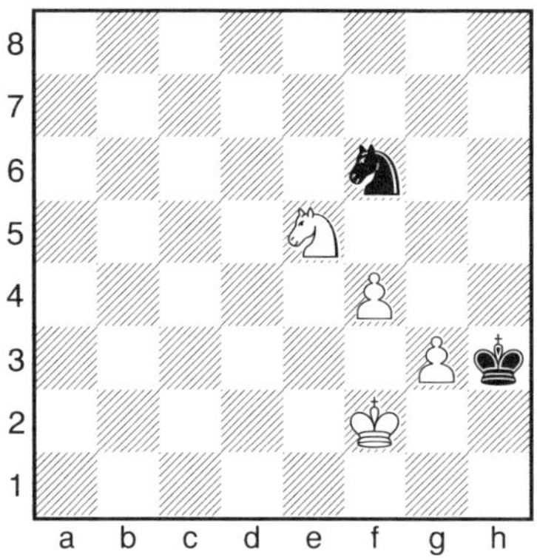

Weiß am Zug

**61.Kf3?**

„Grischuk hatte eine starke Partie gespielt, und natürlich hätte er auch das Endspiel für sich entscheiden müssen. Allerdings gewinnt an dieser Stelle nur ein Zug, der zudem unlogischer als der Partiezug aussieht. Wenn man bedenkt, dass sicher nur noch das Inkrement pro Zug zur Verfügung stand, so ist der Fehler entschuldbar. Allerdings gilt dies wohl nicht für Spieler oberhalb von 2700, und Grischuk haderte deshalb sehr mit seiner eigenen Fehlleistung." (ChessBase Magazin 120)

Allein 61.f5! hätte gewonnen; z.B. 61...Se4+ 62.Kf3 Sxg3 63.f6 und der Bauer marschiert durch.

**61...Sg4!!**

„Auch nach diesem Zug habe ich meine Stellung immer noch als verloren eingeschätzt. Aber das lange Nachdenken von Alexander hat mich veranlasst, tiefer in die Stellung einzudringen. Die Berechnung hat gezeigt, dass hier gerade eine Remis-Studie entsteht."

(J. Polgar in „Studien für Praktiker")

**62.Sd3**

62.Sxg4 patt

**62...Sh2+! 63.Ke4 Sg4! 64.Se5 Sf6+ 65.Kf3 Sg4!**

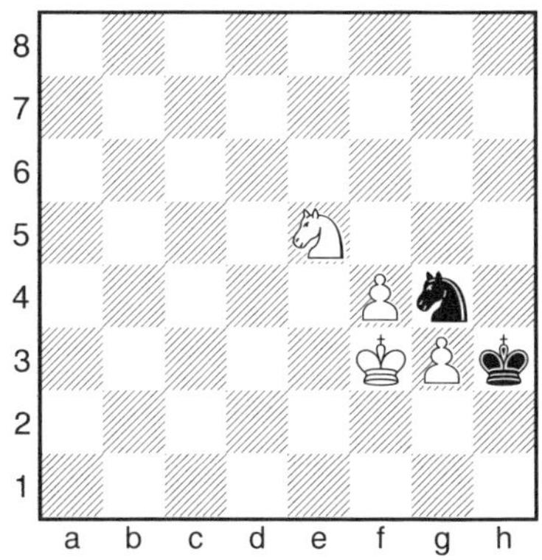

**66.Sc4**

Ein letzter Versuch, die schwarzen Bastionen zu durchbrechen.

**66...Sh2+! 67.Ke4 Sf1! 68.Se3 Sxg3+ 69.Ke5 Kh2 70.Kd6 Sh5 71.f5 Sg7 72.f6**

**½–½**

Normalerweise wandelt sich ein Bauer natürlich in eine Dame um. Doch die Schachregeln sehen Verwandlungen in alle 4 Figurentypen vor.

## 02.08
## Computer Komodo
## Computer Leela Chess Zero

CCC10 Bonus III (10|5) 2019

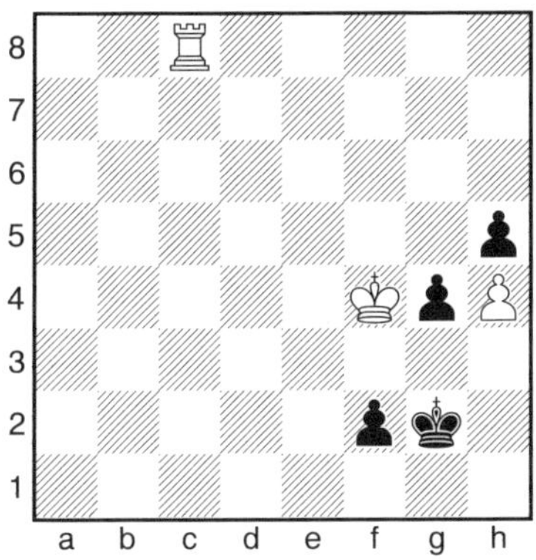

Weiß am Zug

**235.Tc2 Kg1**

235...g3 236.Tc1 f1D+ (236...Kh2? 237.Kf3+–) 237.Txf1 Kxf1 238.Kxg3 Ke2 239.Kf4 Kd3 240.Kg5 Ke4 241.Kxh5 Kf5=

**236.Tc1+??**

Der Computer „übersieht" die folgende Unterverwandlung. Möglicherweise betrachtet er nur Damen- oder Springerumwandlungen.

236.Kg3! war angesagt, denn nun führen beide Umwandlungen zum Remis:

– 236...f1D 237.Tc1! Dxc1 patt;

– 236...f1T 237.Tg2+ Kh1 238.Th2+ Kg1 239.Tg2+ Remis durch Dauerschach bzw. 239.Th1+ Kxh1 patt.

**236...f1T+!**

Die entscheidende Pointe! Eine solche Unterverwandlung in einer praktischen Partie ist natürlich extrem selten. In Studien kommen sie dagegen mitunter vor.

236...f1D+?? 237.Kg3 Dxc1 patt

**237.Txf1+ Kxf1** und Weiß verlor.

Vielen Dank an Albert Silver für die Einsendung dieses Beispiels und seine Analyse!

## 2C) Typische Pattverteidigungen

Turmendspiele haben eine sehr große Remis-Tendenz. Im vorliegenden Fall muss Schwarz allerdings ganz tief in die Trickkiste greifen.

### 02.09

**Alexandra Kosteniuk (2495)**

**Humpy Koneru (2560)**

Skolkovo 2019

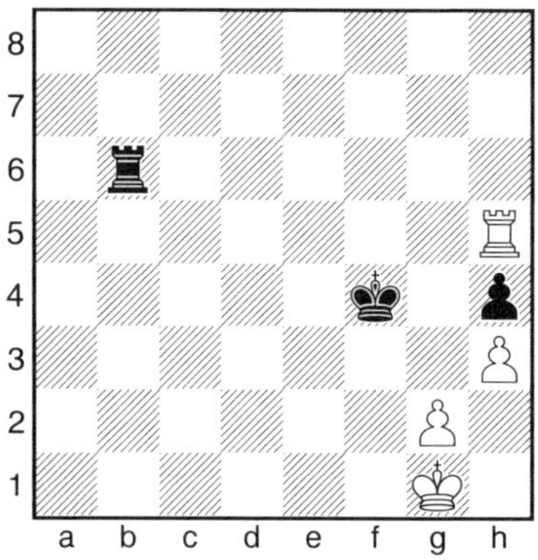

Schwarz am Zug

**50...Tb4!**

Das bereitet die Deckung des h-Bauern vor.

50...Kg3? scheitert an 51.Tg5+ Kf4 52.Tg4+ Ke3 53.Txh4 Tb1+ 54.Kh2+–.

**51.Kh2**

51.Txh4+ Kg3 52.Txb4 patt

**51...Ke3 52.Tg5**

52.g4 Tb2+=

**52...Tc4 53.Tf5 Tf4 54.Txf4 Kxf4 55.Kg1 Kg3 56.Kf1 Kf4 57.Kf2**

½–½

Ein Grund für die hohe Remis-Tendenz der Turmendspiele ist, dass oft selbst Bauern Remischancen gegen einen Turm haben.

### 02.10

**Alexandra Gorjatschkina (2522)**

**Katerina Lagno (2554)**

Kazan 2019

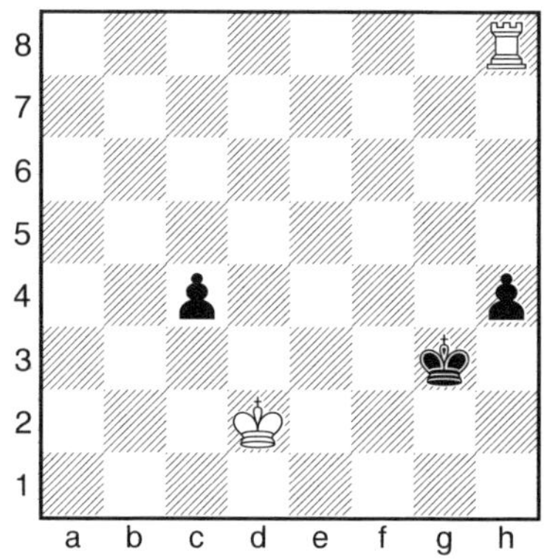

Schwarz am Zug

**54...c3+!**

Der c-Bauer muss vorrücken, um Pattverteidigungen zu ermöglichen.

In der Partie folgte 54...h3? 55.Ke3 h2

(Nun ist es zu spät für 55...c3 56.Tg8+ Kh2 57.Kf4! c2 58.Tc8 Kg1 59.Txc2 h2 60.Kg3 h1S+ 61.Kf3+– oder auch 55...Kg2 56.Ke2 h2 57.Tg8+ Kh1 58.Kf2 c3 59.Te8 c2 60.Te1#.)

56.Tg8+ Kh3 57.Kf2 h1S+

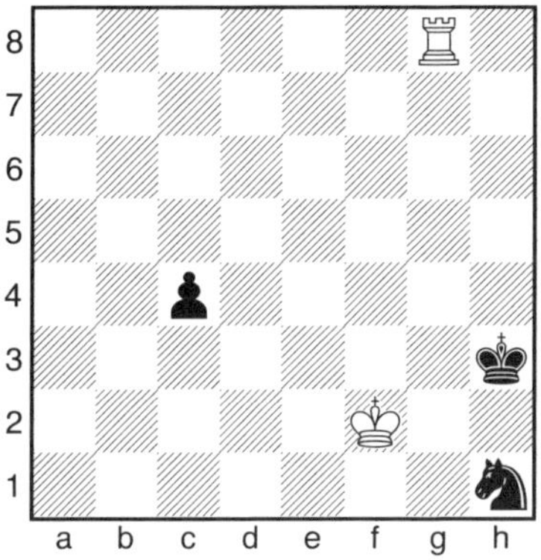

Normalerweise ist das bauernlose Endspiel *Turm gegen Springer* zwar remis, wenn König und Springer zusammen sind, aber die Eckfelder und die Felder b2, b7, g2 und g7 bilden Ausnahmen. Im vorliegenden Fall hilft selbst der zusätzliche c-Bauer nicht.

58.Kf3 Kh2 59.Th8+?!

(59.Tc8 lässt das Ross gar nicht erst entkommen: 59...Sg3 60.Th8+ +– bzw. 59...c3 60.Txc3 Sg3 61.Tc5 Sf1 62.Th5+ Kg1 63.Tg5+ und nun 63...Kh1 64.Kf2 Sh2 65.Tg1# oder 63...Kh2 64.Kf2+–.)

59...Kg1 60.Tc8?! Sf2 61.Txc4 Sd3 62.Ke3 Se5

(62...Se1 63.Tc1 Kf1 64.Ta1+–)

63.Te4!

So werden König und Springer dauerhaft voneinander getrennt, so dass Schwarz verloren ist.

63...Sc6 64.Te6 Sb4 65.Ke2 Sd5 66.Tg6+ Kh2 67.Kf3 Sc3 68.Th6+ Kg1 69.Tc6 Sb5 70.Tc4 Sd6 71.Tc5 Kh2 72.Kf4 Kg2 73.Tc2+ Kh3 74.Tc6 Sb5 75.Ke5 Kg2 76.Tc2+ Kf1 77.Tc5 Sa3 78.Tc3 Sb5 79.Tb3 Sc7 80.Tb7 1–0

**55.Ke3**

55.Kxc3 h3 56.Kd2 h2 57.Ke2 Kg2 58.Tg8+ Kh1!= (58...Kh3? 59.Kf2 h1S+ 60.Kf3+–)

**55...c2 56.Tg8+ Kh2 57.Tc8**

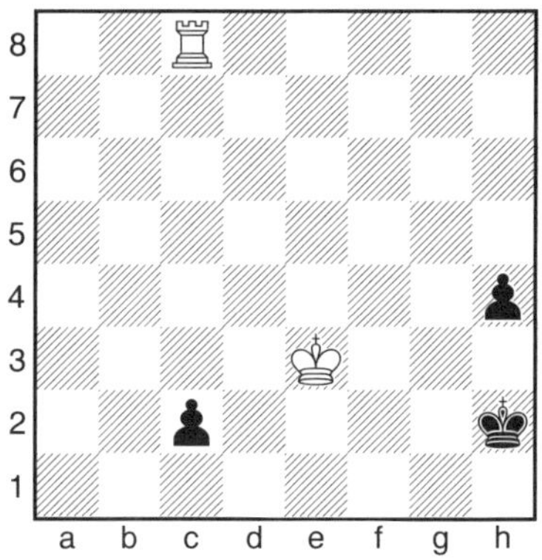

**57...Kg3!!**

Der König muss einen Bodycheck geben.

– 57...Kg1? 58.Txc2 h3 59.Kf3 h2 60.Tc1#

– 57...h3? 58.Kf4!! (58.Kf3? c1D 59.Txc1 patt) 58...Kg1 59.Txc2 h2 60.Kg3 h1S+ 61.Kf3+–

**58.Txc2 h3 59.Tc8**

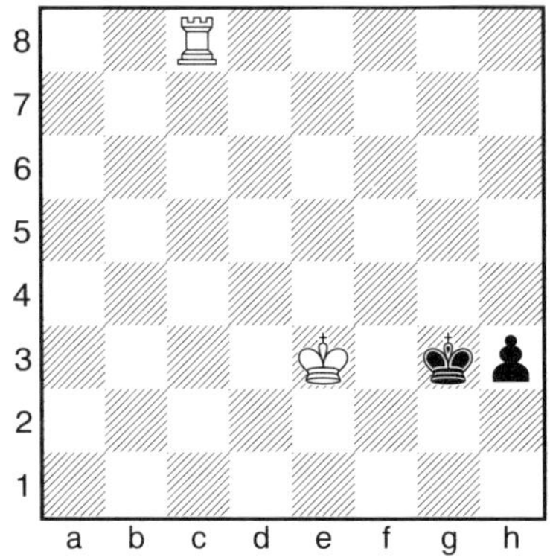

**59...Kg2!**

59...h2? 60.Tg8+ Kh3 61.Kf2 h1S+ 62.Kf3+–

**60.Tg8+ Kf1!**

Noch darf der König nicht in den Pattkasten fliehen: 60...Kh1? 61.Kf3 h2 62.Te8 Kg1 63.Te1#.

**61.Th8 Kg2 62.Ke2 h2 63.Tg8+ Kh1!=**

Vielen Dank an Markus Hochgräfe für den Hinweis auf dieses Endspiel und Analysen dazu.

Normalerweise gewinnen Turm und Bauer gegen einen Läufer locker. Aber es gibt Ausnahmen wie die folgende.

**02.11**

**Saadat Bashirli (1090)**

**Wiktoria Smietanska (1433)**

Riga 2018

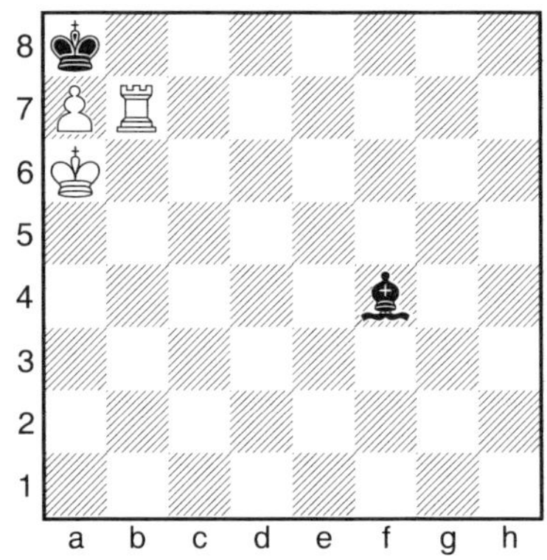

Schwarz am Zug

**100...Lc7!**

Dieser Patttrick rettet Schwarz.

100...Le3? 101.Tb8#; 100...Le5? 101.Te7 Lc7 102.Te8+ +–

**101.Tb1 Lb6!**

Eine weitere Pattpointe.

**102.Kb5**

102.Kxb6?! patt

**102...Lxa7 103.Ka6 Lb8 104.Tb7 Ld6 105.Kb6 Lf4 106.Kc6**

106.Tf7 Lb8 107.Te7

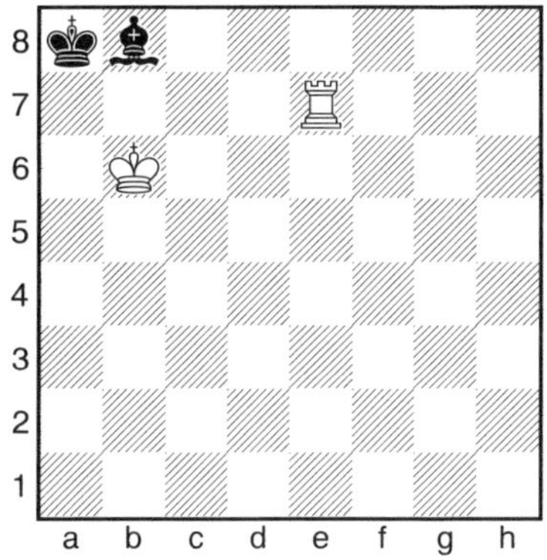


Dies ist ein guter Versuch, denn nun scheitert 107...Ld6? (107...Lg3=) an 108.Ta7+ Kb8 109.Td7+–.

**106...Le3 107.Kc7 Lf4+ 108.Kc8 Le3 109.Te7 Lf2 110.Tf7 Lg1 111.Tf6 Ld4 112.Td6 Lc5 113.Tc6 Lf2 114.Kc7 Lg3+ 115.Kb6 Lf2+ 116.Ka6 Lg3 117.Tg6 Lf4 118.Tg8+ Lb8 119.Tg7 Le5 120.Ta7+ Kb8**

½–½

# Kapitel 3 – Zugzwang

Zugzwang ist ein typisches Endspielphänomen. In der Eröffnung und im Mittelspiel ist es natürlich in aller Regel von mehr oder weniger großem Vorteil, selbst am Zug zu sein. Im Endspiel kann sich das ändern, denn bei weniger Figuren wird es wahrscheinlicher, dass alle schon optimal platziert sind. Zugzwang ist eine der schärfsten Endspielwaffen des Angreifers. Wenn jedoch beide Seiten im Zugzwang sind, ist große Vorsicht angesagt.

## 3A) Zugzwang zur Verwertung einer Mehrfigur

Dieser Einsatz von Zugzwang kommt oft vor.

**03.01**
**R. Praggnanandhaa (2539)**
**Maksim Tschigajew (2604)**
Wijk aan Zee 2019

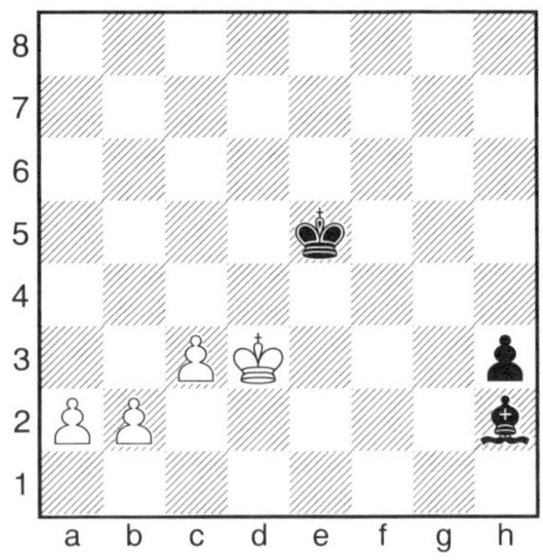

Weiß am Zug

**45.Ke3?**

Nach dem erzwungenen 45.Ke2! und nun z.B. 45...Kf4 (45...Lg1 46.Kf3; 45...Lg3 46.Kf1) 46.Kf2 Kg4 47.a4 Kf4 48.a5 Ke4

49.a6 muss der Läufer irgendwann ziehen und den weißen König in die rettende Ecke nach h1 durchlassen: 49...Lf4 50.Kg1= oder 49...Lb8 50.Kg1=.

**45...Lg3!**

In höherem Sinne ist Weiß bereits verloren.

**46.Kf3 Le1 47.a4 Kd5 48.a5 Kc5 49.b3 Kb5 50.b4 Lh4 51.c4+ Ka6**

Weiß gab auf, denn nach **52.c5 Kb5** werden infolge Zugzwangs alle weißen Bauern gepflückt.

Natürlich kann es sich auch um einen Mehrspringer handeln.

### 03.02

### Alexander Markgraf (2489)
### Dorian Rogosenko (2495)

Bundesliga 2019

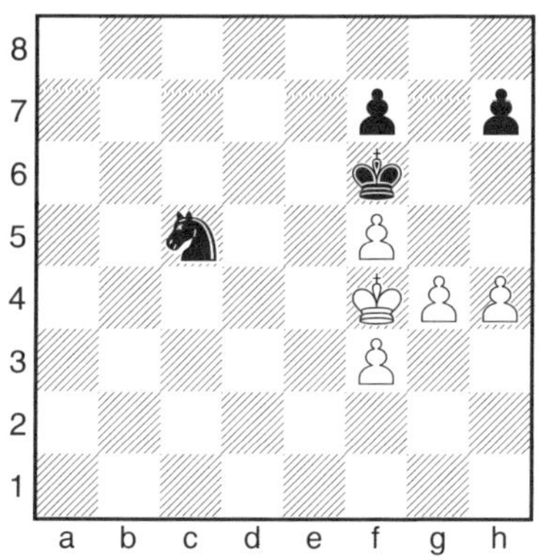

Schwarz am Zug

**47...h5!**

Unterminiert gekonnt den weißen Bauernwall, und der Zugzwang besorgt beizeiten den Rest.

**48.g5+**

48.gxh5 Kg7 49.Kg5 f6+ 50.Kf4 Kh6 51.Kg4 Sd3–+

**48...Ke7 49.Ke3**

– 49.Ke5 f6+ 50.Kd5 fxg5 51.hxg5 h4–+; 51.Kxc5 gxh4–+

– 49.f6+ Ke6 50.Ke3 Kf5 51.f4 Se6–+

**49...f6**

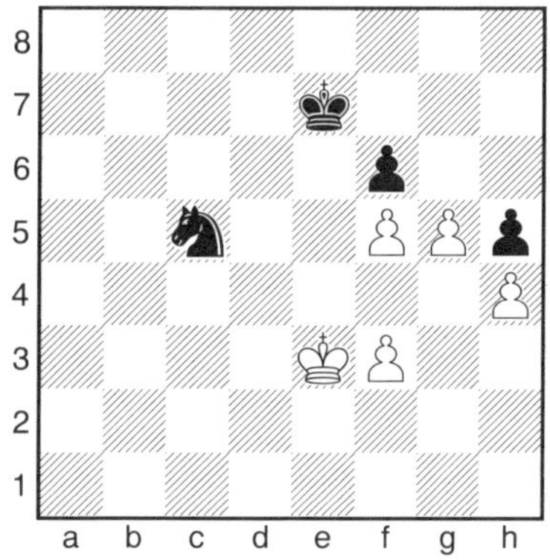

**50.Kf4**

– 50.g6 Sd7 51.Kd4 Kf8 52.Ke3 Sc5 53.Kd4 Sa4 54.Kd3 Ke7 55.Kc2 Sb6 56.Kc3 Sd5+ 57.Kd4 Sb4 58.Kc4 Sa2 59.Kb3 Sc1+ 60.Kc3 Se2+ 61.Kd2 Sd4–+

– 50.Kd4 Sb7 51.Kd5 Kf7 52.g6+ Kf8 53.Ke6 Kg7 54.Ke7 Sc5 55.Kd6 Sd3 56.Kd5 Se5 57.Ke4 Kh6 58.f4 Sg4 59.Kd4 Sh2 60.Ke3 Sf1+ 61.Kf2 Sd2 62.Ke2 Se4 63.Kf3 Sd6–+

**50...Sb7 51.Ke4 Sd6+ 52.Kf4 Kf7**

**0–1**

Das folgende Beispiel wurde von der Lesern der *ChessBase Website* zum besten Endspiel des Jahres 2015 gewählt.

## 03.03

**Wesley So (2773)**

**M. Vachier-Lagrave (2744)**

Baku 2015

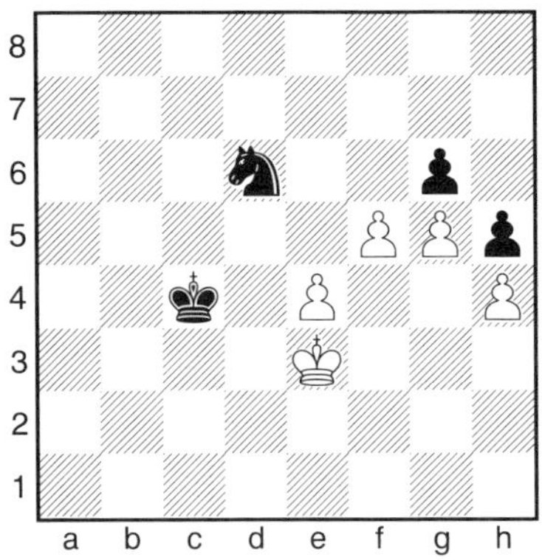


**60...Se8!!**

Nur dieser überraschende Rückzug stoppt jegliches Gegenspiel.

60...gxf5? wird durch 61.g6 fxe4 (61...Sxe4 62.g7 Sf6 63.Kf4 Kd5 64.Kxf5 Sg8 65.Kg6=) 62.Kf4 Se8 63.Kxe4= widerlegt.

**61.fxg6**

– 61.Kf3 Kd3 62.Kf4 Kd4 63.e5 Sg7 64.fxg6 Kd5–+

– 61.f6 Sc7 62.Kf4 Kd4 63.f7 Se6+ 64.Kf3 Kd3–+

**61...Sg7 62.e5**

62.Kf3 Kd3 63.Kf4 Kd4 64.Kf3 Ke5 65.Ke3 Se6 66.Kf3 Sd4+ 67.Ke3 Sc6 68.g7 Se7 69.Kf3 Ke6 70.Kf4 Sg6+ 71.Kg3 Kf7–+

**62...Kd5 63.Kf4**

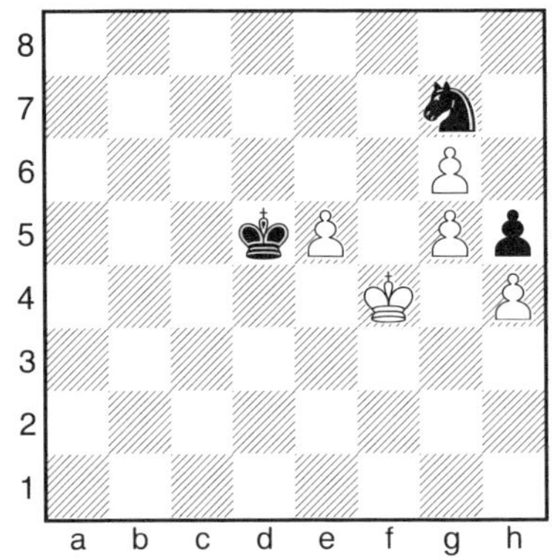


**63...Kd4!**

Das direkte 63...Ke6?! 64.Ke4 Sf5? scheitert an 65.g7 Sxg7 66.g6 Sf5 67.Kf4 Sg7 68.Ke4=.

**64.e6 Kd5 65.e7 Ke6! 66.Ke4 Kxe7 67.Ke5 Ke8 68.Kd5 Kd7**

Weiß gab auf, denn es könnte folgen **69.Ke5 Ke7 70.Kd5**

70.Kf4 Kd6 71.Ke4 Ke6 72.Kf4 Kd5 73.Kf3 Ke5 74.Ke3 Kf5 75.Kf3 Kxg6 76.Kg3 Sf5+ 77.Kh3 Kf7–+

**70...Sf5 71.Ke5 Sxh4 72.g7 Kf7 73.Kf4 Sg6+ 74.Kg3 Kxg7–+**.

### 3B) Zugzwang als Waffe gegen Springer

Da der Springer mit jeden Zug die Felderfarbe wechselt, verliert er die Kontrolle über alle Felder, welche er vorher gedeckt hat. Daher kann er leicht in Zugzwang geraten.

### 3B1) Botwinniks Faustregel

**03.04**

**Arkadij Naiditsch (2702)**

**Rustem Dautov (2596)**

Bundesliga 2017

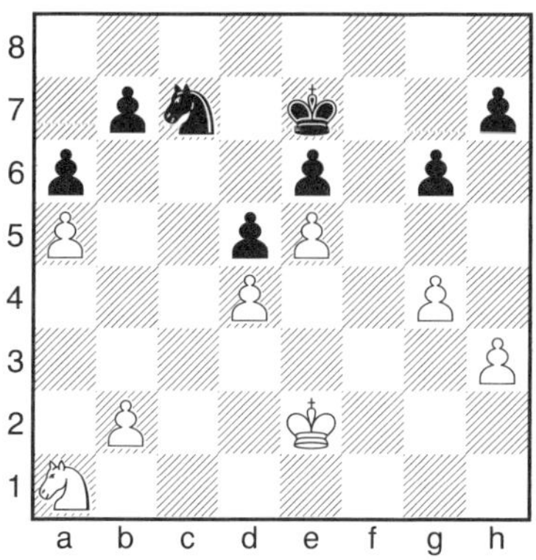

Schwarz am Zug

Botwinniks Faustregel „Springerendspiele sind wie Bauernendspiele" beruht auf mehreren Pfeilern.

**1.** Die Aktivität des Königs ist ein wichtiger, oft maßgeblicher Faktor.

**2.** Auch Zugzwang spielt häufig eine entscheidende Rolle, weil Springer kein Tempo verlieren können.

**3.** Das Vorhandensein von Mehrbauern und Freibauern (verbunden und geschützt), besonders jedoch von *entfernten* Freibauern ist ebenso von großer Relevanz.

**4.** Die Remis-Tendenz ist relativ gering.

Es gibt jedoch auch Unterschiede zu Bauernendspielen wie z.B. Springergabeln und andere Finessen. Die Anwesenheit der sehr trickreichen Springer auf dem Brett macht das Spiel taktischer, komplizierter und verlangt manchmal große Rechenkraft.

Im vorliegenden Fall strebt der weiße Springer nach c5, wogegen Schwarz sich wappnen muss.

**52...Sb5?**

Dieser Gegenangriff verliert letztlich nur Zeit.

Schwarz sollte den Königsflügel besser mit 52...g5! schließen; z.B. 53.Sb3 Kd7 54.Sc5+ Kc6 55.Kd3 b6 56.axb6 Kxb6 57.Sd7+ Kb5 58.Sf6 h6 59.Sg8 Kb4 60.Sxh6 Kb3 61.Sf7 Kxb2 62.Sxg5 a5=.

**53.Kd3 Sa7**

53...Kd7 hilft auch nicht; z.B. 54.Sb3 Sc7 55.Sc5+ Kc6 56.h4 h6 57.Ke3 b6 58.axb6 Kxb6 59.Sd7+ Kb5 60.Sf8 g5 61.h5 Kb4 62.Sh7 Kb3 63.Sxg5 Kxb2

(63...hxg5 64.h6+–) 64.Sf3 a5 65.g5 a4 66.gxh6 a3 67.h7 a2 68.h8D Sa6 (68...a1D 69.Db8+ +–) 69.h6 a1D 70.Dg7 Dc1+ 71.Kf2 Sb4 72.Kg3 Sd3 73.Dg5 Df1 74.Dd2+ Ka1 75.h7+–.

**54.b4 Sc6 55.Kc3 Sb8**

55...Kd7 56.Sb3 Se7 57.Sc5+ Kc6 58.g5 Sf5 59.Sxe6+–

**56.Sb3 Sd7 57.g5!**

Naiditsch nimmt mehr Raum und sichert sich das wertvolle Reservetempo h3–h4, welches am Ende die Partie entscheiden wird.

**57...Kd8**

57...b5 58.axb6 Sxb6 59.Sc5 Sc8 60.Sxa6 Sa7 61.Sc5 Sb5+ 62.Kd3 Sa7 63.Kd2 Sb5 64.Ke3 Sa7 65.Kd3 Sb5 66.Sb7 Kd7 67.Sd6+–

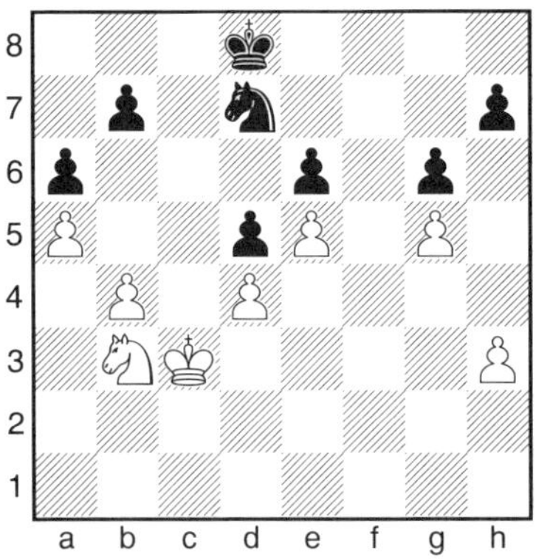

**58.b5!**

Der Mauerbrecher.

**58...axb5 59.Kb4 Kc8 60.Kxb5 Kb8 61.Sc5 Sxc5 62.Kxc5 Kc7 63.Kb5 Kc8 64.Kb6 Kb8 65.a6 bxa6 66.Kxa6 Kc7 67.Kb5 Kb7 68.Kc5 Kc7 69.h4**

**1–0**

### 3B2) Läufer gegen Springer

Wenn die Läuferpartei auf Gewinn spielt, spielt Zugzwang oft eine entscheidende Rolle.

**03.05**

**Constantin Lupulescu (2610)**

**Shant Sargsyan (2488)**

Moskau 2019

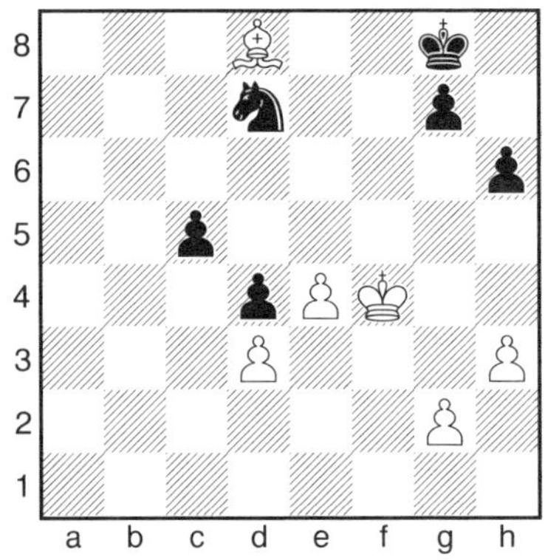

Weiß am Zug

Der Springer wird zunächst an die Deckung des Bauern c5 gebunden und danach systematisch in Zugzwang gebracht.

**52.e5!**

52.Kf5? Kf7 53.e5 c4 54.dxc4 Sc5=

**52...Kf7**

52...c4 53.dxc4 d3 54.La5 Kf7 55.Ke4 Ke6 56.Kxd3 Sxe5+ 57.Kc3 Sc6 58.Lc7+–

**53.Lc7 Ke6**

53...Sf8 54.Ld6 Se6+ 55.Ke4 g6 56.h4 Ke8 57.g3 Kd7 58.Kd5+–

**54.Ke4 Sf8 55.Ld6 Sd7 56.h4 h5 57.g3 g6 58.Lc7 Sf8 59.Ld6 Sd7**

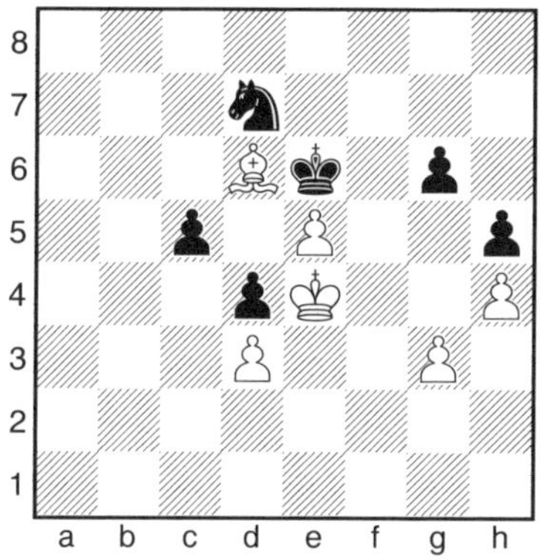

Nun lässt der Läufer eine Art Dreiecksmanöver folgen.

**60.Lc7 Sf8 61.Lb8 Sd7 62.Ld6**

Weiß hat die Zugpflicht auf Schwarz abgewälzt.

**62...Sb6 63.Lxc5 Sd5 64.Lxd4 Sb4 65.Lc3 Sd5 66.Ld2 Se7 67.d4 Sd5 68.La5**

Zugzwang!

**68...Se7 69.Kf4 Sf5 70.Lb6 Se7 71.Lc5 Sf5 72.Kg5 Sxg3 73.Kxg6 Kd5 74.Kf7 Sf5 75.e6**

**1–0**

## 3B3) Läufer gegen Läufer

„Weißarmut wie Schwarzarmut sind Erscheinungsformen der Einfarbigkeit (Monochromie), die eine Sünde ist gegen die zweifarbige Natur des Schachbretts. Sie entsteht durch den Abgang des guten Läufers. Man beachte, dass Monochromie nur in duoarmen Bauernstellungen auftritt."

So schrieb einst Hans Kmoch (1894–1973) in seinem berühmten Buch *Die Kunst der Bauernführung*. Blumige Worte, aber die mangelnde Kontrolle einer Felderfarbe wird ein „immergrünes" Thema bleiben, solange wir unser geliebtes Spiel betreiben.

**03.06**
**A. Martorelli (2315)**
**C.D. Meyer (2335)**

Reggio Emilia (II) 1986

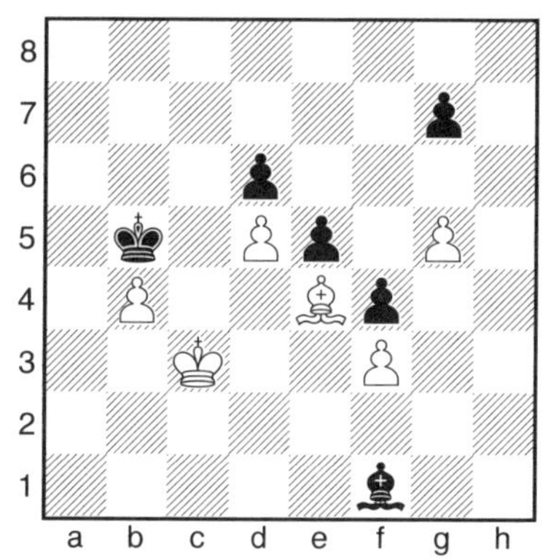

Weiß am Zug

Im vorliegenden Fall ist die Lage für Weiß sehr schlimm, da sein Läufer eher ein Statistendasein fristen muss und seine Bauerninseln schwer unter Beschuss stehen. Dennoch ist die Sache bei bester Verteidigung gar nicht einfach, denn Schwarz kann den Sieg nur durch instruktive Manöver und Zugzwang-Mechanismen erzwingen.

Gerne erinnert sich der Autor an diese Hängepartie im verschneiten Reggio Emilia Anfang Januar 1986. Mein italienischer Gegner hatte seinen Abgabezug (den 51.) versiegeln lassen und ich analysierte zu nächtlicher Stunde die vorliegende Abbruchstellung. Am nächsten Morgen ging es dann gleich weiter.

**1.Kb3**

Dieser Abgabezug, der allerdings nicht der stärkste ist, kam eher unerwartet.

Hier ein Blick auf einige Alternativen.

Am zähsten ist wohl 1.Lg6! mit der möglichen Folge 1...Kb6!

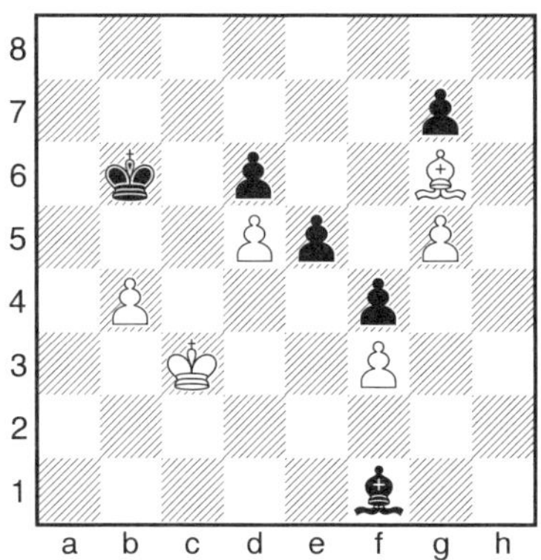

**a)** 1...Ka4? verdirbt alles wegen 2.Le8+ Lb5 und nun ist 3.Lxb5+ am klarsten.

(3.Lc6? gibt den halben Punkt wieder zurück: 3...g6!

– 4.Lxb5+ Kxb5 5.Kb3 e4–+ Diesen Bauerndurchbruch werden wir wiederholt zu sehen bekommen.

– 4.Lb7 e4 5.fxe4 f3 6.Lc8 f2 7.Lh3 f1D 8.Lxf1 Lxf1–+)

3...Kxb5 4.g6! Ka6 5.Kc4 Kb6 6.Kd3 Kb5 7.Kc3=

**b)** 1...Le2 2.Lh5 Ld1?

(2...Kb6! ist korrekt: 3.Kd2 Lc4 4.Lf7 mit Übergang zu einer Schlüsselstellung, die im folgenden Diagramm gezeigt wird.)

3.Lg4 Ka6

(Nicht 3...e4?? wegen 4.Ld7+ Kb6 5.fxe4 f3 6.Kd2 f2 7.Lh3+–.

Schwarz kann den Vorstoß e5–e4 nur in dem Moment ausführen, wenn der weiße Läufer auf h5 und/oder der schwarze König auf b6/a6 steht. Es ist nicht möglich, die kritische Konstellation sLd1/wLg4 mit Weiß am Zug herbeizuführen und ihn zu Lg4–h5 zu zwingen, da der weiße König korrespondierende Felder zum schwarzen König nutzen kann.)

Nach dem Textzug 3...Ka6 hingegen lautet eine Mustervariante wie folgt: 4.Kd3! Kb6 5.Kd2 Lb3 6.Le6 Lc4 7.Lf7 Kb5 8.Kc3 Le2 9.Lh5 und wir haben wieder die Stellung nach 2.Lh5 erreicht.

2.Kd2

**a)** 2.Le4 Ka6 3.Lg6

(Die Stellung nach 3.Kb2 Kb5 4.Kb3 Le2 5.Kc3 Lc4 ist bei beliebigem Anzug für Schwarz gewonnen: 6.g6 Le2 7.Kd2 Lf1 8.Kc3 Lc4–+ Zugzwang – oder 7.Kb3 Lf1 8.Kc3 Lc4–+ Zugzwang.)

3...Le2

(3...Kb5 läuft auf dasselbe hinaus: 4.Le8+ Kb6 5.Lg6 Le2 6.Le4 Kb5, siehe die Textstellung nach 7...Le2.)

4.Le4 Kb6 5.Kc2 Kb5 6.Kb3 Lc4+ 7.Kc3 Le2 8.Kb3 Lf1 9.Kc3 Lc4–+ Zugzwang

**b)** 2.Lh5 Le2

(2...Lg2 3.Kc4 e4–+; 3.Kd3 Kb5 4.Kc3 e4–+)

3.Kd2 Lc4 4.Lf7

Nun ist erneut die Schlüsselstellung erreicht – siehe das folgende Diagramm.

**c)** 2.Kb2 Le2 3.Le4 Kb5 4.Kb3 Lc4+ 5.Kc3

(5.Ka3 Le2 6.Kb3 Lf1 7.Ka3 Lc4 8.g6 Le2 9.Kb3 Lf1 10.Kc3 Lc4–+ verläuft wie gehabt.)

5...Le2 6.Kb3/Kd2 6...Lf1 7.Kc3 Lc4–+ verläuft wie gehabt.

**d)** 2.Kb3 Le2 3.Le4 Kb5 4.Kc3 Lc4–+ verläuft wie gehabt.

**e)** 2.Kc2 Le2 3.Le4 Kb5 4.Kb3 Lf1 5.Ka3 Lc4 6.g6 Le2 7.Kb3 Lf1 8.Kc3 Lc4–+ Zugzwang

2...Lc4!

(2...Ka6 3.Lf5

– 3...Lc4 4.Le6 Kb5 5.Kc3 Le2 6.Lg4

– 3...Kb6 4.Lg6 wiederholt nur die Stellung nach 2.Kd2 usw.)

3.Lf7

(3.Le4 Kb5–+)

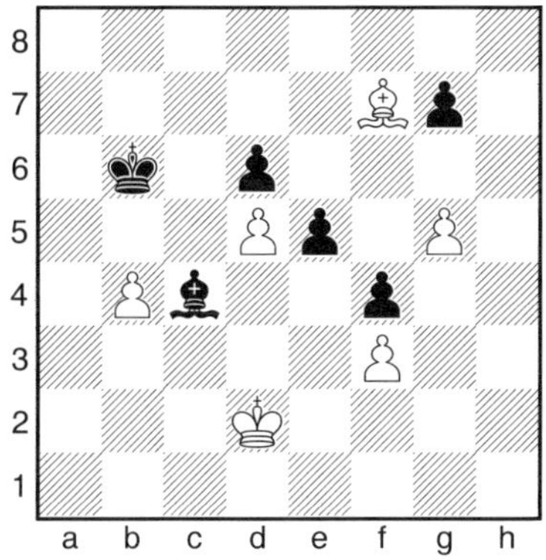


Die Schlüsselstellung: Schwarz gewinnt nun mit Hilfe eines geschickten Manövers.

3...Ka6!!

Die Triangulation Kb5–b6–a6–b5 kombiniert mit ...Le2 nötigt den weißen Läufer, nach h5 zu ziehen.

(Nicht aber 3...Lb3? 4.Le6 Kb5 5.Kc3 Ld1 6.Lg4 und wir befinden uns wieder in derselben Stellung wie in der obigen Variante b – 1.Le2 nach 3.Lg4 – hier kommt Schwarz nicht weiter.)

4.Le6 (4.Kc3 Le2 5.Lh5 e4–+) 4...Kb5 5.Kc3 Le2 6.Lg4 Ld1 Zugzwang 7.Lh5

(7.g6 Le2–+ Zugzwang!; 7.Kd2 Lb3–+)

7...e4–+

„Stolz wie Oskar" zeigte ich die Analyse Eric Lobron, meinem ehemaligen Mannschaftskollegen von der Solinger SG, der beim parallel stattfindenden GM-Turnier teilnahm, und er hatte nichts einzuwenden. Nach 1.Lf5 Le2 2.Lg4 (2.Le4 Lc4 wie gehabt) 2...Ld1 ist Weiß im Zugzwang und verliert.

**1...Le2 2.Kc3 Lc4**

Zugzwang

**3.g6 Lf1**

3...Le2 ist schneller: 4.Kb3 Lf1–+.

**4.Lf5 Le2 5.Lg4 Ld1 6.Ld7+**

6.Kd2 Lb3–+

**6...Kb6 7.Lg4**

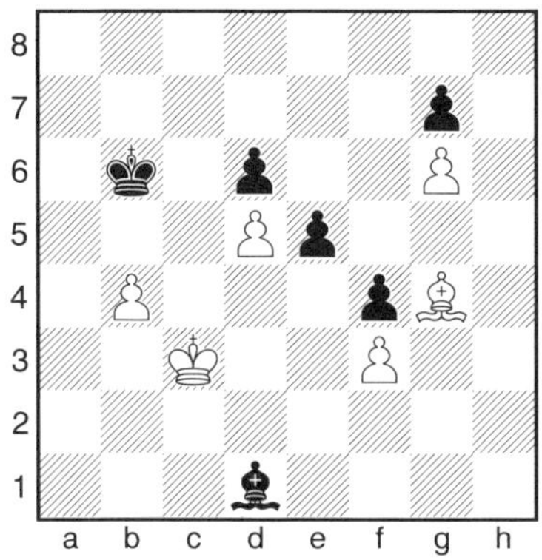

**7...e4 8.Kd2 Lxf3 9.Lxf3 exf3 10.Ke1 Kb5 11.Kf2 Kxb4 12.Kxf3 Kc5 13.Kxf4 Kd4!**

13...Kxd5? 14.Kf5=

**14.Kg4 Ke4! 15.Kg5 Ke5! 16.Kg4 Kf6**

**0–1**

Das folgende Beispiel ist ebenfalls sehr tiefschürfend.

**03.07**

**Michael Prusikin (2518)**

**Luis Engel (2519)**

Bundesliga 2019

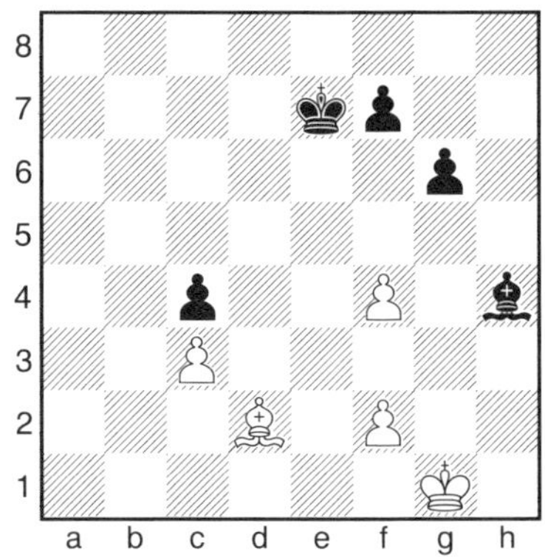

Weiß am Zug

**36.Kg2?**

Das ist unglaublicherweise ein Verlustzug.

Nach 36.Kf1 Kd6 37.Ke2 ist der weiße König stets schnell genug; z.B. 37...Kc6 (37...Kd5 38.Ke3=) 38.Le3 Kb5 39.Kd2 Ka4 40.Kc2=.

**36...Ke6?**

Die Widerlegung lautet 36...Kd6! 37.Kf3 Kc6!! (Luis Engel).

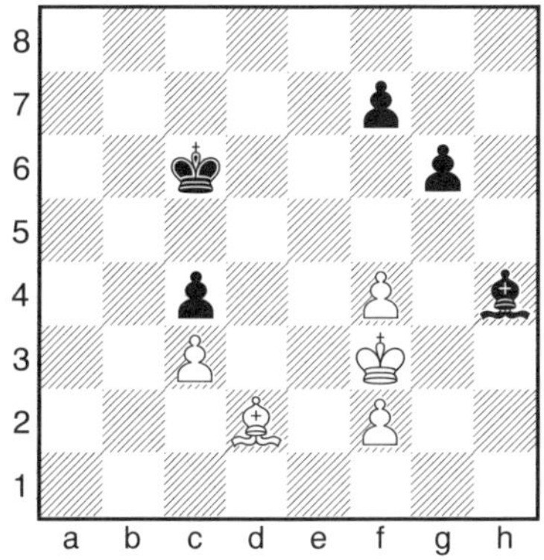

Die Drohung, am Damenflügel einzudringen, entscheidet den Tag; z.B. 38.Ke2

(38.Le3 Lf6 39.Ld4 Lxd4 40.cxd4 Kd5 41.Ke3 c3 42.Kd3 c2 43.Kxc2 Kxd4 44.f5 gxf5 45.Kd2 Ke4 46.Ke2 Kf4 47.Ke1 Kf3 48.Kf1 f4 49.Kg1 Ke2 50.Kg2 f3+ 51.Kg3 f5–+)

38...Kb5 39.Le3 Ka4 40.Kd2 Kb3 41.Ld4 Le7 42.Le5 f5 43.Ld4 Ld6 44.Le5 Lc5 45.f3 Le7 46.Ld4 Lh4 47.Lg7 Kb2 48.Ld4 Lg3 49.Le3 Kb3–+

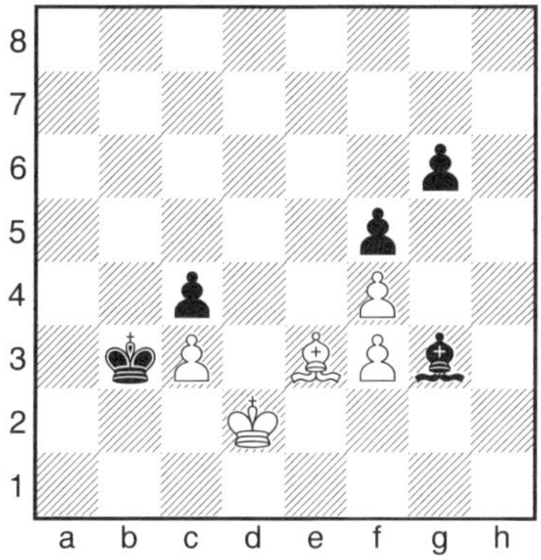

Weiß ist in fatalem Zugzwang.

**37.Kf3 Kf5 38.Le1 Le7 39.Ld2 La3 40.Le3 Ld6 41.Ld2 Ke6 42.Le3 Kd5 43.f5**

43.Ld4=

**43...gxf5 44.Ke2 Kc6 45.f3 Kb5 46.Kd1 Ka4 47.Kc2 Le5 48.Ld2 f4**

½–½

Ein wichtiger Vorteil des Läuferpaares gegen Läufer und Springer besteht oft darin, dass die Läufer leichter abgetauscht werden können.

## 03.08

**Konstantin Landa (2616)**

**Leon Mons (2554)**

Bundesliga 2019

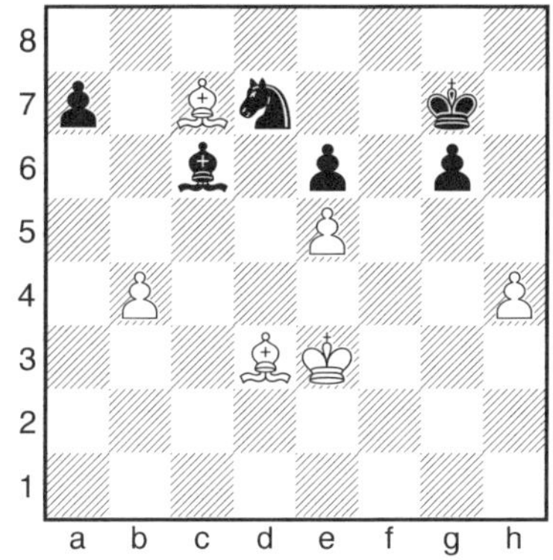

Weiß am Zug

Das aktive weiße Übergewicht wurde hier rasch zur Geltung gebracht.

**58.Kf4 Sb6**

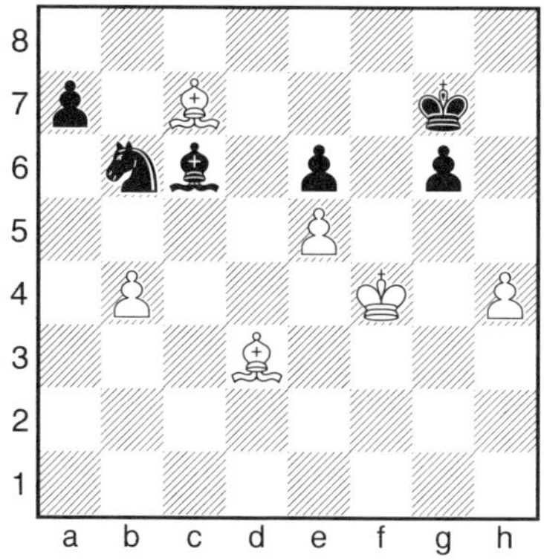

– Falls 58...Kh6, so 59.Lc4 und nun z.B. 59...Ld5 (59...Kh5 60.b5 Lg2 61.Lxe6+–) 60.Lxd5 exd5 61.e6 Sf6 (61...Sf8 62.Ke5+–) 62.Le5 Sg8 (62...Se8 63.b5+–) 63.b5 Se7 64.Ld4 Sc8 65.Lxa7+–

– 58...Lb7 59.Kg5 Sf8 60.b5 Sh7+ 61.Kf4 Sf8 62.Lb8+–

**59.Lxb6!**

Und einmal mehr zeigt sich ein Vorteil des Läuferpaares darin, gegebenenfalls einen günstigen Figurentausch herbeiführen zu können.

**59...axb6 60.Kg5 Le8 61.Le4**

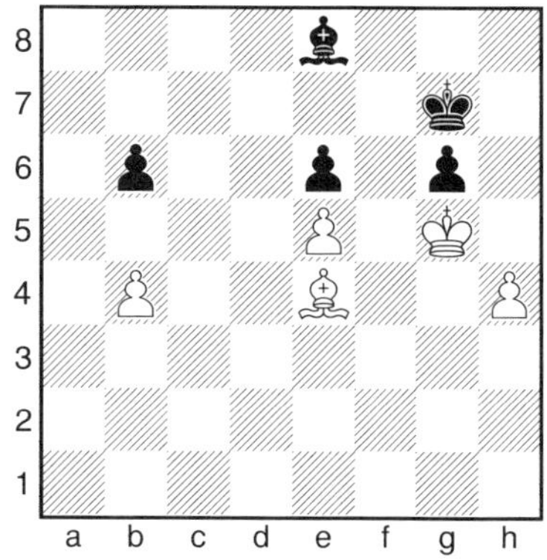

**61...Lf7**

Oder 61...b5 62.Ld3 nebst tödlichem Zugzwang, denn 62...Kh7 scheitert an 63.h5+–.

Und sogar 63.Kf6?! gewinnt: 63...Kh6 64.Kxe6 Kh5 65.Le4! g5 (65...Kxh4 66.Ke7+–) 66.hxg5 Kxg5

– 67.Kd6 Lh5 68.Ld3 Le8 69.Kc5 Kf4 70.Lxb5+–

– 67.Ke7 Kf4 68.e6!+–; 68.Kxe8?? Kxe5=)

**62.Lc6 Lg8 63.Le8 Lh7**

63...Lf7 64.Lxf7 Kxf7 65.Kh6 b5 66.Kh7+–

**64.b5**

**1–0**

Natürlich kann Zugzwang auch in Endspielen mit ungleichfarbigen Läufern auftreten.

## 03.09

**Viswanathan Anand (2757)**

**Thomas Beerdsen (2468)**

Bundesliga 2019

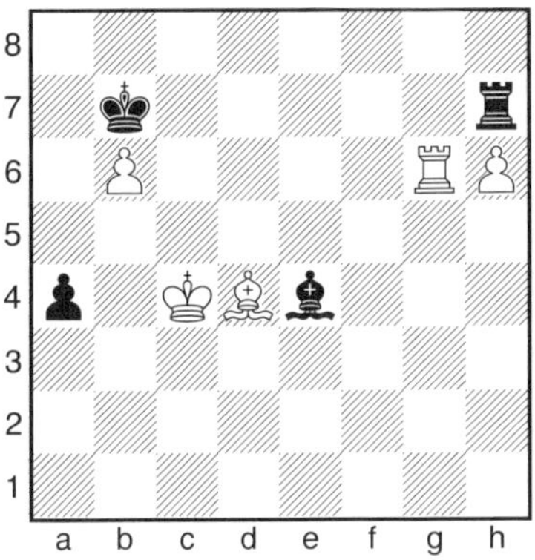

Weiß am Zug

Normalerweise haben reine Endspiele mit ungleichfarbigen Läufern eine sehr große Remis-Tendenz und der Angreifer sollte nur zu einem solchen abwickeln, wenn er ganz sicher gewinnt.

**65.Tg7+! Txg7 66.hxg7 Lc2**

66...a3 67.Kb3 Ld5+ 68.Kxa3 ist klar verloren, weil die Bauern mehr als 2 Linien auseinander sind; z.B. 68...Kc6 69.Kb4 Lg8 70.Ka5 Kb7 71.Kb5 Lf7 72.Kc5 Lg8 73.Kd6+– oder 70...Lc4 71.g8D Lxg8 72.Ka6+–.

**67.Kb5 Lb3 68.Lc5**

**1–0**

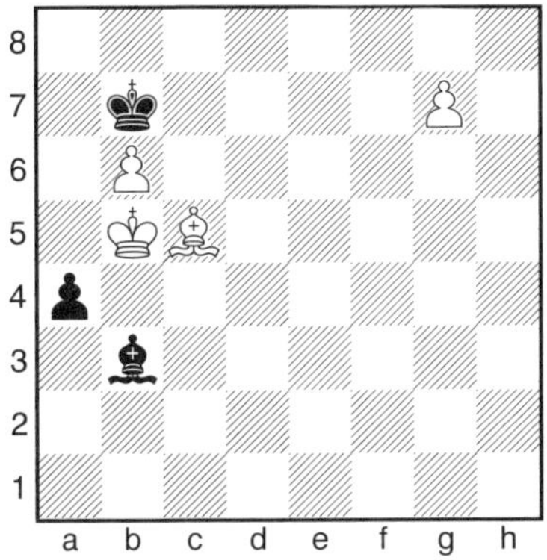

Schwarz ist in tödlichem Zugzwang und gab daher auf.

Das direkte 68.Kc5 Lg8 69.Kd6? wäre dagegen wegen 69...a3= der falsche Weg.

**68...Kb8 69.Kc6 Kc8 70.b7+ Kb8 71.Ld6+ Ka7 72.b8D+ Ka6 73.Db6#**

## 3B4) Turm gegen Läufer

Auch in diesem Duell kommt Zugzwang oft vor, um das Powerplay des Turmes auf der Felderfarbe zu unterstützen, die der Läufer nicht kontrolliert.

**03.10**

**Loek van Wely (2615)**

**Alexey Schirow (2671)**

Bundesliga 2019

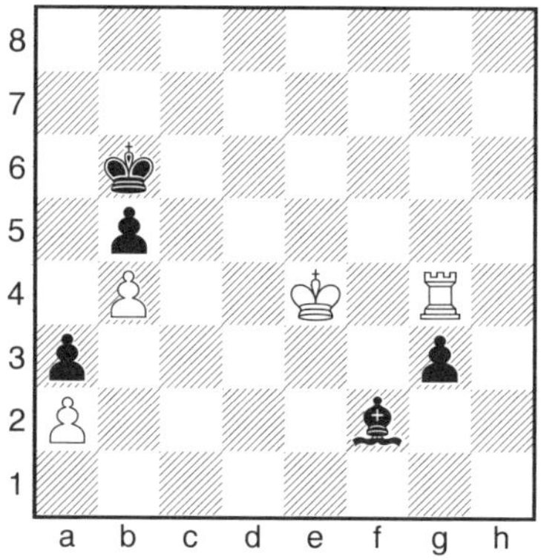

Schwarz am Zug

Schwarz muss hier genau agieren, um nicht in faszinierenden Dominanz-Duellen ausmanövriert zu werden, bei denen Zugzwang eine der schärfsten Waffen des Turmes ist.

**80...Kc6?**

Schwarz sollte unbedingt den wichtigen weißen Bauern b4 abtauschen: 80...g2 81.Txg2 Le1 82.Tg6+ Kc7 83.Kd5 Lxb4=.

**81.Kd3?**

Van Wely verpasst den Moment, Schwarz in Zugzwang zu bringen: 81.Tg6+ Kd7 82.Kf3 Le1 83.Tg4 Kd6 84.Td4+ Kc6 85.Te4 Lf2 86.Te5! mit Zugzwang.

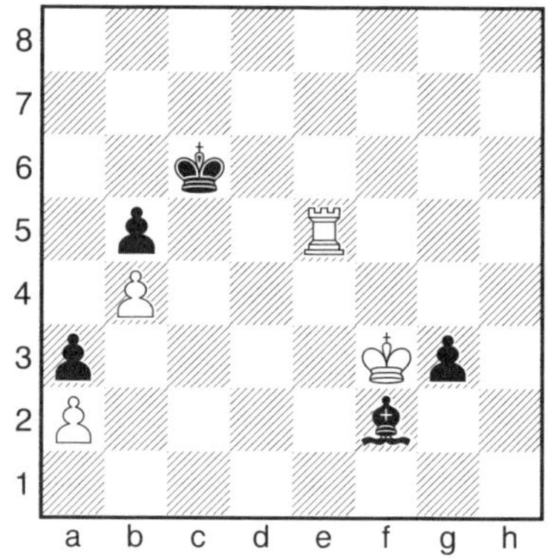

86...Kb6

(86...La7 87.Tg5 Lf2 88.Ke2 Kb6 89.Tg6+ +–)

87.Te6+ Kb7 88.Kg2 Ka7 89.Kf1 Kb7 90.Tg6 Ka7 91.Ke2 Kb7 92.Tg7+ Kc6 93.Tg5 Kb6 94.Td5 Kc6 95.Td3 Kc7 96.Txa3 Kd6 97.Td3+ Kc6 98.Kf3 Le1

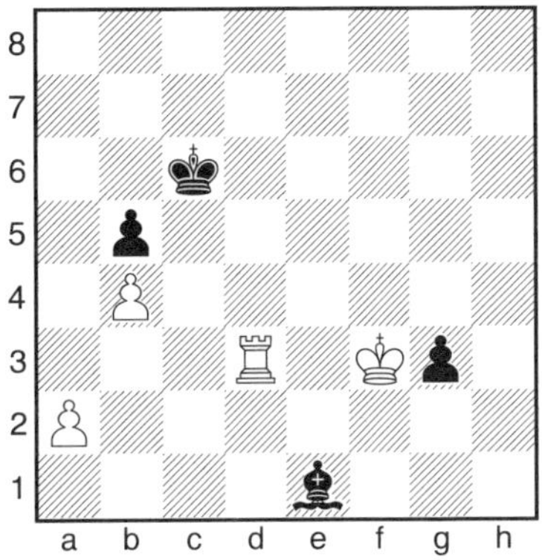

99.a3

(99.Td1?! Lxb4 100.Kxg3 ist zwar auch gewonnen, aber am Brett kaum realisierbar. Laut *Tablebase* kann Weiß in 59 Zügen matt setzen.)

99...Lf2 100.Td8 Kb6 101.Tg8 Kc6 102.Ke4 Kb6 103.Kd5 Kc7 104.Tg7+ Kb6 105.Kd6 Lg1 106.Ke6 Lf2 107.Kd5 Zugzwang 107...Le1 108.Tg6+ Kb7 109.Kc5+–

**81...Le1!**

Nach 81...Kd6? 82.Tg5 Kc6 83.Ke2+– ist Schwarz in Zugzwang.

**82.Ke2 Lc3 83.Kd3 Le1 84.Te4 Lf2**

84...g2?? 85.Txe1+–

**85.Ke2 Kd5 86.Tg4 Ke5 87.Tg5+ Kd4 88.Txb5**

88.Tc5 Le3! 89.Kf3 Lf2 90.Txb5 Kc3=

**88...Kc3 89.Tf5 Kb2 90.Txf2**

90.b5 Kxa2 91.Kf1 Kb2 92.b6 Lxb6 93.Tb5+ Kc2 94.Txb6 a2=

**90...gxf2 91.b5 Kxa2 92.b6 Ka1**

Auch 92...f1D+ 93.Kxf1 Kb1 94.b7 a2 95.b8D+ Kc2 ist spielbar, weil sich der weiße König außerhalb der Gewinnzone befindet.

**93.b7 a2 94.Kf1 Kb2 95.b8D+ Kc2 96.De5 Kb1 97.Db5+ Kc2 98.Dc4+ Kb2 99.Db4+ Kc2 100.Da3 Kb1 101.Db3+ Ka1 102.Ke2 f1D+**

½–½

# Kapitel 4
# Der richtige Abtausch

Dieses Thema ist im Schach in jeder Phase von zentraler Wichtigkeit. Da es in diesem Rahmen nicht voll ausgeleuchtet werden kann, konzentrieren wir uns lediglich auf einige Endspielaspekte.

## 4A) Abwicklung ins Bauernendspiel

Diese sollte stets sehr genau überlegt werden, denn Bauernendspiele haben nur eine sehr geringe Remis-Tendenz.

**04.01**

**Jorden van Foreest (2622)**

**Andrij Wolokitin (2627)**

Bundesliga 2019

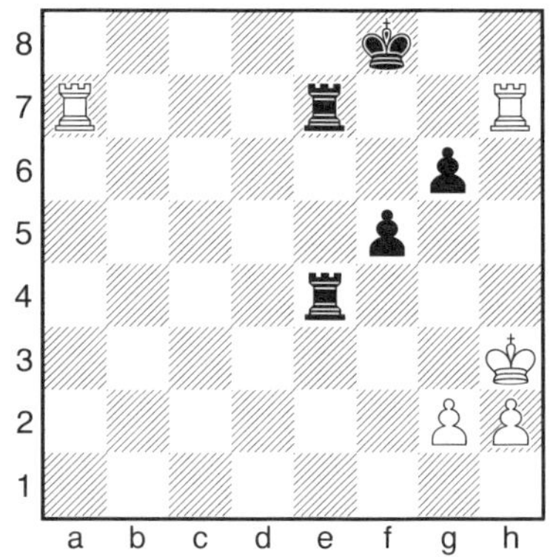

Weiß am Zug

**50.Ta8+!**

Der schwarze König muss zuerst schlechter gestellt werden.

Denn das direkte 50.Taxe7? Txe7 51.Txe7 Kxe7 52.Kh4 Kf6 ist nur remis; z.B. 53.h3 g5+ 54.Kh5 f4 55.Kg4 Kg6 56.h4 gxh4 57.Kxh4 Kf5=.

**50...Te8 51.Th8+ Kf7 52.Thxe8 Txe8 53.Txe8 Kxe8 54.Kh4 Kf8 55.Kg5 Kf7**

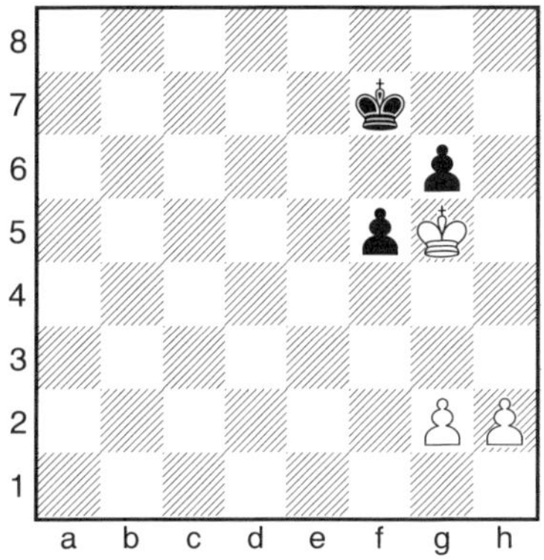

Nun gewinnt Weiß, weil sein h-Bauer noch auf dem Ausgangsfeld steht.

**56.h3!**

56.g3? Kg7 57.h4 Kf7 58.h5 gxh5 59.Kxf5 h4=

**56...Kg7 57.h4**

Nun ist Schwarz in einer Stellung mit wechselseitigem Zugzwang am Zug. Zugzwang ist eben die schärfste Endspielwaffe.

**57...Kh7**

– 57...f4 58.Kxf4 Kf6 59.Kg4 Kf7 60.Kg5 Kg7 61.h5+–

– 57...Kf7 58.h5 gxh5 59.Kxf5 h4 60.Kg4! (60.Kg5? h3 61.gxh3 Kg7=) 60...h3 61.Kxh3 Kg6 62.Kg4+–

**58.h5 gxh5 59.Kxh5**

59.Kxf5? Kh6 60.Kf6 h4=

**59...f4 60.Kg5 Kg7 61.Kxf4 Kf6 62.Kg4 Kg6 63.g3** 1–0

Weiß hat die Opposition und wird als nächstes eines der Schlüsselfelder betreten; z.B.

**63...Kf6 64.Kh5 Kg7 65.Kg5 Kh7 66.Kf6 Kh8 67.g4 Kg8 68.g5 Kh7**

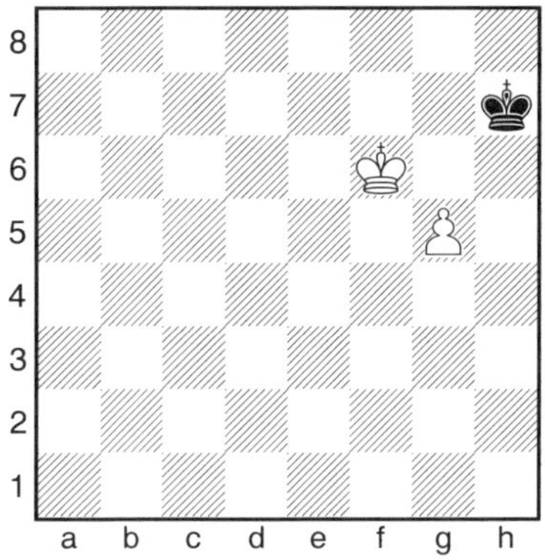

Beim g-Bauern muss Weiß nun in der Umsetzung wegen der Nähe des Brettrandes noch etwas Sorgfalt walten lassen.

**69.Kf7**

69.g6+? Kh8=

**69...Kh8 70.Kg6 Kg8 71.Kh6 Kh8 72.g6 Kg8 73.g7 Kf7 74.Kh7+–**

Die folgende Studie des 13jährigen Bremers Collin Colbow wurde als Urdruck im Schach Magazin des SV Werder Bremen 2/2019 veröffentlicht.

**04.02**
**Studie von C. Colbow**

Bremen 2019

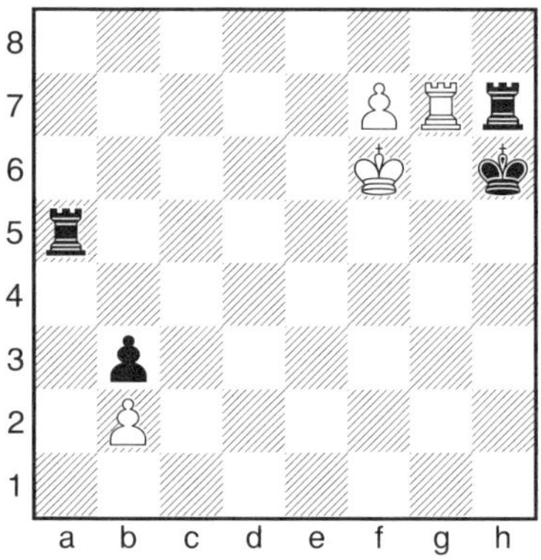

Weiß am Zug

Der Anziehende gewinnt durch eine effektvolle und nicht schwer zu findende Abwicklung.

**1.Txh7+!**

– 1.f8D? Ta6+ 2.Ke5 (2.Kf7 Ta7+ 3.Ke6 Thxg7=) 2...Txg7=

– 1.Tg6+? Kh5 2.f8D Ta6+ 3.Kf5 Ta5+ und nicht 3...Txg6? 4.De8 Thh6 (4...Thg7 5.Dh8+ Th6 6.Dxg7+–) 5.De2+ Kh4 6.Dh2#.

**1...Kxh7 2.f8D Tf5+ 3.Ke7**

3.Kxf5? patt

**3...Txf8 4.Kxf8**

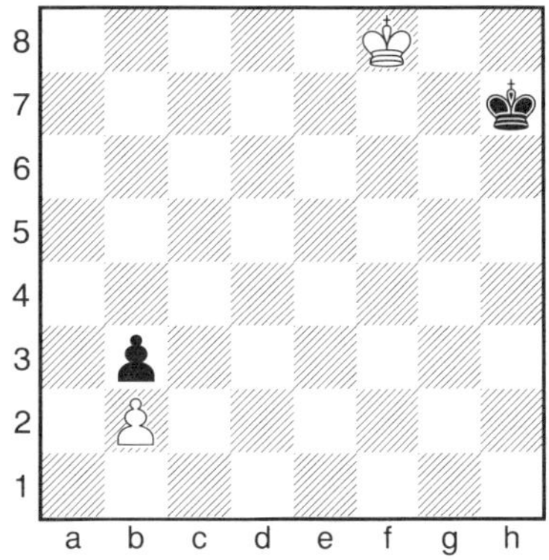

**4...Kg6 5.Ke7 Kf5 6.Kd6 Ke4 7.Kc5 Kd3 8.Kb4 Kc2 9.Ka3 +–**

Die Schlusspointe: Mittels Zugzwang erobert Weiß den Bauern b3 und siegt. Michail Botwinnik schrieb einst: „Meiner Meinung nach besteht das Wesen einer Schachpartie ganz allgemein aus Abtausch. Dieser allgemeine Abtausch bezweckt einen relativen Gewinn von materiellen oder positionellen Werten“.

Im folgenden Schwerfiguren-Finale erfordert es schon ein hohes Maß an technischer Präzision, um den weißen Mehrbauern zur Geltung zu bringen.

## 04.03

**Wesley So (2754)**

**Hikaru Nakamura (2754)**

Zagreb 2019

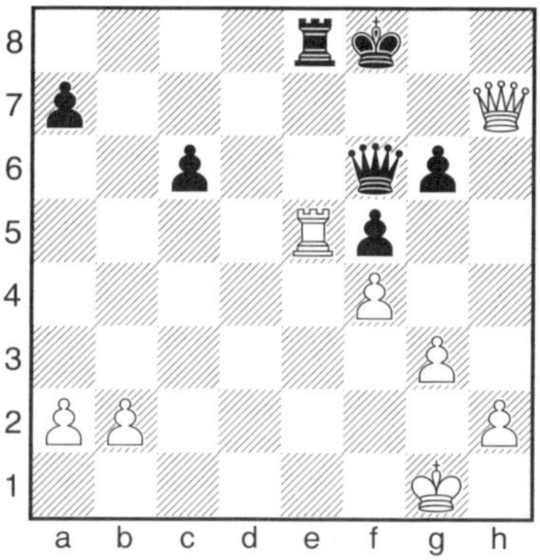

Weiß am Zug

**41.Dc7!**

41.Dxa7?! Txe5 42.fxe5 Dxe5 43.Df2+; 41.Txe8+?! Kxe8 42.Db7 (42.Dxa7?! Dxb2) 42...a5 43.Db3 sind zwar besser für Weiß, aber nicht so gut wie die Partie.

**41...Txe5**

Darauf kann Weiß auf zweierlei Weise gut zurückschlagen.

Alternativen zum Turmtausch sind keineswegs besser.

– 41...a6 42.Txe8+ Kxe8 43.De5+ Dxe5 44.fxe5 und Weiß gewinnt analog zu den folgenden Varianten.

– 41...Td8 42.Dxa7 Td1+ 43.Kf2 Td2+ 44.Ke1 Dd6 45.Te2+–; 44...Txh2 45.Dd7+–

– 41...Ta8 42.b3 a6 43.Db7+–; 42.Db7 Td8 43.Dxa7+– ist Zugumstellung zur vorigen Variante.

**42.Dxe5**

Oder auch 42.fxe5 und nun:

**a)** 42...Dg5 43.Db8+ Kg7 44.Dxa7+ Kh6 45.Dd4+–

**b)** 42...De7 43.Dd6! Kf7 44.Kf2+–

**c)** 42...De6 43.Dd6+! Kf7 44.Kf2 Dxa2

(44...c5 45.Kf3 Dxa2 46.Df6+ Ke8 47.Dxg6+

– 47.e6? Dd5+ 48.Kf4 Dd2+=

– 47...Kd8 48.Dd6+ Ke8 49.e6+–; 48...Kc8 49.Dxc5+ +–)

45.Df6+ Kg8

(45...Ke8 46.e6+– 46...Dd5 47.Df7+ Kd8 48.e7+ Kc7 49.e8D+)

46.Dxg6+ Kf8 47.Df6+ Kg8 48.e6 Dd5 49.e7 Df7 50.Dxf7+ Kxf7 51.Kf3 Kxe7 52.Kf4 Kf6 53.g4 fxg4 54.Kxg4 c5 55.Kf4+–; 54...a5 55.h4 a4 56.Kf4

**42...Dxe5**

Nakamura wählt mit dem ungeduldigen Damentausch und dem Übergang ins Bauernendspiel die einschneidendste Veränderung.

Hingegen wäre 42...Df7 nach 43.Dh8+! Ke7 44.b3! a6 45.Dd4+– oder 44...Dd5 45.Dg7+ Kd6 46.Dxa7+–; 45...Kd8 46.Dxa7+– auf Dauer chancenlos.

**43.fxe5**

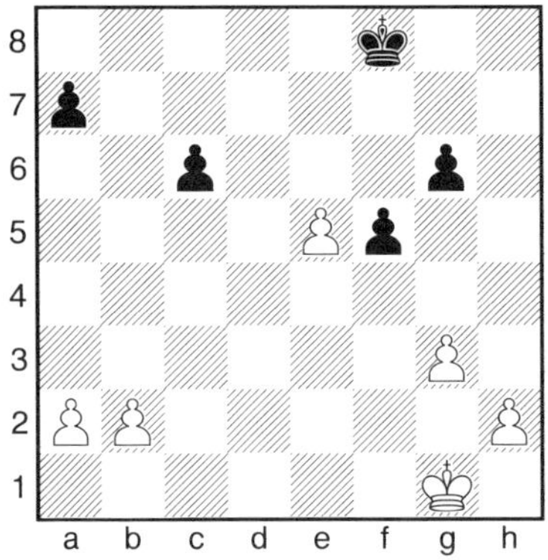

Man sollte meinen, dass die Gewinnführung mit einem gesunden Mehrbauern nur eine Formsache ist, doch „erstens kommt es anders, und zweitens als am denkt".

**43...Kf7 44.h4**

44.Kf2 g5

(44...Ke6 45.h4 ist Zugumstellung zur Partie.)

45.h4 f4

(45...Kg6 46.hxg5 Kxg5 47.Kf3; 45...Ke6 46.hxg5)

46.hxg5 Ke6 (46...Kg6 47.e6) 47.g6

**44...Ke6 45.Kf2 Kxe5**

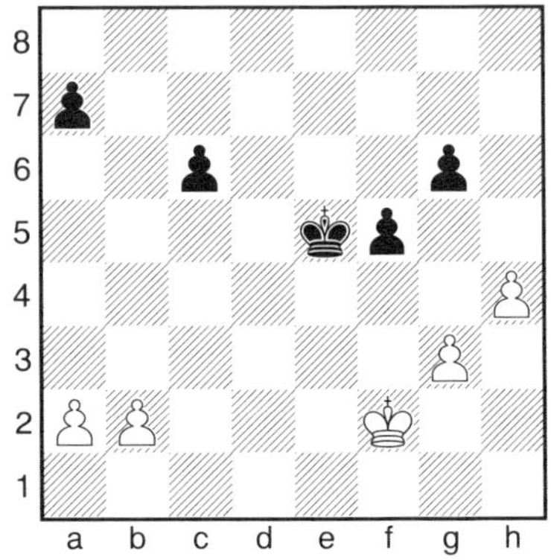

**46.Kf3?**

So lässt So allerdings den halben Punkt liegen! Erforderlich war schon ein gekonntes Tempospiel beginnend mit 46.Ke3! und dann z.B. 46...c5 (46...a5 47.a4) und jetzt erst 47.Kf3! mit der weiteren Folge 47...c4

(47...Kf6 48.Kf4; 47...Kd5 48.Kf4)

48.Ke3! a6 49.a3! a5 50.a4! Kd5 51.Kf4! Ke6 52.g4 fxg4 53.Kxg4 Kf6 54.Kf4! Kg7 55.Ke5 Kh6 56.Kd4 Kh5 57.Kxc4 Kxh4 58.b4! g5 59.b5 g4 60.b6 g3 61.b7 g2 62.b8D

Weiß ist um einen Schritt schneller und entscheidet durch Damentausch: 62...g1D 63.Dh8+ Kg3 64.Dg7+ Kf2 65.Dxg1+ Kxg1 66.Kb5+–.

**46...c5! 47.b3**

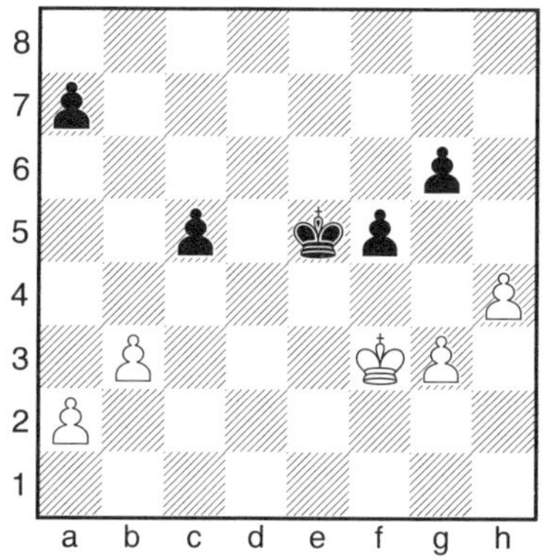

Oder 47.Ke3 (47.a4 a5=) 47...c4 48.Kf3 Kd4 49.Kf4 Kd3 50.Kg5 Kc2 51.Kxg6 Kxb2 52.h5 c3 53.h6 c2 54.h7 c1D 55.h8D+ =.

**47...Ke6?**

Als Ironie des Schicksals ist es Nakamura, der in dem von ihm forcierten Bauernspiel noch einmal stolpert. Vonnöten war 47...a6! und nun z.B. 48.Ke3 a5! 49.a4 Kd5 (49...Ke6 50.Kf4 Kf6=) 50.Kf4 (50.Kd3 Kd6 51.Kc4 Kc6=) 50...Kd4 51.Kg5 Kc3 52.Kxg6 Kxb3 53.h5 c4 54.h6 c3 55.h7 c2 56.h8D c1D= mit ausgeglichenem Damenendspiel.

**48.Kf4! Kf6 49.a3! a6**

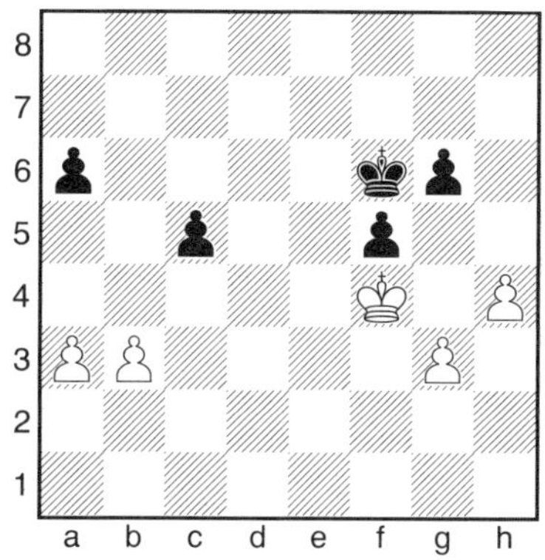

**50.b4! c4**

50...cxb4 51.axb4 Kf7 52.Kg5 Kg7 53.h5 gxh5 54.Kxf5 Kh6 55.Kf6 h4 56.gxh4 Kh5 57.Ke5 Kxh4 58.Kd5 Kg5 59.Kc5 Kf6 60.Kb6 Ke7 61.Kxa6+–

**51.a4**

Oder auch 51.Ke3 Ke5 52.a4 Kd5 53.Kd2 Kd4 54.Kc2 Ke4 55.Kc3+– bzw. 53...Ke4 54.Kc3 Kd5 55.a5+–.

**51...Ke6**

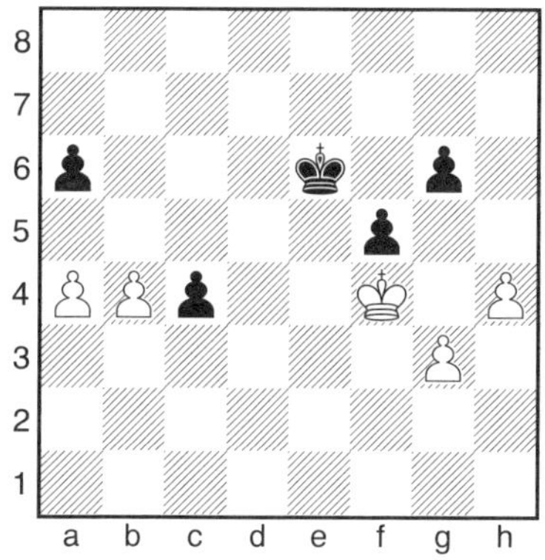

Wonach Weiß der ganzen Sache noch den letzten Schliff geben muss.

**52.Ke3! Kd5**

52...Ke5 53.Kd2 Kd4 54.Kc2+–

**53.Kd2! Kd4 54.Kc2! c3 55.b5**

**1–0**

## 4B) Abtausch zur Vorteilsverwertung

Zur Umsetzung einer strategischen Initiative sind oft die richtigen Transformationen nötig.

### 04.04

**Mathias Womacka (2449)**

**Eckhard Schmittdiel (2436)**

Bundesliga 2019

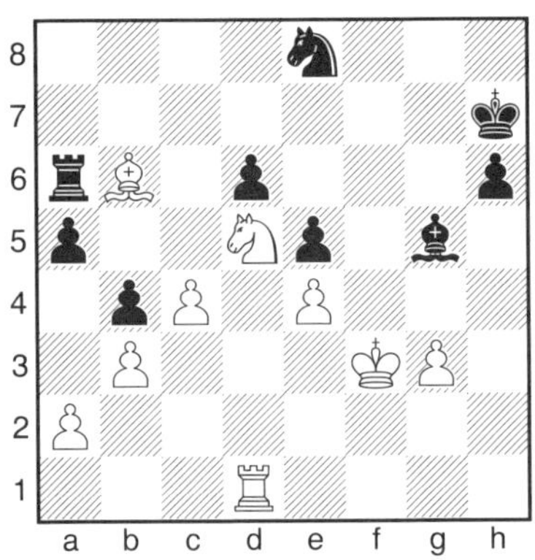

Weiß am Zug

**43.Sc7! Txb6**

43...Sxc7 scheitert an 44.Lxc7 Le7 45.c5 dxc5 46.Td7 Te6 47.Ld8 Td6 48.Txe7+ +–.

**44.Sxe8**

Der richtige Abtausch, denn Turm und Springer werden ein weißfeldriges Powerplay aufziehen. Allerdings ist noch Taktik vonnöten.

**44...Le7**

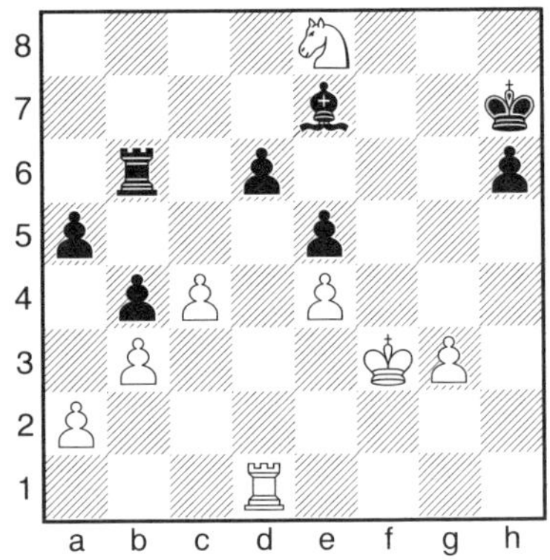

**45.c5!**

Der Öffner des Abgrunds.

**45...Tc6**

45...dxc5 46.Td7 Te6 47.Sc7 Tf6+ 48.Ke2 Tf7 49.Sd5+–

**46.cxd6 Ld8 47.d7 Tc3+**

47...h5 48.Td5 Tc3+ 49.Kg2 Tc2+ 50.Kh3 Txa2 51.Sd6 a4 52.bxa4 b3 53.Sb7 b2 54.Tb5+–

**48.Kg4 h5+**

Auch die Sperrung des weißen Königswegs mittels 48...Kg6 rettet letztlich nicht; z.B. 49.Sd6 Kf6 50.Sb7 Ke7 51.Td5 Te3 52.Txe5+ Kxd7 53.Td5+

Kc7 54.Sxd8+–. (Übrigens ist selbst 54.Kf4+– spielbar.)

**49.Kf5!?**

Sogar 49.Kxh5?! Txg3 50.Td5 Tg5+ 51.Kh4 sollte gewinnen, wäre aber natürlich schlechte Technik.

**49...Txg3 50.Sd6 Tg5+ 51.Ke6 Tg6+ 52.Kxe5**

**1–0**

## 4C) Die mit einer oder zwei Leichtfiguren gegen einen Turm spielende Partei möchte Abtausche vermeiden

Viele der Abtauschfaustregeln sind mehr oder weniger problematisch, aber diese gehört sicher zu den besseren. Denn der Turm gewinnt in aller Regel an Kraft je weniger ihm im Weg steht.

**04.05**

**Artur Jussupow (2605)**

**Sergey Dolmatow (2620)**

Wijk aan Zee 1991

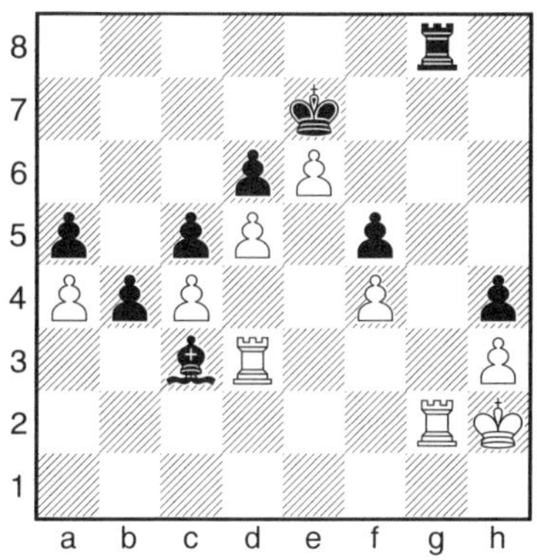

Schwarz am Zug

**48...Tb8!**

Schwarz muss den Turm unbedingt auf dem Brett behalten und er gehört hier klar hinter den b-Freibauern.

Nicht jedoch 48...Txg2+? 49.Kxg2 Le1

(49...Lf6 50.Kf3 Kf8 51.Td1 Le7 52.Tg1 Lf6 53.Ke2 Le7 54.Tg6 Ld8 55.Th6 Kg7 56.Th5 Lf6 57.Kd3

– 57...Kg6 58.e7 Kf7 59.Txf5 Kxe7 60.Th5 Kf7 61.Th7+ +–

– 57...Kg8 58.Txf5 Kg7 59.Ke3 Kg6 60.Ke4 Kg7 61.Th5 Ld8 62.Ke3 Le7 63.f5 Lf6 64.Ke4 Ld8 65.f6+ Lxf6 66.Tf5+–)

50.Kf3 Lg3 51.Te3 Lh2 52.Te1 Lg3 53.Te2+–

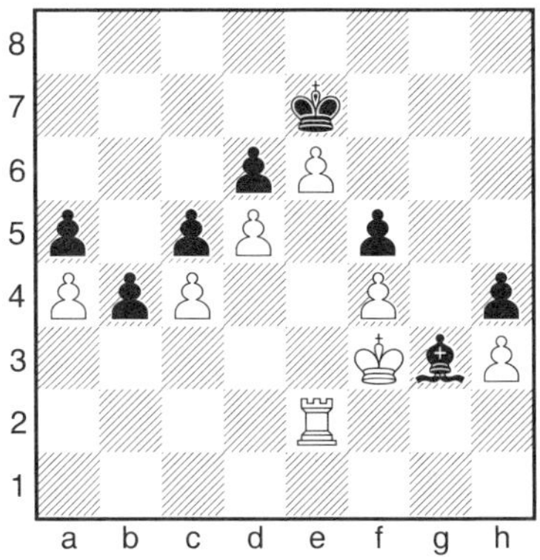

Schwarz ist in fatalem Zugzwang.

**49.Tg1**

49.Tg5 kann sogar mit 49...b3 50.Txc3 b2 51.Tg1 b1D 52.Txb1 Txb1 beantwortet werden.

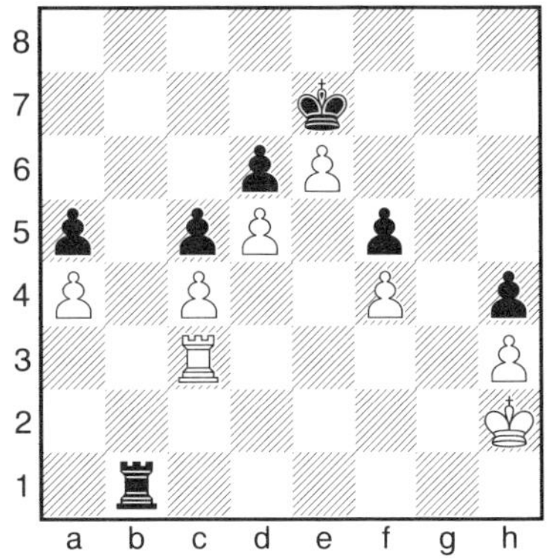

Denn das Turmendspiel ist wegen des passiven weißen Königs klar remis; z.B. 53.Tc2 Tb4 54.Tg2 Txa4 55.Tg7+ Ke8 56.Td7 Txc4 57.Txd6 Td4= (Jussupow).

**49...Ld4 50.Tb1 Tg8 51.Tdb3 Lf2! 52.Tf1 Lg3+ 53.Kh1 Tg7 54.Tb2 Tg8 55.Tb3 Tg7 56.Tb2 Tg8 57.Tbb1 Tg7 58.Tf3 Tg8 59.Tbf1 Tg7 60.Te3 Tg8**

½–½

# Kapitel 5
# Ungleichfarbige Läufer

Ungleichfarbige Läufer haben ein Doppelgesicht. Reine Endspiele mit ihnen haben eine extrem hohe Remis-Tendenz und das Festungsthema ist das bei weitem wichtigste. Wenn jedoch noch mehr Figuren auf dem Brett sind, gewinnt die Faustregel aus dem Mittelspiel, dass die ungleichen Läufer den Angreifer begünstigen, immer mehr an Bedeutung.

## 5A) Reine Endspiele mit ungleichfarbigen Läufern haben eine hohe Remis-Tendenz

### 05.01
### Arnold van Foreest – Heinrich Wagner

Berlin 1922

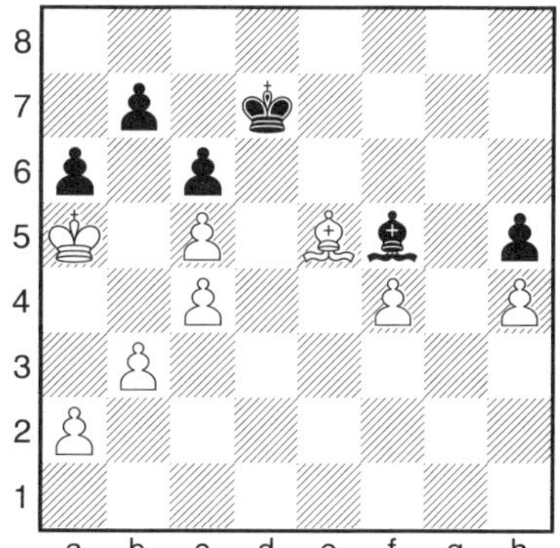

Weiß am Zug

Trotz zweier Mehrbauern kann der Anziehende die schwarze Festung nur durch kunstvolle Belagerung erobern.

„Der Schiedsrichter Dr. Emanuel Lasker erklärte diese Stellung als für Weiß gewonnen und wies das durch eine scharfsinnige Analyse nach, deren leitende Idee hier folgt.“

Quellen: chesshistory.com no. 11175 + 11185 von Edward Winter / Schachjahrbuch 1922 (Seiten 102–103) von Ludwig Bachmann (Ansbach, 1924)

**1.Kb6 Kc8 2.b4 Ld3 3.a4 Lxc4 4.f5 Lg8 5.f6 Le6 6.a5 Ld5 7.La1 Lc4**

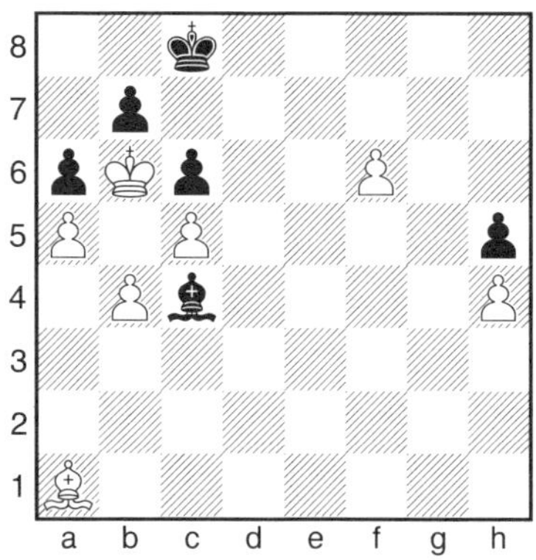

„Weiß hat durch Tempozwang den Gegner genötigt, die Deckung des Punktes c6 aufzugeben.“

**8.b5! axb5**

„Auf 8...cxb5 folgt natürlich c6.“

**9.a6 bxa6 10.Kxc6 b4 11.Kb6 b3 12.Lb2 Kd7 13.c6+ Kc8 14.La3**

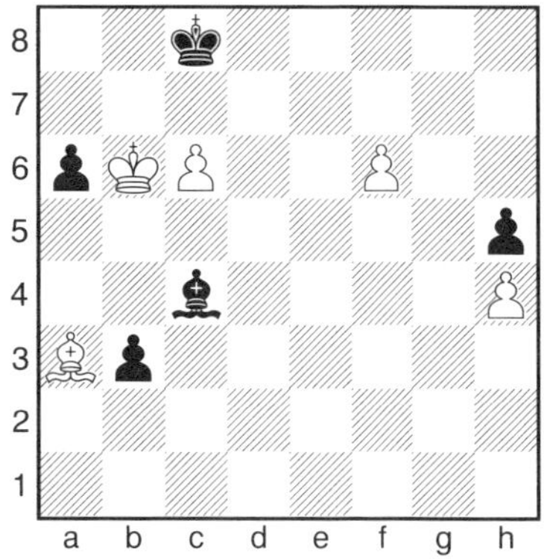

**14...a5**

CDM: 14...Ld5 15.Kc5 Lg8 16.Kd6 a5 17.Ke7 Kc7 18.f7 Lxf7 19.Kxf7 Kxc6 20.Ke6! führt unter Zugumstellung zur nachfolgenden Variante mit 15.Kc5/20.Ke6 bzw. 21.Ke6, wo im Unterschied zu Laskers Hauptvariante der schwarze a-Bauer auf a5 statt auf a4 steht.

**15.c7**

CDM:

– Relativ am einfachsten gewinnt hier 15.Kxa5 und nun z.B. 15...Kc7 16.Kb4 Ld5

(16...Lf7 17.Kc5 Lg6 18.Lb2 Lf7 19.Le5+ Kc8 20.Kd6 Kd8 21.c7+ Kc8 22.Ke7 Lg6 23.f7 Lxf7 24.Kxf7 b2 25.Lxb2 Kxc7 26.Kg6+–)

17.Kc5 Lf7 18.Lb2 Lg6 19.Le5+ Kc8 20.Kd6 Kd8 21.c7+ Kc8 22.Ke7 b2 23.Lxb2 Kxc7 24.f7 Lxf7 25.Kxf7+–.

– Oder auch 15.Kc5 Lg8 16.Kd6 Kd8

(16...Lc4 17.Ke7 Kc7 18.f7 Lxf7 19.Kxf7 Kxc6 20.Ke6! Kb5 21.Kd5! Ka4 22.Lb2 Kb4 23.Kd4! a4 24.Lc1 a3 25.Ld2+ Ka4 26.Kc3 a2 27.Kb2 Kb5

28.Lc3 Kc4 29.Lf6 Kb4 30.Lg7 Kc4 31.Ka3+–)

17.c7+ Kc8 18.Ke7 Kxc7 19.f7 Lxf7 20.Kxf7 Kc6 21.Ke6 mit Zugumstellung zur Variante 16...Lc4/20.Ke6.

**15...a4 16.Kc6 Lg8 17.Kd6 Lc4 18.Ke7 Kxc7 19.f7 Lxf7 20.Kxf7 Kc6 21.Ke6**

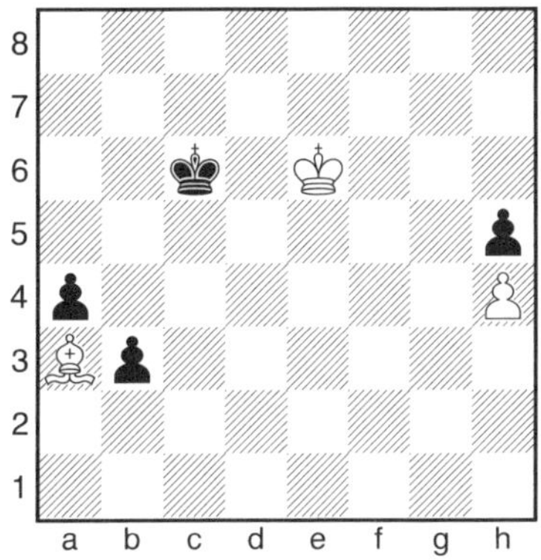

Und Weiß muss gewinnen.

CDM: Weiter kann z.B. folgen ...

**21...Kb5**

Oder auch 21...Kc7 22.Kd5 Kd7 23.Lb2

(23.Ke5 Kc6 24.Kd4 Kd7 25.Kd5! Kc7 26.Kc4+–; 23.Kc4? Ke6=)

23...Ke7 24.Ke5! Kf7

(24...Kd7 25.La3 Kc6 26.Kd4 Kb5 27.Kc3 Ka5 28.Kc4 Kb6 29.Kb4 usw.)

25.Kf5 Ke7 26.La3+ (26.Kg5? Ke6=) 26...Kf7 27.Kg5 Ke6 28.Kxh5 Kf5 29.Kh6! (29.Lb2? Ke4=) 29...Ke4 30.h5 Kd3 31.Kg5 Kc2 32.h6 b2 33.Lxb2 Kxb2 34.h7 a3 35.h8D+ +–

**22.Kd5! Kb6 23.Kd4 Kb5**

23...Kc6 24.Kc4+–

**24.Kc3 Ka5 25.Kc4 Kb6 26.Kb4 Kc6 27.Kxa4+–**

Um mit zwei Freibauern zu gewinnen, müssen sie mindestens drei Linien voneinander getrennt sein.

## 05.02

**J. Lopez Martinez (2563)**
**M. Illescas Cordoba (2598)**

Spanien 2007

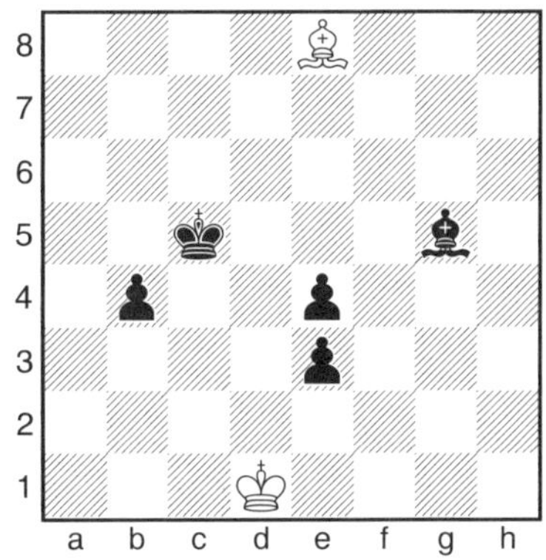

Weiß am Zug

Daher sollte Weiß sich hier ohne Mühe behaupten können.

**66.Lf7?**

Darauf kann der schwarze König ungehindert einmarschieren.

– ⌓66.Ld7 b3

(66...e2+ 67.Kxe2 b3 68.Le6 b2 69.La2 Kd4 70.Lb1=)

67.Le6! b2

(67...Kb4 68.Ld5 Ka3 69.Lxe4 Ka2 70.Ld5!=; 69...Kb2 70.Ld5!=)

68.La2 Kd4 69.Ke2=.

– ⌓66.La4 Kc4 67.Lc2 Kd4

(67...b3 68.Lxe4 Kc3 69.Lf5 Kb2 70.Le6!=)

68.Ke2 Kc3 69.Lxe4 Kb2 70.Kd1=

**66...Kd4**

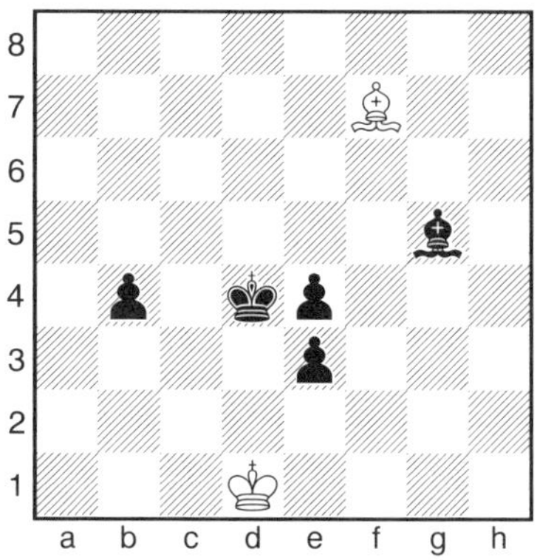

**67.Ke2**

Nun aber kommt auch jeder andere Rettungsversuch zu spät:

– 67.Le8 b3 68.La4 Kc3 69.Lc6 Kb2! 70.Ld5 Lf4 Zugzwang 71.Le6 Kc3 72.Ld5 Kd3–+

– 67.La2 Lh6 und nicht etwa 67...Kc3? 68.Lb1! Kd4 69.Lc2!= bzw. 68...b3 69.Lxe4! (69.Ke2? Kb2 70.Lxe4 Kc1–+) 69...Kb2 70.Ld5! Ka3 71.Le4! Ka2 72.Ld5!=.

– 67.Lh5 b3 68.Le2 Kc3 69.Kc1 b2+ 70.Kb1 Kd2–+

**67...Kc3 68.Ld5 b3 69.Lxe4 Kb2 70.Ld5 Kc2 0–1**

Mitunter gewinnen auch Freibauern, die nur 2 Linien voneinander getrennt sind. Aber zunächst soll die bemerkenswerte Geschichte des nächsten Beispiels dargestellt werden.

Die Endrunde der damals noch viergleisigen Bundesliga fand vom 24. bis 26. September 1976 in Bamberg statt. Nach einem Kopf-an-Kopf-Rennen setzte sich der SC 1868 Bamberg mit einem halben Brettpunkt vor dem Titelverteidiger Solinger SG 1868 durch; der Delmenhorster SK wurde Dritter vor dem Heidelberger SK.

Als Zünglein an der Waage erwies sich im Match Delmenhorst – Solingen die Begegnung am 2. Brett zwischen dem titellosen Delmenhorster Claus Dieter Meyer und dem Solinger Großmeister Hans-Joachim Hecht. Das Solinger Team benötigte unbedingt noch einen Sieg für die Titelverteidigung. Beim Stande von 5:2 knetete Hecht lange Zeit ein Remisendspiel, aber nach sage und schreibe fast 13 Stunden Gesamtspieldauer und 113 Zügen musste er sich mit einem Remis begnügen, so dass Bamberg mit dem denkbar knappsten Vorsprung Deutscher Mannschaftsmeister 1976 wurde.

## 05.03

### Claus Dieter Meyer
### Hans-Joachim Hecht (2495)

Bundesliga 1976

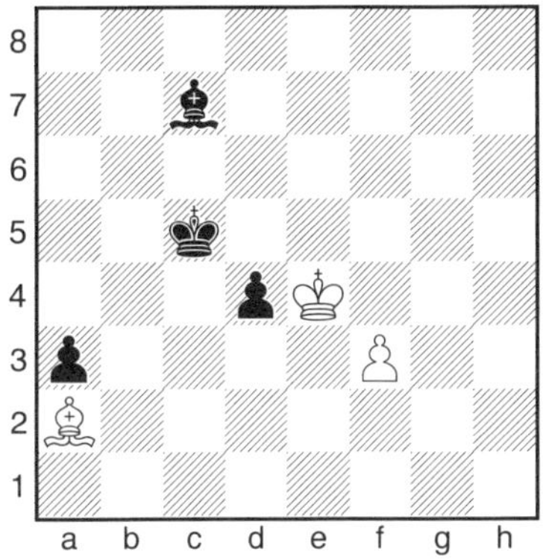

Weiß am Zug

**100.Kd3**

Der bemerkenswerten Verführung 100.f4?! Lxf4! 101.Kxf4?? (⌓101.Kd3=) …

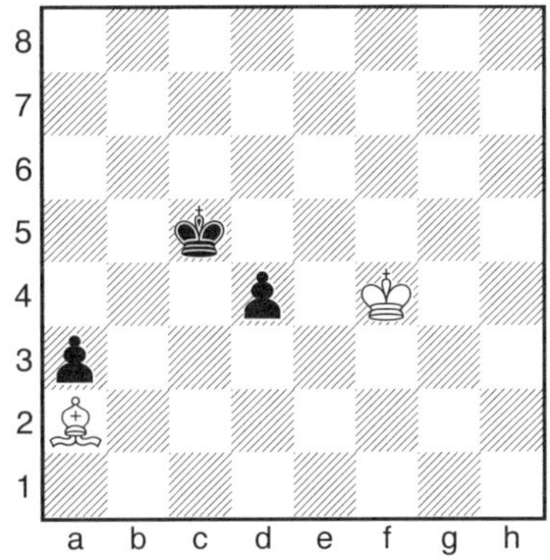

… ging Weiß tunlichst aus dem Wege: 101…Kb4 102.Kf3 (102.Ke4 Kc3 103.Lf7 d3–+) 102...Kc3 103.Ke2 Kc2! 104.Lc4 d3+! 105.Lxd3+ Kc3 106.Lb1 Kb2–+.

**100…Lb6 101.f4 Lc7 102.f5 Le5 103.Kc2 Kb4 104.Kd3 Lf6 105.Le6 Kc5 106.La2 Kd6 107.Ke4 Ke7 108.Kd3 Kf8 109.Kc4 Kg7 110.Kb3 Le7 111.Kc4 Lc5 112.Kd3 Kf6 113.Ke4 Kg5 114.Lb1 ½–½**

Die nachfolgende feinsinnige Studie mit krönendem Mattangriff gehört zu meinen Favoriten zum Thema ungleichfarbige Läufer. Nach dem Ende seiner Karriere als Turnierspieler komponierte der 7. Weltmeister Wassili Smyslow (1921–2010) etliche Studien, die große Beachtung fanden. Es heißt, er sei „ein Virtuose des Endspiels“ gewesen, der seinesgleichen suchte. Hier soll er häufig Züge gefunden haben, die selbst den Kenner verblüffen.

## 05.04
## Studie von Wassili Smyslow
1986

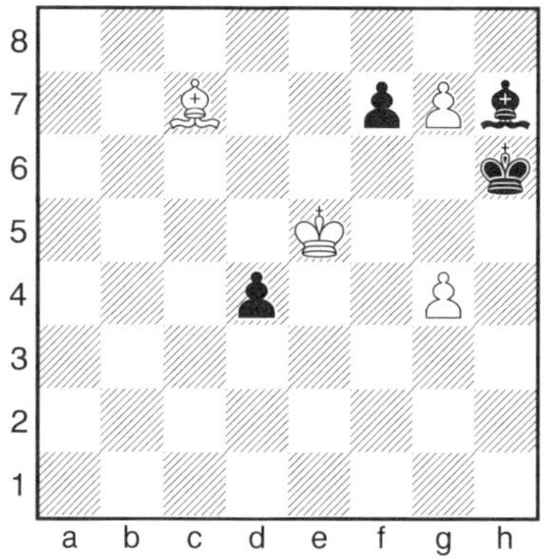

Weiß am Zug

**1.g8S+!**

Die Unterverwandlung drängt die schwarzen Figuren in eine fatale Eckstellung.

Verfehlt wäre hingegen 1.g8D? f6+! 2.Kxf6 Lxg8= oder 1.Kf6? Lg8! 2.Lf4+ Kh7 3.Ld2 d3 4.Le3 d2 5.Lxd2 patt.

**1...Lxg8**

1...Kg5 2.Sf6

– 2...Lb1 3.La5 Kg6 4.Ld2 Lc2 5.g5+–

– 2...Lc2 3.La5 Ld1 4.Ld2+ Kg6 5.g5+–

**2.Kf6 Kh7**

2...d3 3.Lf4+ Kh7 4.g5 führt unter Zugumstellung zur Hauptvariante.

**3.g5 d3**

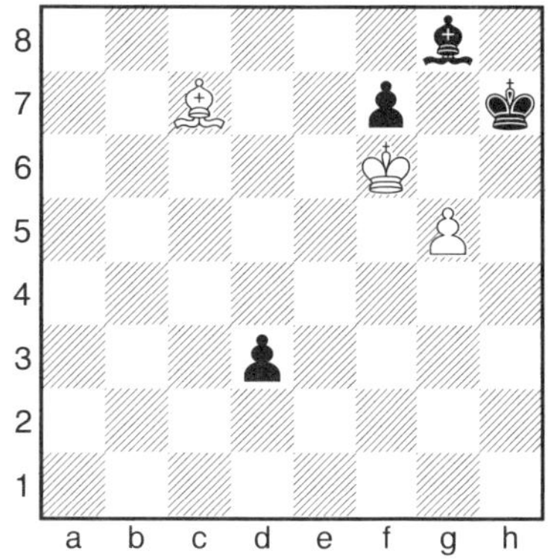

**4.Lf4!**

Der Anfang von subtilen Läufermanövern, die ihren Höhepunkt in einem Mattangriff finden.

4.La5? Kh8 5.Lc3 Kh7=

**4...Kh8**

4...d2 führt nach 5.Lxd2 Kh8 6.Lc3! Kh7 (6...Lh7 7.Kxf7#) 7.Lb2 Kh8 8.g6 fxg6 9.Kxg6# beschleunigt zur Hauptvariante.

**5.Le5!**

5.Ld2? Lh7!=

**5...Kh7 6.Lc3 d2 7.Lxd2 Kh8 8.Lc3 Kh7 9.Lb2 Kh8**

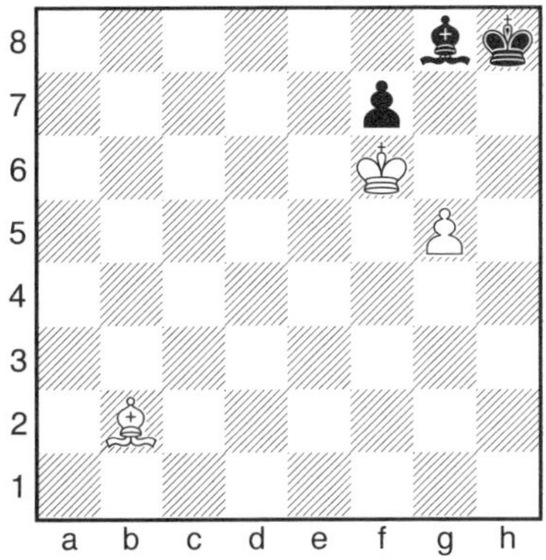

**10.g6!**

Der Stich des Skorpions.

**10...fxg6 11.Kxg6#**

Im nächsten Fall ließ es der vietnamesische Weltklassespieler an der nötigen Präzision missen und vergab ein nachhaltiges Tempo.

## 05.05

## Parham Maghsoodloo (2665)

## Le Quang Liem (2694)

China 2019

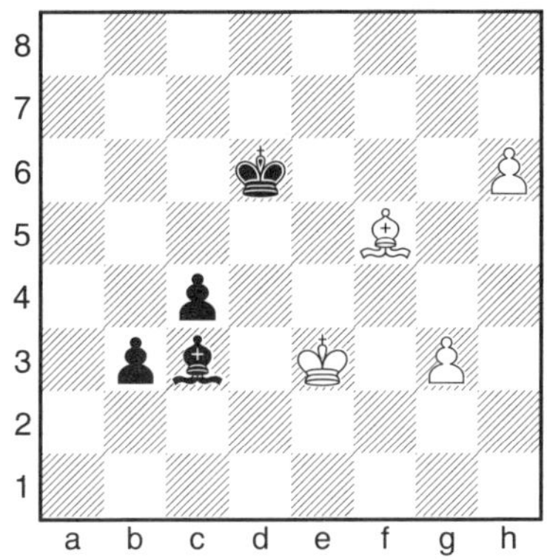

Schwarz am Zug

**70...Lf6?**

Das verpasst den günstigen Moment. Der König muss sich unverzüglich in Richtung a1 auf die Socken machen: 70...Kc5! 71.Ke2

**a)** 71.g4 Lf6

– 72.g5 Lxg5+ 73.Ke2 Lxh6 74.Kd1 c3–+

– 72.Kd2 Lg5+ 73.Kc3 Lxh6–+

**b)** 71.h7 Kb4–+

– 72.Kd1 Ka3 73.Kc1 Ka2 74.Lb1+ Ka1 75.Le4

(75.g4 Lb2+ 76.Kd2 Kxb1 77.g5 c3+)

75...b2+ 76.Kd1 b1D+ 77.Lxb1 Kxb1 78.g4 Lb2 79.g5 c3 80.g6 c2+ 81.Ke2 c1D

– 72.g4

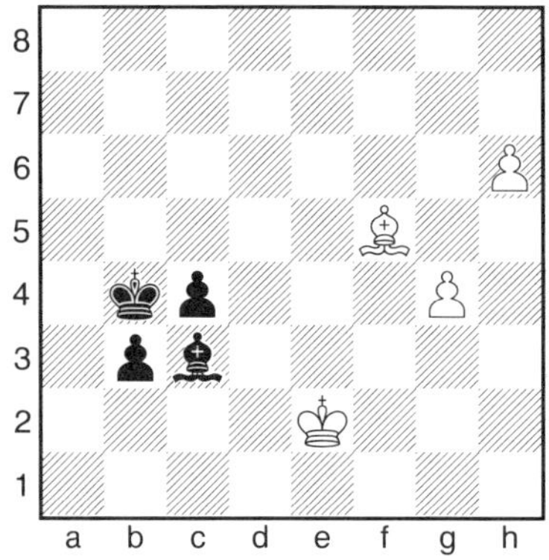

72...Lf6

Hier muss Schwarz einmal auf die Bremse treten.

(Denn das direkte 72...Ka3? führt nur zum Remis: 73.g5 Le5 74.g6 c3 75.g7 c2 76.Lxc2 bxc2 77.g8D c1D=.)

73.g5

(73.h7 c3 74.Kd1 Ka3 75.Kc1 Ka2 76.Le6 c2 77.Kd2 Kb2)

73...Lxg5 74.h7 Lf6 75.Kd2 Ka3 76.Kc1 Ka2 77.Lb1+ Ka1

Der König ist an seinem Ziel angekommen, und Weiß ist verloren.

**71.Kd2 c3+**

Oder 71...Lg5+ 72.Kc3 Kc5 73.h7 Lf6+ 74.Kd2 Kb4 75.Kc1! Ka3 76.Kb1!=.

**72.Kd1! Kc5 73.h7 Kb4 74.Kc1! Ka3 75.Kb1! Kb4**

½–½

## 5B) Mit Türmen begünstigen ungleiche Läufer wie im Mittelspiel den Angreifer

„Wenn Türme und ungleichfarbige Läufer gegeneinander kämpfen, gilt das Gleiche wie bei gleichfarbigen Läufern: Das Zusammenspiel ist stark taktisch geprägt und die Aktivität der Leichtfiguren spielt eine dominante Rolle. Da diese hier nur *indirekt* gegeneinander getauscht werden können, fällt eine wichtige Verteidigungsmöglichkeit weg und das Spiel wird schärfer. Hingegen führt der Turmtausch oft zu einer Verflachung, weil Endspiele allein mit ungleichfarbigen Läufern selbst mit Mehrbauer(n) oft nicht zu gewinnen sind. Die stärkere Partei wird Turmtausch also vermeiden wollen."

(Herbert Bastian in JugendSchach 04/2017)

## 05.06

**Magnus Carlsen (2861)**

**Sergey Karjakin (2780)**

Wijk aan Zee 2013

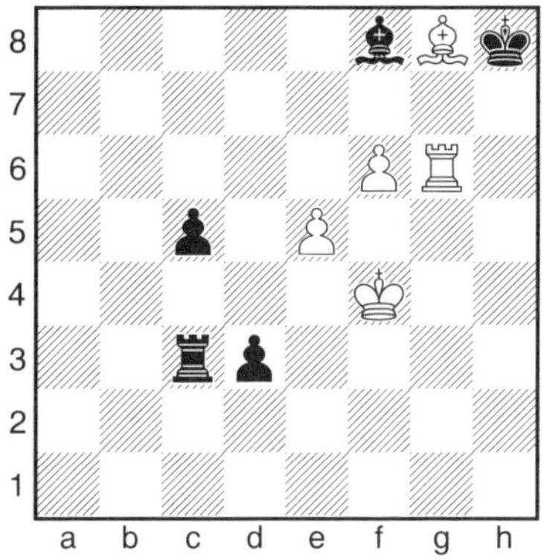

Weiß am Zug

In der vorliegenden Diagrammstellung realisierte der Weltmeister seine evidenten positionellen Vorteile mit der erforderlichen Präzision und taktischen Findigkeit.

**79.Ke3!**

Zunächst hat die Kontrolle des d-Bauern oberste Priorität.

Verfehlt wären die Ansätze:

– 79.Kf3? d2+ 80.Ke2 Te3+ 81.Kxd2 Txe5=;

– 79.Ld5? d2 80.Tg8+ Kh7 81.Txf8 Tc4+ 82.Lxc4 d1D=;

– 79.Le6? d2 80.Tg8+ Kh7 81.Txf8 Tf3+ 82.Kxf3 d1D+ =.

**79...c4 80.Le6! Kh7**

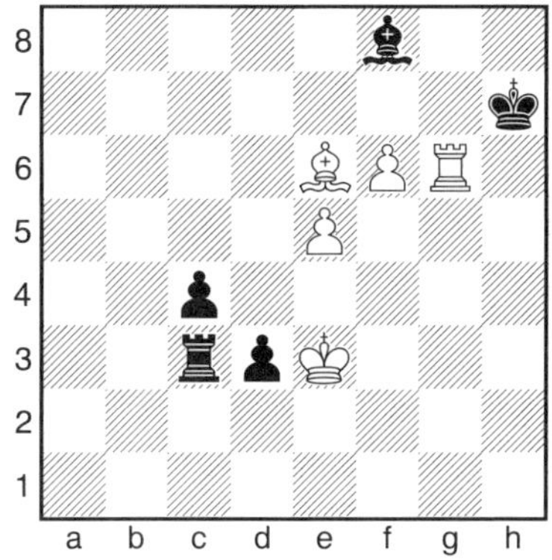

**81.Lf5!**

Die latente Abzugsdrohung führt zum Bauerngewinn.

**81...Tc2**

81...d2+ 82.Kxd2 Tf3 83.Le4 Lb4+ 84.Ke2 Ta3 85.e6+–

**82.Tg2+ Kh6 83.Txc2 dxc2 84.Lxc2**

Wonach die verbundenen Freibauern mühelos entscheiden.

**84...Kg5 85.Kd4 La3**

85...Kf4 86.e6+–

**86.Kxc4 Lb2 87.Kd5 Kf4**

87...Kh6 88.Ke6 La3 89.Kf5 Kh7 90.Lb3+–

**88.f7 La3 89.e6 Kg5 90.Kc6 Kf6 91.Kd7 Kg7**

91...Lb4 92.Lb3 La3 93.Ke8 Kg7 94.e7+–

**92.e7**

**1–0**

## 05.07
## Amos Burn
## Wilhelm Steinitz

DSB Kongress Köln 1898

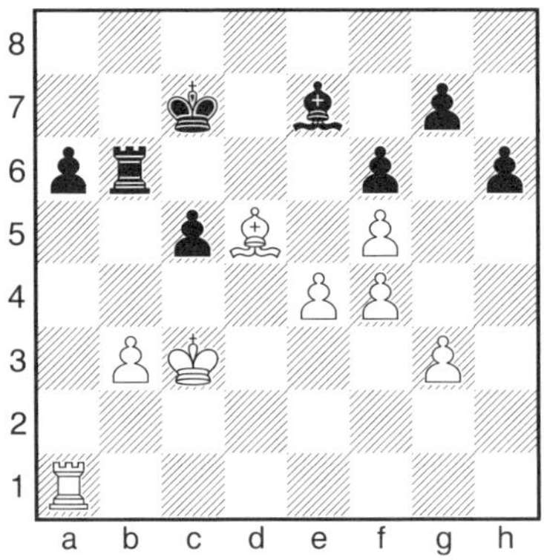

Weiß am Zug

Weiß hat ein deutliches aktives Übergewicht, verfügt zudem über die mobilere Bauernmajorität am Königsflügel und droht ggf. mit dem Vormarsch seines e-Bauern. Da er überhaupt seine Bauern geschickter aufgestellt hat, weist seine Stellung keine spürbaren Angriffspunkte bzw. Felderschwächen, während die schwarze auf g6 ein klaffendes Einfallstor für den weißen Monarchen bietet.

**44.Kd3!**

Der König spaziert nun nach g6, denn der starke Läufer d5 hält den Laden derweil fest zusammen. Weiß kann also seine Stellung seelenruhig verstärken, ohne Gegenspiel befürchten zu müssen.

**44...Kb8 45.Ke2 Td6 46.Kf3 Kc8 47.Kg4 Kd8 48.Kh5 Ke8 49.Kg6**

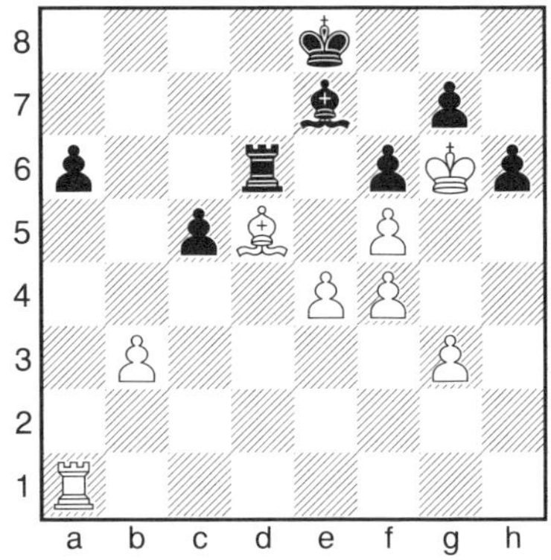

Der Verteidiger muss seine Bauern g7 und c5 so schützen, dass Weiß außerstande ist, den Schwächling auf a6 ohne Turmtausch zu erbeuten.

**49...Kf8**

49...Lf8? 50.Lc4 Tb6 51.Txa6 (51.Ta3 Ke7 52.Lxa6+–) 51...Txa6 52.Lxa6 Ke7 53.Lb5+– Zugzwang

**50.Ta5 Tb6 51.Lc4 Ld6 52.Ta1**

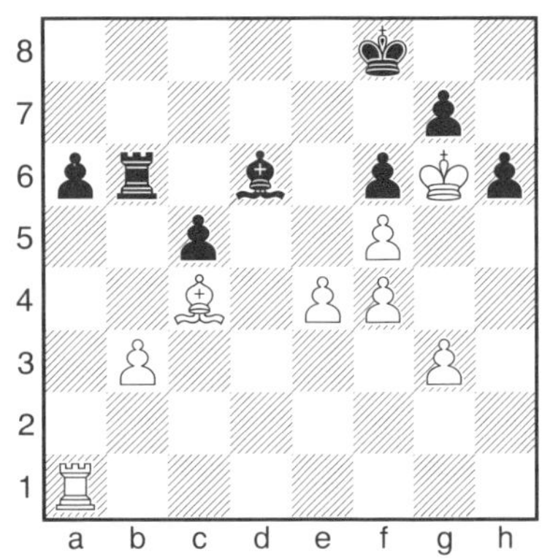

**52...Le7**

Auf 52...Lc7 kann beispielsweise 53.Ta2 (53.Td1? Td6) 53...Ld6 54.Ta5 Le7 55.Ta2 Ld6 56.Td2 Tc6 57.Td5 mit Übergang zur Partie folgen.

**53.Kh7! Ld6 54.Td1 Tc6 55.Td5 a5 56.Kg6**

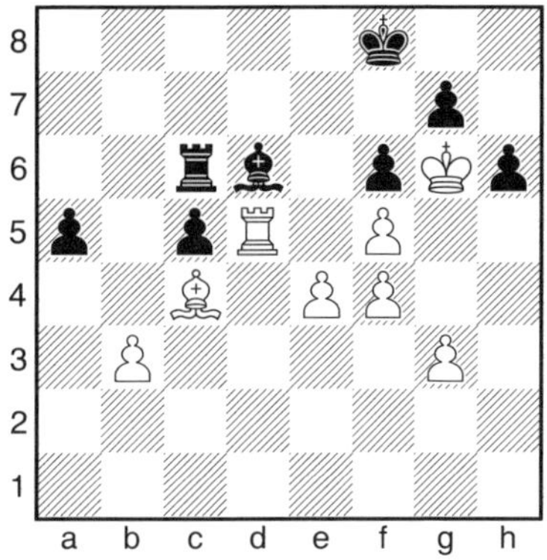

**56...h5**

Nichts geht mehr! Auf 56...Tb6 hat Weiß eine angenehme Wahl:

– 57.Td1 Tc6 (57...Le7 58.Td7+–) 58.Td2 Tb6 59.Ta2+–;

– 57.Kh7 h5 58.Kg6 h4 59.gxh4 Lxf4 60.Td7+–.

**57.Kxh5 Tb6**

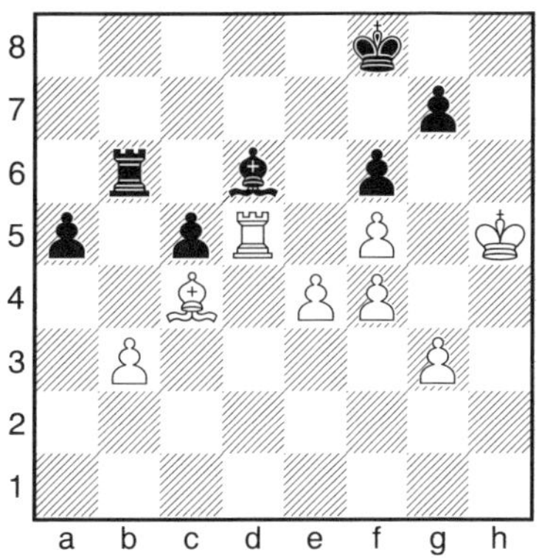

**58.e5!**

Was lange währt, wird endlich gut!

**58...fxe5 59.fxe5 Le7 60.Td7 Tb8 61.Ta7 Td8 62.Txa5 Td2 63.Ta8+ Td8 64.Ta7 Td1 65.f6 gxf6 66.exf6 Ld8 67.g4 Tg1 68.g5 Tg3 69.Kg6 Ke8 70.Lb5+ Kf8 71.Tf7+ Kg8 72.Lc4**

**1–0**

Mit zwei Türmen gibt es noch mehr Angriffspotenzial.

## 05.08

**Peter Swidler (2735)**
**Georg Meier (2628)**

Karlsruhe 2019

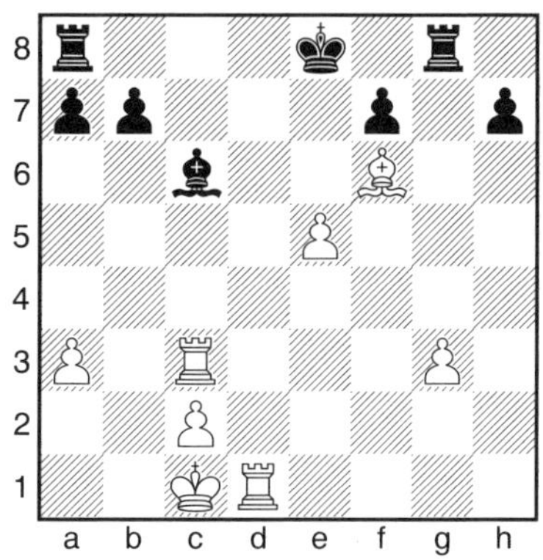

Weiß am Zug

Offensichtlich pfeift Schwarz hier auf dem letzten Loch, aber wie macht Weiß ihm den Garaus?

**30.Td4!**

Der Schlüssel zum Erfolg liegt im Durchbruch auf der h-Linie, den Swidler zielstrebig durchsetzt.

Nicht jedoch 30.Tcd3? wegen 30...Kf8!.

**30...Tg6**

– 30...Tc8 31.Tcd3 Kf8 32.Th4 Tg7 33.Lxg7+ Kxg7 34.Tdd4+–

– 30...h6 31.Tcd3 Kf8 32.Th4 Tg6 33.g4+–

**31.Tcd3 Kf8 32.Th4 h6**

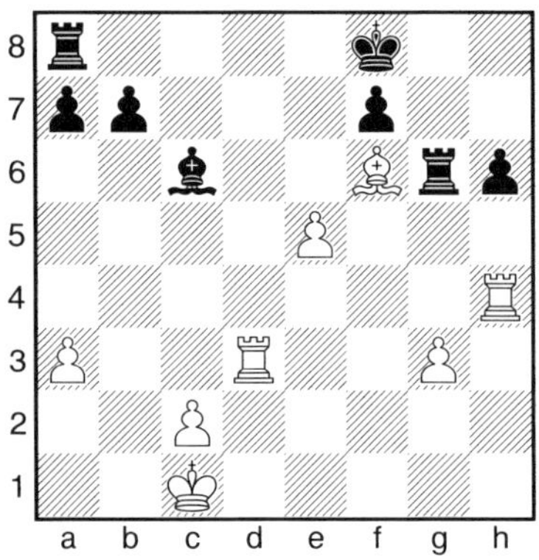

**33.g4! Lb5**

33...b5 34.Tdh3 a5 35.g5! Txg5

(35...hxg5? 36.Th8+ Tg8 37.Txg8+ Kxg8 38.Th8#)

36.Txh6 Tg1+ 37.Kb2 Ke8 38.e6! fxe6 39.Le5 Le4 40.T3h4 Te1 41.Lc3+–

**34.Td2 Te8**

34...Tg8 35.Txh6 a5 36.Th7 Ta6 37.g5 Tb6 38.g6 Txg6 39.Th8+ Tg8 40.Txg8+ Kxg8 41.Th2 Txf6 42.exf6+–

**35.g5! Txg5**

35...Kg8 36.Tdh2+–

**36.Txh6 Tg8 37.Tdh2** 1–0

Im folgenden Fall setzen wir zu einem früheren Zeitpunkt ein.

**05.09**

**Niclas Huschenbeth (2620)**

**Arkadij Naiditsch (2643)**

Khanty-Mansiysk 2019

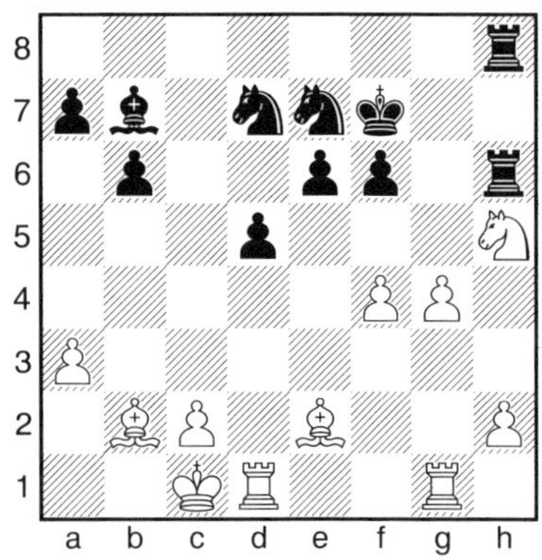

Weiß am Zug

In schwer bedrängter Lage wurde Schwarz zunächst mit Fesselung und Gabel attackiert, um nach gekonnter Abwicklung in einem kaum zu verteidigenden Endspiel ausgiebig traktiert zu werden.

**22.Sxf6! Sxf6**

Oder 22...Txf6 23.g5 und nun z.B. 23...Txh2 (23...Lc6 24.Ld3+–) 24.gxf6 Sxf6 25.Ld3 Th4 26.Th1 Txf4 27.Tdf1 Txf1+ 28.Txf1 d4 29.Lxd4 Seg8 30.Lh7+–.

**23.g5! Txh2 24.gxf6**

Weiß hofft, die geöffnete g-Linie nutzen zu können.

**24...Sf5**

– 24...Txe2 25.Tg7+ Kf8 26.Txe7+–

– 24...T8h7 25.Ld3 Sf5 26.Lxf5 exf5 27.Ld4! ist Zugumstellung zur Partie.

**25.Ld3 T8h7 26.Lxf5 exf5 27.Ld4!**

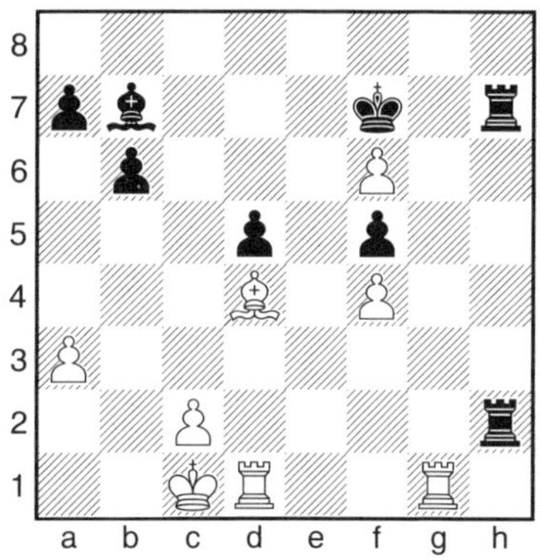

Ende der Abwicklung: Weiß hat großen Vorteil, da der Freibauer auf f6 wie ein Pfahl im gegnerischen Fleische wirkt. Indes sind Endspiele mit Türmen und ungleichfarbigen Läufern oft kompliziert und von Taktik geprägt. Überdies ist sorgfältiges und geduldiges Manövrieren gefragt. Insbesondere verfügt Weiß mit seinem Ld4 über den dominanten Läufer, während sein Antipode auf b7 momentan abgemeldet ist.

**27...La6**

Und das möchte Schwarz sofort ändern, ohne indes seine Lage verbessern zu können.

Hier ein Blick auf zwei Alternativen.

– Auf 27...Lc8 kann z.B. 28.Tg7+ folgen.

(Ähnlich verläuft 28.Tde1 Le6 29.Tg7+ Txg7 30.fxg7 Th6 31.Te3 Kg8 32.Tc3 usw.)

28...Txg7 29.fxg7 Th6 30.Tg1 Kg8 31.Te1 Le6 32.Te3 a6 33.Tc3 Kh7 34.Le5 b5 35.Tc7 Lg8 36.Kb2 Th3 37.Ta7 Th6 38.Ta8 Tc6 39.Tf8+–

– 27...Lc6 28.Tde1 Kf8

(28...La4 29.Te7+ Kf8 30.Tgg7 Txc2+ etc. ist Zugumstellung.)

29.Tg7 La4 30.Tee7 Txc2+ 31.Kb1+–

**28.Tg7+**

Nach dem genaueren 28.Tg3! hätte Weiß es relativ leichter gehabt.

– 28...Lc8 29.Te1 Le6 30.Tge3 Ld7 31.Tg1 Le6 32.Tg7+ Txg7 33.fxg7 Th6 34.Tc3 Kg8 35.Tc7 a6 36.Tc6 Kh7 37.Txb6 Lg8 38.Tb8+–

– 28...Le2 29.Te1

– 29...Th1 30.Tg7+ Txg7 31.Txh1 Tg8 32.Th7+ Kg6 33.Txa7+–

– 29...a6 30.Tc3 Kg6 31.Tc8 Th1 32.Txh1 Txh1+ 33.Kd2+–

– 33...Th2 34.Tg8+ Kf7 35.Tg7+ Kf8 36.Lg1

– 33...Lh5 34.Tc7

– 33...Td1+ 34.Kc3 Lh5 35.Tc7

**28...Txg7 29.fxg7**

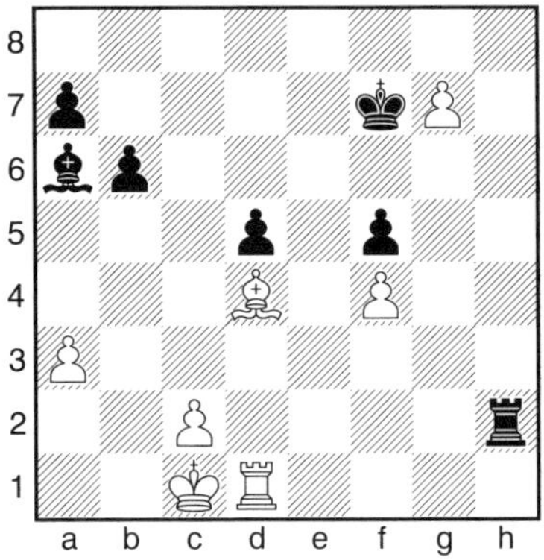

**29...Le2**

Das zähere 29...Lb5!? hätte Weiß mehr abverlangt: 30.Tg1 Kg8 31.Tg3 Lc6 (31...La4? 32.Tc3+–) 32.Te3 Th4 33.Le5

– 33...h6 34.Kb2 Te6 35.Th3 Te8 36.Kc3 Ld7 37.Kd4 Kf7 38.Th8 La4 39.c3 Tg8 40.Kxd5+–; 39...Lc6 40.Th5+–

– 33...d4 34.Td3 Th6 35.Txd4 Te6 36.c4 Te7 37.Td8+ Te8 38.Td6 La4 39.Kd2 Kh7 40.Kc3 Tg8 41.Td3 Lc6 42.Th3+ Kg6 43.Th8 Kf7 44.Th6 Le4 45.Kb4 Ta8 46.a4 Tc8 47.Th8 Tg8 48.Kb5 Ld3 49.Th3 Lf1 50.Th1 Ld3 51.Td1 Le2 52.Td7+ Kg6 53.Txa7+–

**30.Tg1 Lg4 31.Te1**

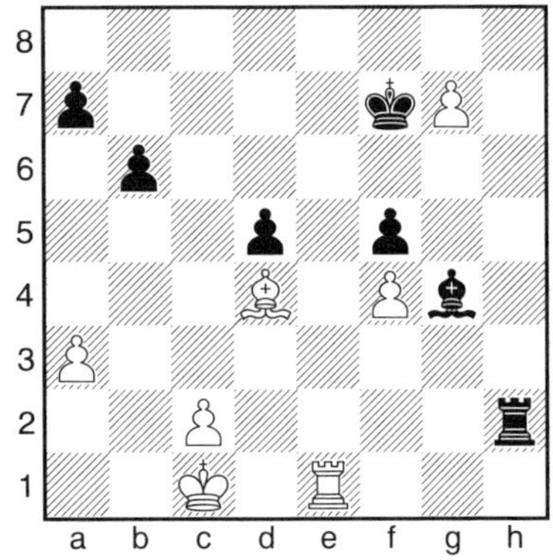

**31...Le2**

Falls 31...Te2, so 32.Th1 Te8 33.Th8 Tg8 34.Th6 Ta8 (34...Tc8 35.Td6 Kg8 36.Td7+–) und nun z.B. 35.a4 Lf3 36.c3 Tg8 37.Tc6 Ta8 38.Td6 Le4 39.Td7+ Kg8 40.Kb2 Kh7 41.Ka3 Kg8 42.Kb4+–.

**32.Tg1 Lg4 33.Te1**

Kurz vor der Zeitkontrolle wiederholt Huschenbeth die Züge, um näher an den 40.Zug heranzukommen, ehe er seinen neuen Gewinnplan enthüllt.

**33...Le2 34.a4 Kg8 35.Kb2 a5**

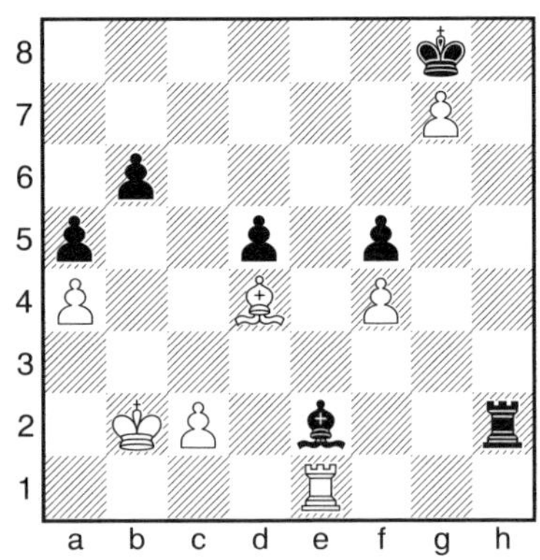

**36.Ka1!**

37.Tb1! ist die Idee dieses feinen Königsmanövers.

**36...Kf7**

Falls aber 36...Kh7, so kann es beispielsweise mit folgender Filigranarbeit weitergehen: 37.Tg1 Lg4 38.Tb1 Th6 39.Te1 Lh5 40.Te7 und nun z.B. 40...Tc6 41.Kb2 Th6 42.Tb7 Te6 43.Tb8 Le8 (43...Te8 44.Txb6+–) 44.Le5 Kg8 45.Kc3 Kf7 46.Kd4 Tg6 47.c3 Te6 48.Tb7+ Kg8 49.Kxd5 Tg6 (49...Lc6+ 50.Kxe6 Lxb7 51.Kd7+–) 50.Tb8 Kf7 51.Tc8 Ke7 (51...Lxa4 52.Tf8++–) 52.Tc7+ Kd8 53.Kd4 Lxa4 (53...Tg4 54.Tb7 Tg6 55.Txb6+–) 54.Tb7 Le8 55.Txb6 Tg1 56.Tb7 a4 57.Lf6+ Kc8 58.Te7+–.

**37.Tb1!**

Auch der letzte Akt von Huschenbeths Handlung sollte genau nach seinen Vorstellungen vonstatten gehen.

**37...Th6 38.Tg1! Kg8 39.Tg3!**

**1-0**

Ein beeindruckender Arbeitssieg des jungen Deutschen.

# Kapitel 6
# Turmendspiele

Turmendspiele stellen in der Praxis den häufigsten, vermutlich wichtigsten und – abgesehen von Damenendspielen – schwierigsten Endspieltyp dar. Sie erfordern mehr Kenntnisse als jede andere Endspielart. Überdies werden hier auch die meisten Fehler gemacht. Trotz der modernen Euphorie rund um die Eröffnungen empfiehlt sich dem ambitionierten Schachfreund zur Vervollkommnung nach wie vor ein Studium der Endspiele, insbesondere der sehr oft in der Praxis anzutreffenden Turmendspiele mit reduziertem Material sowie deren typische Muster und Motive.

## 6A) Theoretische Turmendspiele

### 6A1) Pattwitz ohne Pointe

**06.01**

**Alexey Sarana (2640)**

**Ernesto Inarkijew (2693)**

Russland 2019

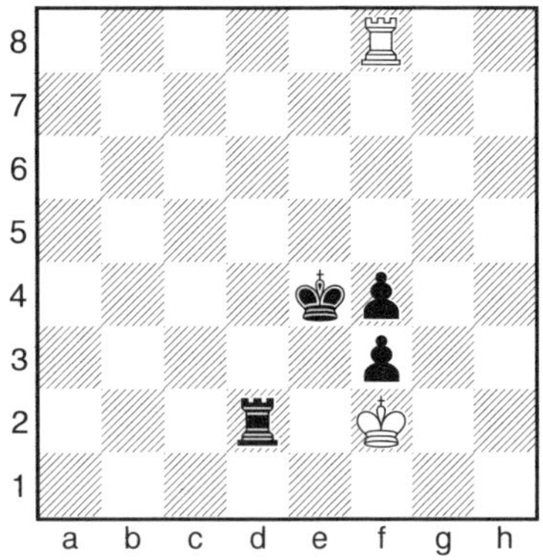

Weiß am Zug

Freilich ist dies eine Remisstellung, aber „Bruder Leichtfuß“ meinte, dem Gegner noch zusätzliche Optionen einräumen zu können.

**1.Ke1?**

1.Kg1 f2+ 2.Kg2!=; 1.Kf1 f2 2.Ta8 Kf3 3.Ta3+!=

**1...f2+ 2.Kf1 Kf3**

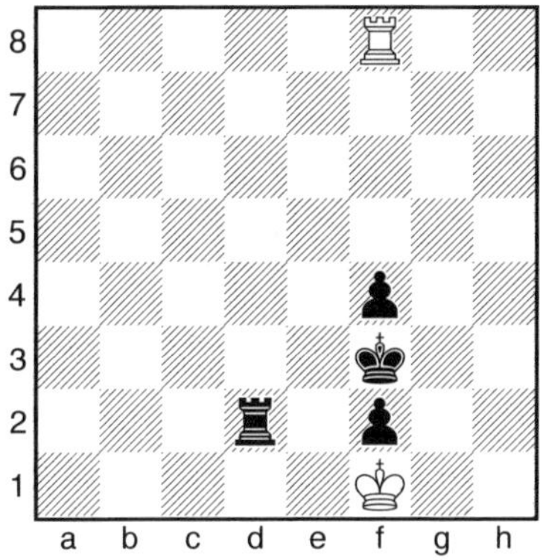

**3.Td8!?**

Nur ein witziger Versuch, denn die Pattfallen werden nun leicht umgangen.

**3...Te2! 4.Td3+ Te3 5.Tc3 Kg3**

Angesichts von **6.Tc1 Te1+ 7.Txe1 fxe1D+ 8.Kxe1 Kg2**–+ gab Weiß auf.

## 6A2) Ewige Absperrung

**06.02**

**Nikita Witjugow (2732)**
**Hao Wang (2726)**

Isle of Man 2019

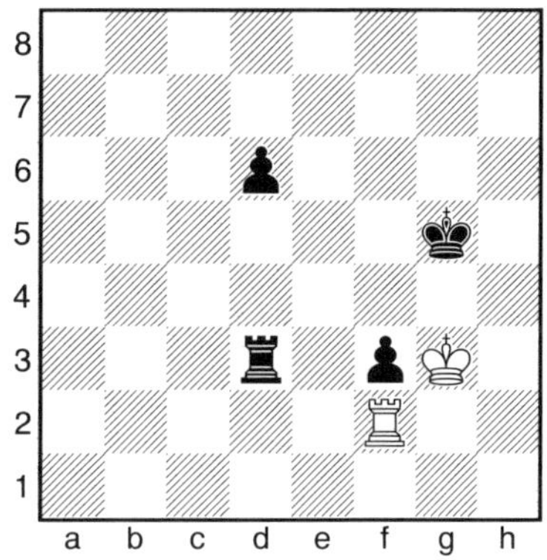

Weiß am Zug

**73.Tf1!**

Der Turm muss auf diese Weise aktiviert werden.

– Nicht jedoch 73.Txf3? Txf3+ 74.Kxf3 Kf5 75.Ke3 Ke5 76.Kd3 Kd5–+. Schwarz hat die Opposition auf der Hauptlinie eingenommen und kann als nächstes eines der Schlüsselfelder betreten.

– Und auch nach 73.Ta2? Kf5 kann der schwarze König entscheidend eingreifen; z.B. 74.Ta8 Ke4 75.Te8+ Kd4 76.Kf2 d5 77.Ta8 Kc3–+.

**73...Kf5 74.Te1!**

Nun kann der schwarze König die e-Linie nicht überschreiten.

74.Txf3+? Ke4–+ (74...Txf3+? 75.Kxf3 Ke5 76.Ke3 Kd5 77.Kd3=)

**74...d5**

74...Td5 75.Kxf3 Te5 76.Txe5+ Kxe5 77.Ke3 Kd5 78.Kd3=

**75.Te8 Tc3**

75...d4 76.Te7 Te3 77.Txe3 dxe3 78.Kxf3=

**76.Te7 d4 77.Te8 Ta3 78.Te7**

**½–½**

Das letzte Beispiel erinnert an den folgenden Klassiker.

## 06.03
## Bent Larsen
## Eugenio Torre

Leningrad 1973

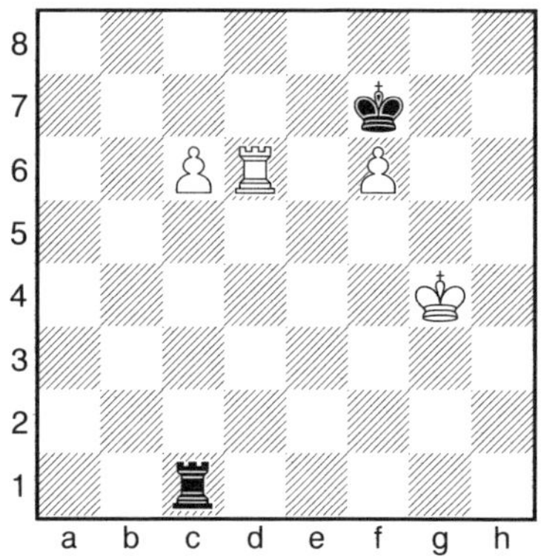


Schwarz am Zug

**1...Kg6!! 2.Kf3 Te1!**

Nun ist der weiße König für immer abgesperrt.

**3.Kf4**

3.c7 Tc1 4.Ke4 Txc7 5.Ke5 Tc1=; 4.Td7 Kxf6=

**3...Te2 4.Td5 Tc2! 5.Td6 Te2 6.f7+ Kxf7 7.Kf5 Ke7 8.Td7+ Ke8 9.Kf6 Te1 10.Td5 Tc1 11.Td6 Tf1+ 12.Ke6 Te1+ 13.Kd5 Td1+ 14.Kc5 Txd6 15.Kxd6 Kd8 ½–½**

## 6B) Der Regenschirm

Ein Regenschirm ist nicht nur beim Hamburger Wetter gut, sondern auch im Turmendspiel. Darunter versteht man einen Bauern, der den eigenen König vor dem Schachregen des gegnerischen Turmes schützt. Oft wird nur ein gegnerischer Bauer als Regenschirm bezeichnet, aber auch ein eigener kann natürlich dazu dienen.

### 06.04

**Mikhail Botwinnik**

**Miguel Najdorf**

Moskau 1956

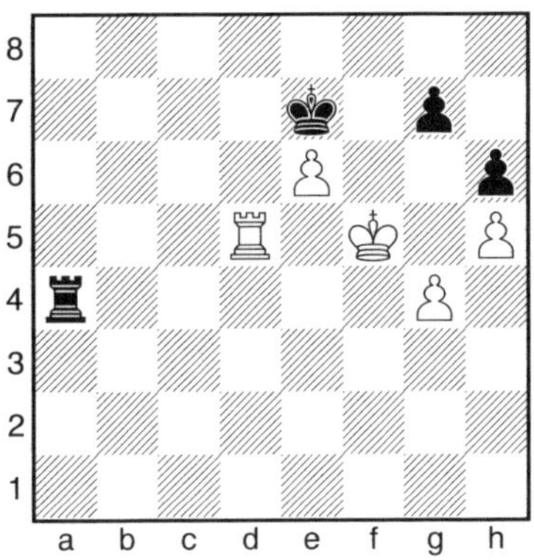

Weiß am Zug

Zweifellos haben wir es hier mit einem der berühmtesten Turmendspiele zu tun, das für nachfolgende Generationen immer wieder faszinierend bleibt und dessen Kenntnis ein Muss für jeden engagierten Schachfreund ist. Die hervorstechenden Kriterien der weißen Stellung (der Freibauer auf e6 und das große Angriffspotential) ermöglichen einen spektakulären Durchbruch mit Hilfe der sogenannten Regenschirm-Methode.

**67.g5!**

Der Bauer wird geopfert, um einen Schutzschirm für den weißen König zu schaffen.

Nach 67.Td7+ Kf8 68.Tf7+ Kg8 scheitert 69.g5? (mit der Idee 69...hxg5? 70.Kg6+–) an 69...Ta5+!=.

**67...hxg5?!**

Auch die zähste Verteidigung 67...Ta7 reicht bei präziser Behandlung nicht aus.

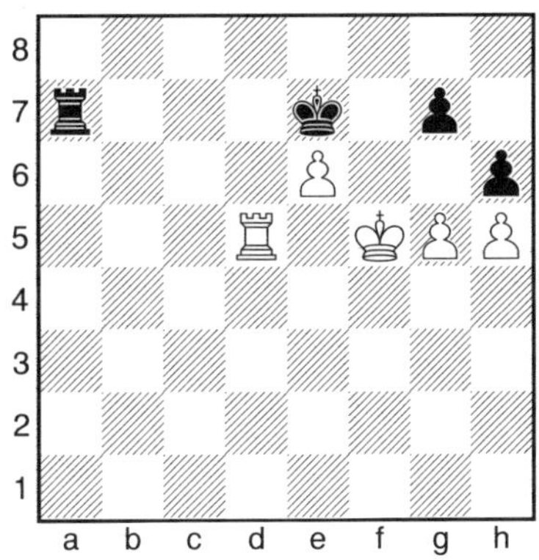

68.Te5!

(– 68.gxh6? vergibt im Hinblick auf die Gratwanderung 68...gxh6 69.Tb5 Tc7 70.Tb6 Tc5+ 71.Kg6 Te5! 72.Kxh6 Kf6! 73.Ta6 Tf5! 74.Tb6 Te5!= den Sieg.

– Ungefährlich ist auch der Turmtausch 68.Td7+? Txd7 69.exd7 wegen 69...Kxd7 70.Kg6 hxg5 71.Kxg7 g4=.)

68...hxg5

(– 68...Kd6 69.gxh6 gxh6 70.Kf6+–

– 68...Ta6 69.Kg6 Kf8 70.Kh7 hxg5 71.e7+ Ke8 72.Kxg7 g4 73.h6+–)

69.Kxg5

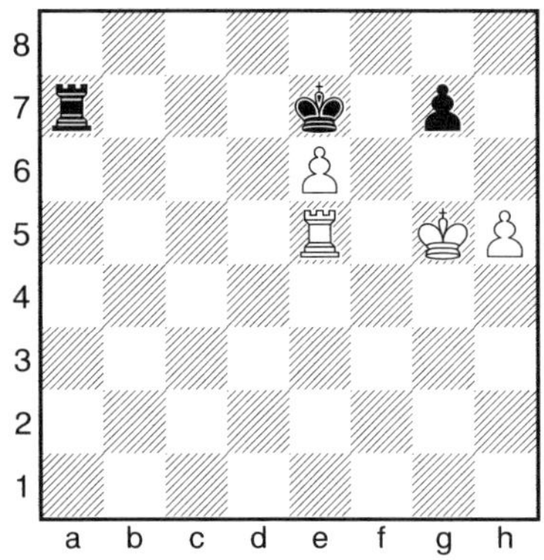

Hier darf der Regenschirm geschlagen werden, weil der weiße Turm so gut platziert ist: 69...Kd6 70.Kf5 (70.Te4? Ta5+ 71.Kg6 Ke7=) 70...Ke7 71.Kg6 Ta1 72.Kxg7 Tg1+ 73.Kh6 Tg2 74.Tg5 Tf2 75.Kg7 Kxe6 76.h6 Tf7+ 77.Kg8+–.

**68.Td7+ Kf8 69.Tf7+ Kg8 70.Kg6 g4**

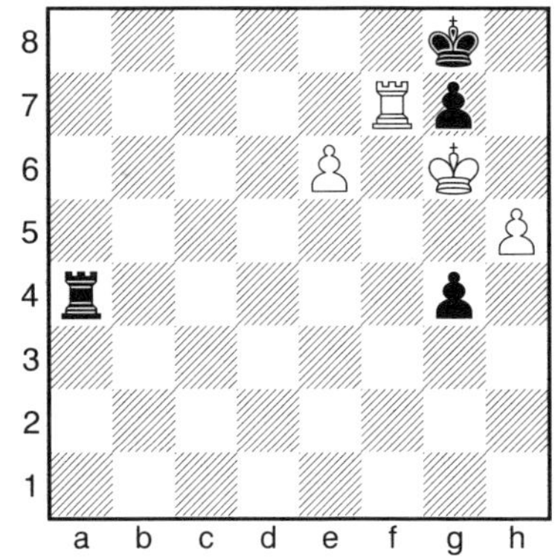

**71.h6! gxh6**

71...Ta8 72.hxg7 g3 73.e7 Ta6+ 74.Tf6+–; 73...g2 74.Tf8+ +–

**72.e7 Ta8 73.Tf6**

Schwarz gab auf angesichts von **73...g3 74.Td6 Te8 75.Td8** nebst Mattsetzung.

(Quellen: Mark Dworetzki *'Endgame Manual'* und K. Müller/F. Lamprecht *'Fundamental Chess Endings'*)

Im folgenden Fall muss Schwarz genau verteidigen.

## 06.05

**Midas Ratsma (2295)**
**Jan Petr (2282)**

Pardubice 2019

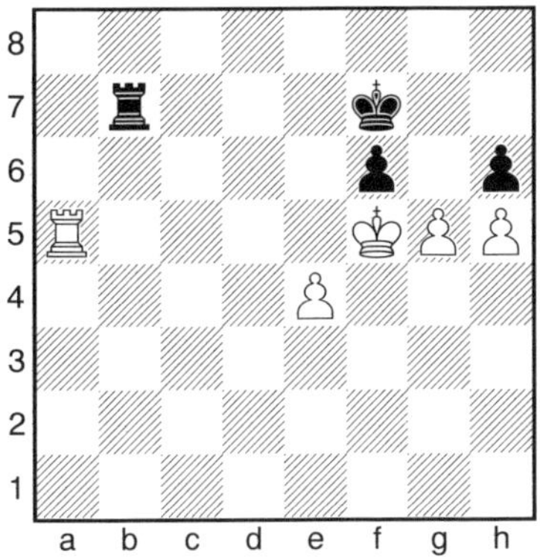

Schwarz am Zug

**67...hxg5!**

Die richtige Reaktion, denn 67...fxg5? scheitert an 68.Ta6 Kg7 69.Tg6+ Kh7 70.e5 Tf7+ 71.Ke4 Tf4+ 72.Kd5 Th4 73.e6 Txh5 74.e7 g4+ 75.Kd6 Kxg6 76.e8D+ Kg5 77.Ke5+–.

**68.h6 Tc7?**

Nun hingegen kann Weiß sich einen Regenschirm verschaffen.

– 68...Te7! verhindert dies und remisiert: 69.e5 (69.Tb5 g4 70.Kxg4 Txe4+ 71.Kf5 Th4=) 69...Txe5+ 70.Txe5 fxe5 71.Kxg5 Kg8=.

– 68...Tb6? wäre ebenfalls verfehlt: 69.Ta7+ Kg8 70.Tg7+ Kh8

(70...Kf8 71.Tg6 Kf7 72.e5+–)

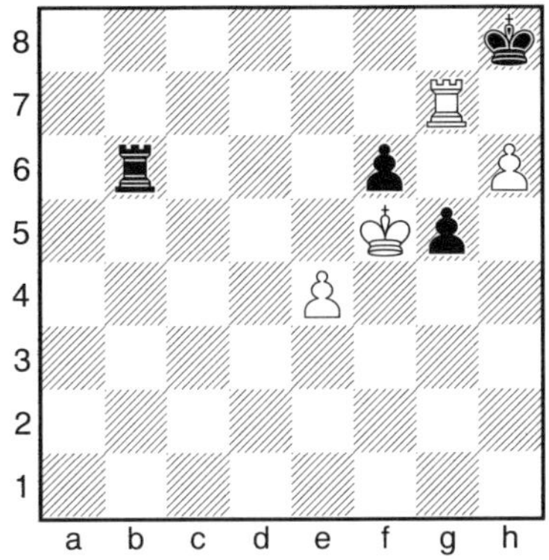

Hier gibt es erstaunlicherweise nur einen einzigen Gewinnzug: 71.Td7!! Ta6

(71...Kg8 72.h7+ Kh8 73.Kg6 f5+ 74.Kxf5 g4 75.e5 g3 76.e6 g2 77.e7 Tb8 78.Td8+ +–)

72.Kg6 f5+ 73.Kxf5 Txh6 74.Kxg5 Ta6 75.e5 Kg8 76.Td6 Ta1 77.Kf6 Tf1+ 78.Ke7 Tf7+ 79.Ke6 Tf1 80.Ta6 Te1 (80...Tb1 81.Kf6+–) 81.Kf6 Tf1+ 82.Ke7 Tf7+ 83.Kd6 Tf8 84.e6 Tb8 85.Kc7 Te8 86.Kd7 Kf8 87.Ta1 Te7+ 88.Kd6 Te8 89.Ke5 Te7 90.Tf1+ Ke8 91.Th1 Kf8 92.Th8+ Kg7 93.Td8+–.

**69.e5! fxe5**

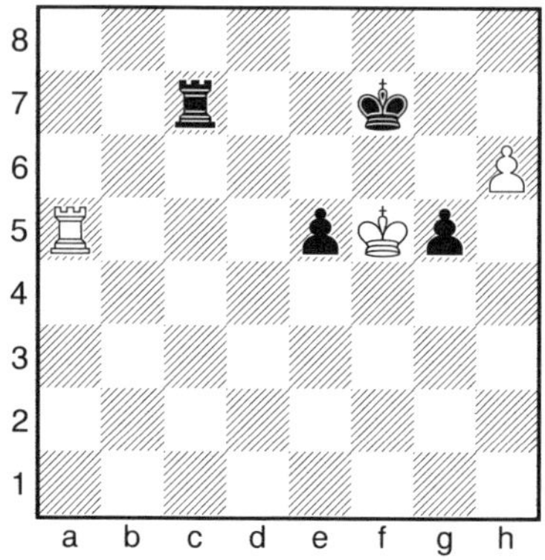

Der schwarze e-Bauern fungiert nun als Regenschirm, der den weißen König vor dem Schachregen des Turmes schützt.

**70.Ta8** und **1–0**, denn der h-Bauer ist nicht aufzuhalten.

Das letzte Beispiel erinnert etwas an den folgenden Klassiker.

**06.06**

**Judit Polgar (2595)**

**Nigel Short (2655)**

Monaco (Blind) 1993

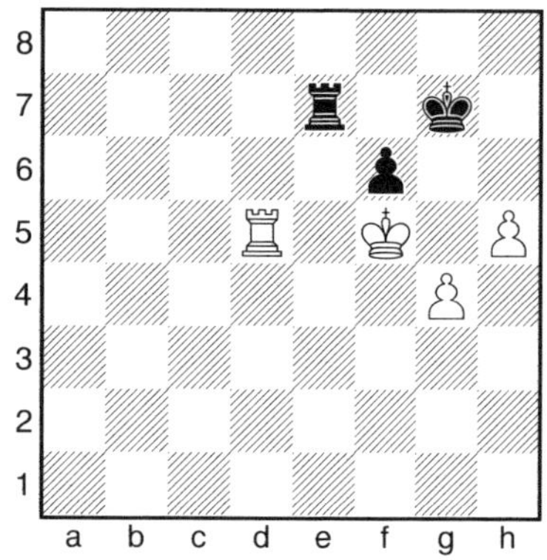

Weiß am Zug

**62.h6+! Kf7**

62...Kxh6 63.Kxf6+– mit der Doppeldrohung Th5# und Kxe7.

**63.g5!!**

Um ein störendes Turmschach auf e5 aus der Stellung zu nehmen.

Jedoch nicht:

– 63.Td8? Te5+! 64.Kf4 Kg6!=;

– 63.h7? Kg7 64.h8D+ Kxh8 65.Kxf6

Ta7! (65...Te1? 66.Kf7! Tf1+ 67.Tf5+−; 65...Tg7 66.g5 Kh7=) 66.g5 Ta6+ 67.Kf7 Ta7+ =.

**63...fxg5 64.Td8!**

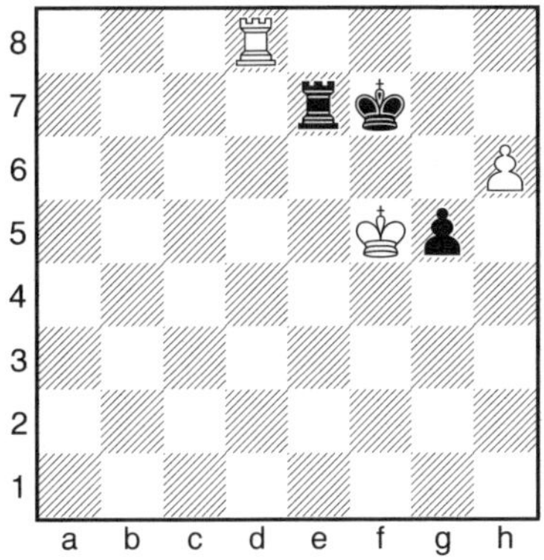

Nun läuft der h-Bauer durch.

**64...Te1 65.h7 Tf1+ 66.Kxg5 Tg1+ 67.Kf4**

**1–0**

## 6C) Schachdistanz

Als Faustregel reichen drei Felder Distanz zwischen dem Schach bietenden Turm und dem König aus, damit der Schachregen nicht gut abgeschüttelt werden kann.

**06.07**

**Eltaj Safarli (2593)**
**Sam Shankland (2705)**

Khanty-Mansiysk 2019

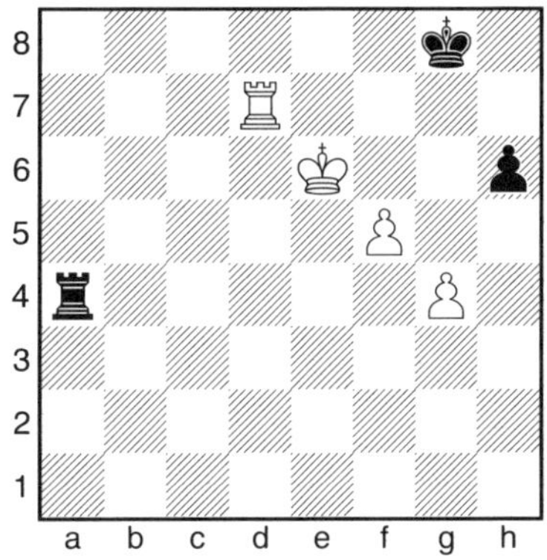

Schwarz am Zug

**76...Te4+!**

– Nicht jedoch das direkte 76...Txg4?, denn nach 77.Td8+ Kh7 78.f6 Te4+ ...

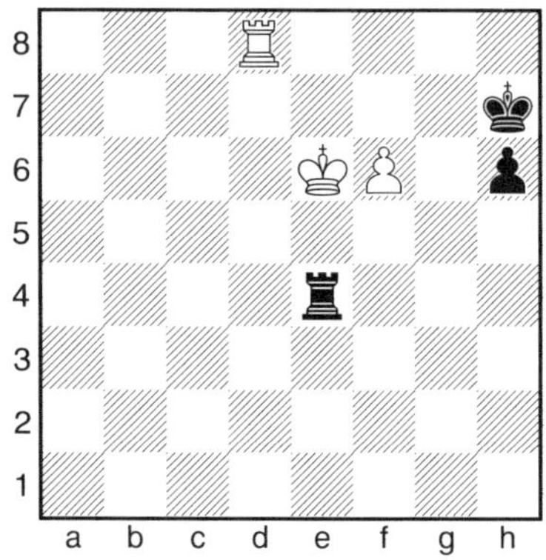

… 79.Kf5! ist die Schachdistanz zu kurz: 79...Te1 80.f7 Tf1+ 81.Ke6 Te1+ 82.Kd6 Td1+ 83.Kc7 Tf1 84.f8D Txf8 85.Txf8 Kg6 86.Kd6 Kg5 87.Ke5+–.

– Und auch nicht 76...Ta6+?, denn nach 77.Td6 Ta4 78.f6 Te4+ 79.Kf5 Ta4 …

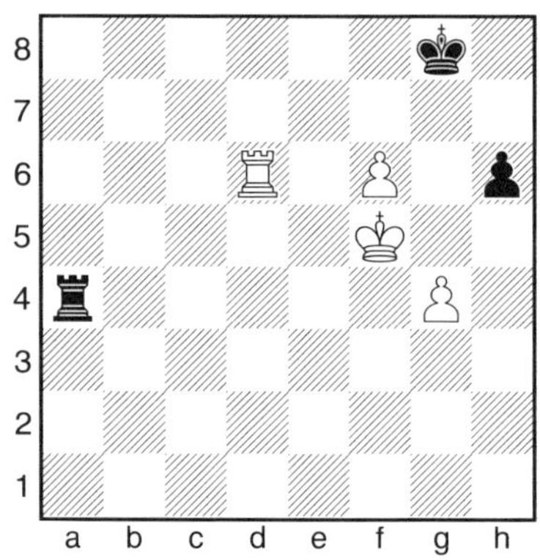

… folgt die typische Regenschirmbildung mit 80.g5 hxg5 81.Kg6+–. Der König versteckt sich vor dem Schachregen hinter dem Regenschirm g5.

**77.Kf6 Txg4 78.Td8+ Kh7 79.Td7+ Kg8**

79...Kh8? 80.Kf7+–

**80.Td8+ Kh7 81.Ke6 Te4+ 82.Kf7 h5 83.f6 h4 84.Td3 Tf4 85.Te3 Kh6 86.Te1 h3 87.Th1 Kg5 88.Kg7 Kg4 89.f7 Kg3 90.f8D Txf8 ½–½**

Das Studium von Turmendspielen gehört zu den für die Praxis wichtigsten Gebieten der Endspieltheorie, denn immer wieder fallen die Entscheidungen speziell in diesem Bereich. So auch bei dem folgenden Beispiel.

## 06.08
## Wugar Gaschimow (2740)
## Daniel Stellwagen (2630)

Novi Sad 2009

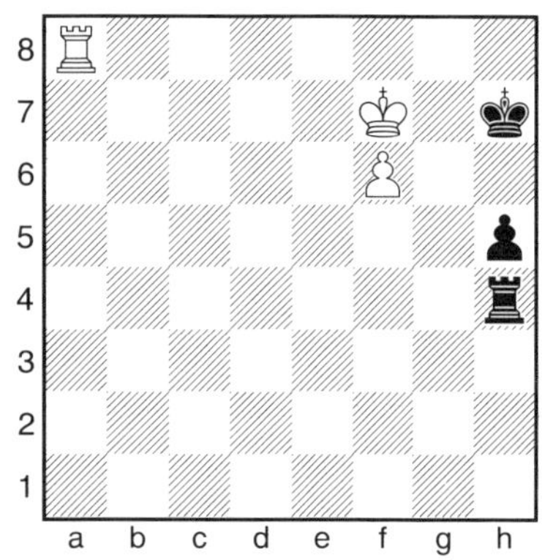

Schwarz am Zug

Gaschimow musste gewinnen, damit Aserbaidschan die Goldmedaille holt – und der Gegner half dabei mit.

**70...Tf4?**

Schematisch folgt Daniel Stellwagen Dr. Tarraschs berühmter Faustregel, dass der Turm *hinter* den Freibauern gehört. Diese Stellung ist übrigens auch auf Gaschimows Grabstein verewigt.

Hier jedoch gehörte der Turm besser auf die lange Seite, um Schachs geben zu können.

– 70...Tb4 71.Kf8

(Nach 71.Ke6 Tb6+ 72.Ke7 Tb7+ findet der König kein gutes Versteck vor den Schachgeboten: 71.Te8 Tb7+ 72.Te7 Tb8=.)

71...Kg6 72.f7 Tf4 73.Ta6+ Kg5 74.Kg7 Txf7+ 75.Kxf7 h4 76.Ke6 h3 77.Ke5 h2 78.Ta8 Kg4 79.Th8 Kg3 80.Ke4 Kg2=;

– Übrigens war unter diversen spielbaren Turmzügen auch die Absperrung des weißen Königs mit 70...Te4 gut; z.B. 71.Ta5

(71.Te8 Ta4 72.Te5 Ta7+ 73.Te7 Ta8=)

71...Kh6 72.Kf8 Te1 73.f7 Tf1! 74.Kg8 Tg1+! 75.Kh8 Tf1 76.Ta6+ Kg5 77.Kg7

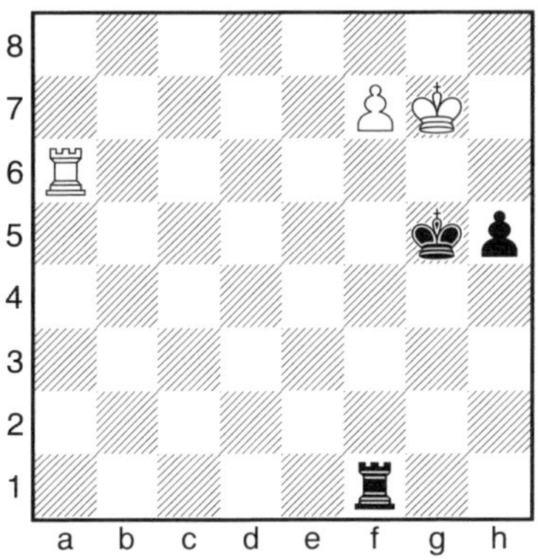

77...Txf7+! (77...h4? 78.Tg6+ Kh5 79.Tf6+–) 78.Kxf7 h4=

**71.Ke6!**

Gaschimow macht den Weg frei für seinen Freibauern.

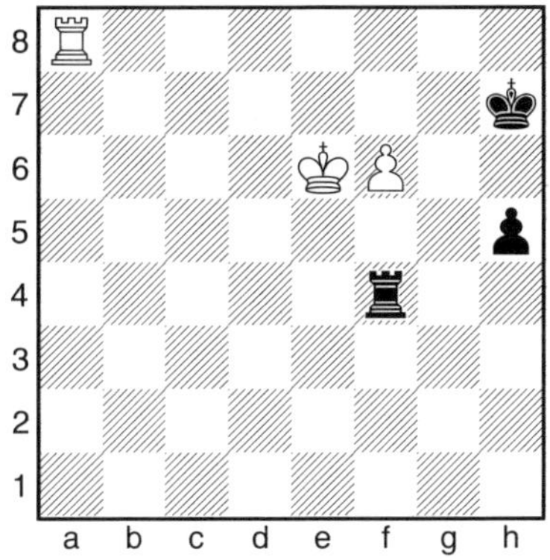

**71...h4**

Nach 71...Te4+ 72.Kf5 Te1 73.f7 Tf1+ 74.Ke6 Te1+ nähert sich der weiße König einfach dem Turm an. Dworetzki bezeichnet dieses Manöver als „Rolltreppe fahren“: 75.Kd5 Td1+ 76.Ke4 Te1+ 77.Kd3 Td1+ 78.Ke2+–.

**72.f7! Kg6**

72...Kg7 73.Tg8+ +–

**73.f8D Txf8 74.Txf8 Kg5 75.Ke5** Bodycheck! **1–0**

Das nächste Beispiel ist viel schwieriger.

## 06.09

## Ding Liren (2811)
## Alireza Firouzja (2702)

Khanty-Mansiysk 2019

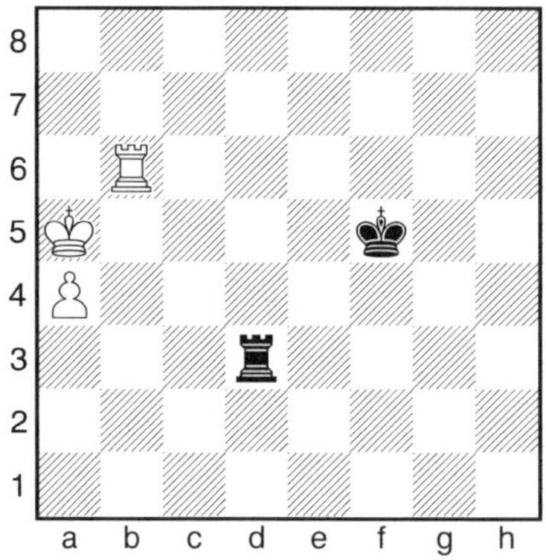

Weiß am Zug

**61.Ka6?**

Danach kommt es auf die Schachdistanz nicht mehr an.

61.Kb5! gewinnt, was allerdings nicht so leicht zu durchschauen ist: 61...Ke5

(61...Tb3+ 62.Ka6 Th3 63.a5+–)

62.Kc6 Ta3 63.Tb5+ Ke6 64.a5 Tc3+ 65.Kb7 Kd7 66.Td5+ Ke6 67.Td8 Tb3+

(67...Ke7 68.Td4 Tb3+ 69.Kc6 Tc3+ 70.Kb5 Tb3+ 71.Ka4 Tb1 72.a6 Ta1+ 73.Kb5 Tb1+ 74.Tb4 Ta1 75.Kb6+–)

68.Kc6 Tc3+ 69.Kb5 Tb3+

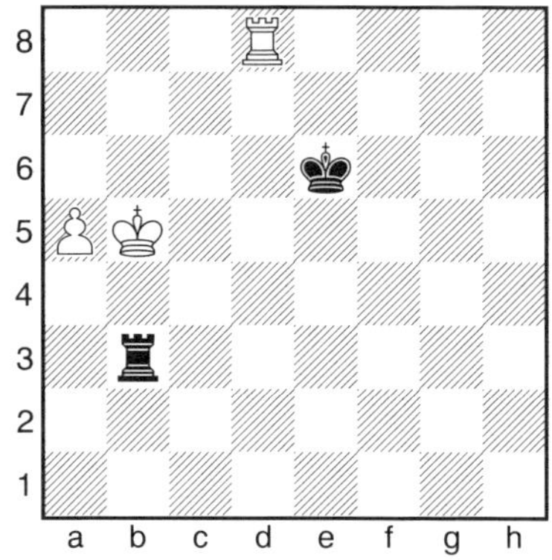

Nach 70.Ka4 zeigt sich der Unterschied: Mit dem Turm auf b1 wäre es remis.

70...Tb1 71.a6 Ke7

(71...Ta1+ 72.Kb5 Tb1+ 73.Kc6 Tc1+ 74.Kb7 Tb1+ 75.Ka8 Ke7 76.Tb8 Tc1 77.a7 Kd6 78.Kb7 Tb1+ 79.Kc8 Tc1+ 80.Kd8 Th1 81.Tb6+ Kc5 82.Tc6+ +–)

72.Td5 Ke6 73.Ta5+–

**61...Ke5 62.a5**

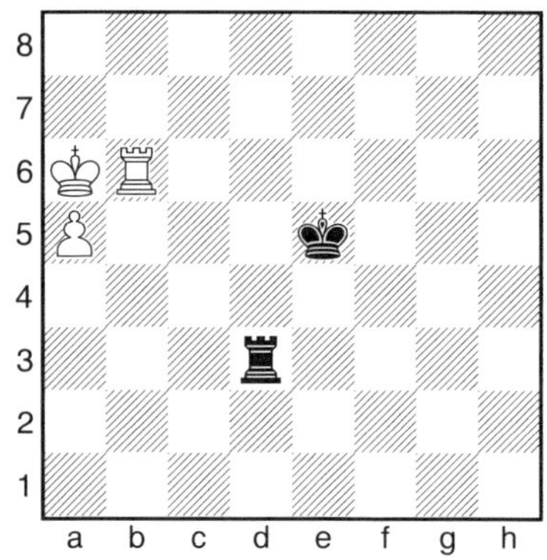

**62...Td7?**

Nun entscheidet die Absperrung längs der 6.Reihe.

62...Kd5! bricht diese ultimativ auf und Schwarz ist gerettet.

– 63.Ka7 Kc5 64.a6 Td7+ 65.Tb7 Td6! 66.Tb1 Td7+ 67.Ka8 Td8+ 68.Tb8 Td7 69.a7 Kc6 70.Tc8+ Kb6=

– 63.Kb7 Kc5 64.Tc6+ Kb5 65.a6 Td7+ 66.Tc7 Txc7+ 67.Kxc7 Kxa6=

– 63.Kb5 Tb3+ 64.Ka4 Txb6 65.axb6 Kc6 66.Ka5 Kb7 67.Kb5 Kb8=

**63.Tc6 Kd5 64.Kb6 Td8 65.a6 Tb8+ 66.Kc7 Ta8 67.Kb7**

**1–0**

## 6D) Bodycheck

Dieser aus dem Eishockey entlehnte Begriff bedeutet, dass ein König dem anderen den Zutritt zu mindestens einem wichtigen Feld verwehrt.

**06.10**

**Till Stockmann (1975)**
**Yahli Sokolovsky (2093)**

Bratislava 2019

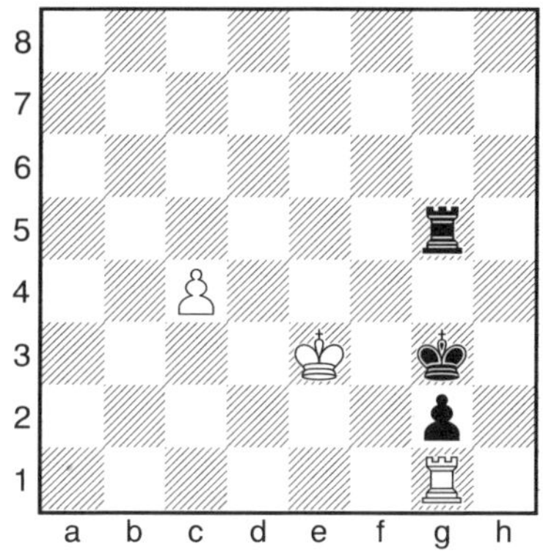

Schwarz am Zug

**76...Tg4!**

Zuerst muss der weiße König abgesperrt werden, um zu vermeiden, dass dieser Bodychecks einsetzen kann.

Das direkte 76...Kh2? 77.Txg2+ Txg2 ...

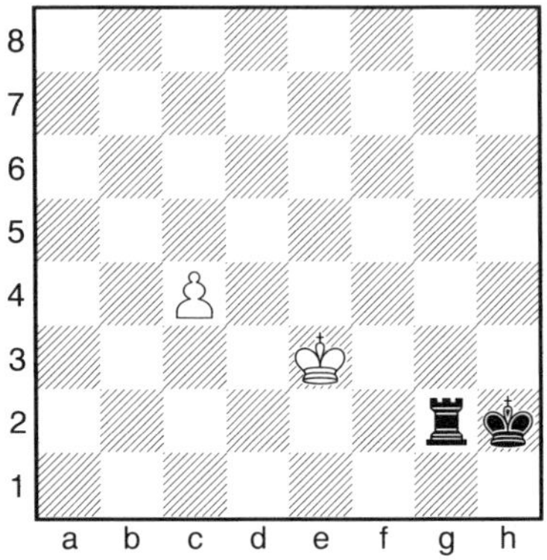

... scheitert an 78.Ke4! mit Vorbereitung eines Bodycheck.

(78.Kd4? Kg3 79.c5 Kf4 80.Kd5 Kf5–+ Bodycheck! (80...Td2+? 81.Ke6= Bodycheck!)

78...Tc2 79.Kd5 Kg3 80.c5 Kf4 81.c6 Kf5 82.Kd6 Td2+ 83.Ke7!=

**77.c5**

Nach 77.Kd3 Kf2 78.Ta1 g1D 79.Txg1 Kxg1 muss der weiße König zum Bodycheck ganz über die Dörfer: 80.Kc3 Kf2 81.Kb4 Ke3 82.Kc5 Kd3–+.

**77...Kh2**

77...Tc4–+

**78.Txg2+ Kxg2 79.Kd3**

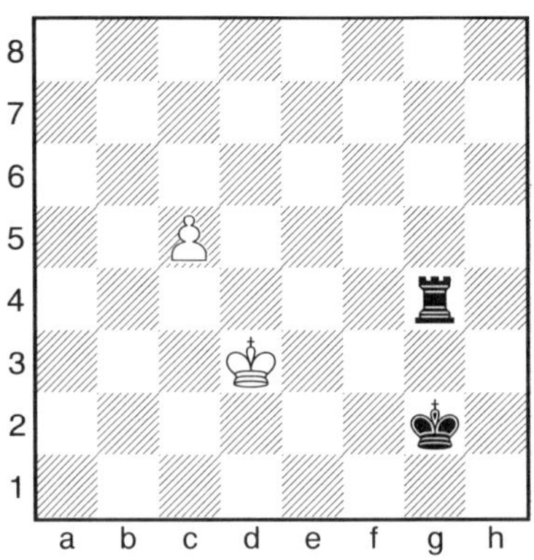

Diese Absperrung gewinnt immer und ganz egal, wo der schwarze König steht.

**79...Kf3 80.c6 Tg6**

**0–1**

Bodycheck und Bodycheck-Vermeidung spielen oft eine wichtige Rolle.

**06.11**

**Hrant Melkumyan (2628)**

**Dmitri Andreykin (2689)**

Bulgarien 2012

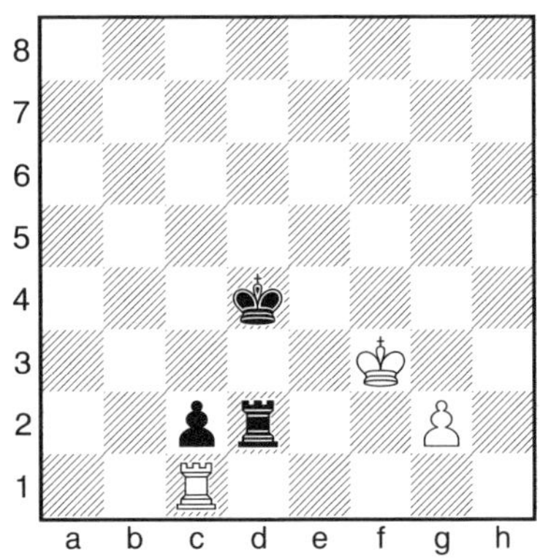

Schwarz am Zug

**67...Kd3?**

Nun kann der schwarze Turm nicht direkt eingesetzt werden.

67...Kc3! gewinnt nach z.B. 68.g4 Td4!

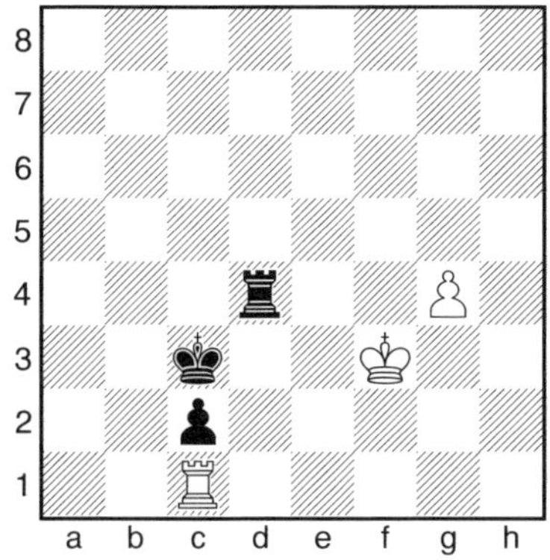

Diese entscheidende Absperrung wurde von Golubew in *Chess Today 4156* angegeben.

– 69.Kg3 Kd2 70.Ta1 c1D 71.Txc1 Kxc1 72.Kh4 Kd2 73.Kg5 Ke3 74.Kf5 Tf4+ 75.Kg5 Kf3–+

– 69.g5 Kd2 70.Ta1 c1D 71.Txc1 Kxc1 und Schwarz gewinnt, denn wegen der Absperrung längs der 4.Reihe kann sein König auf einem beliebigen Feld stehen: 72.Kg3 Kd2 73.g6 Td6 74.g7 Tg6+ –+.

**68.g4 Td1 69.Txc2 Kxc2**

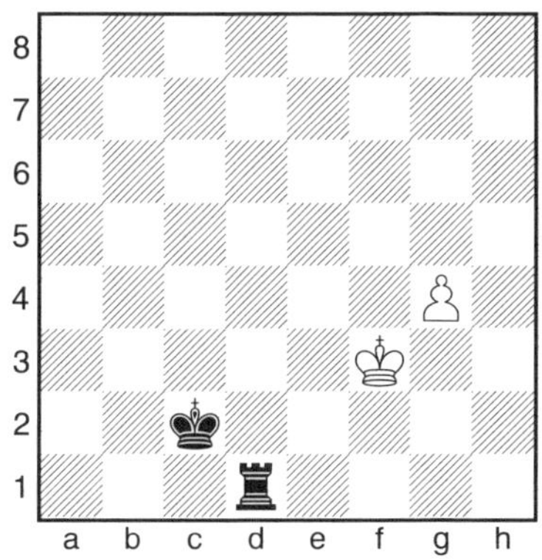

**70.Ke4!**

Dieser Bodycheck ist der einzige Remiszug.

– 70.Kf4? scheitert an 70...Kd3 71.g5 Kd4 72.Kf5 Kd5 73.Kf6 Kd6 74.g6 Tf1+ 75.Kg7 (75.Kg5 Ke7 76.g7 Kf7–+) 75...Ke7 76.Kg8 Tg1 77.g7 Kf6 78.Kh8 Kf7–+.

– Und 70.g5?? erlaubt die Absperrung 70...Td4 71.g6 Td6 72.g7 Tg6–+.

**70...Tg1 71.Kf5 Kd3 72.g5 Kd4 73.g6 Kd5 74.Kf6 Kd6**

74...Tf1+ wird mit dem Bodycheck 75.Ke7= beantwortet.

Nicht jedoch 75.Kg7? Ke6 76.Kh7 Th1+ 77.Kg8 Kf6 78.g7 Tg1 79.Kh8 Kf7–+.

**75.g7 Kd7 76.Kf7 Txg7+ 77.Kxg7**

½–½

## 6E) Die Vancura-Verteidigung

Turmendspiele enthalten relativ viele wichtige Stellungen von theoretischer Bedeutung. Eine der für den Praktiker wichtigsten ist die folgende Remisstellung gegen einen Randbauern.

**06.12**
**Vancura 28 Rijen 1924**

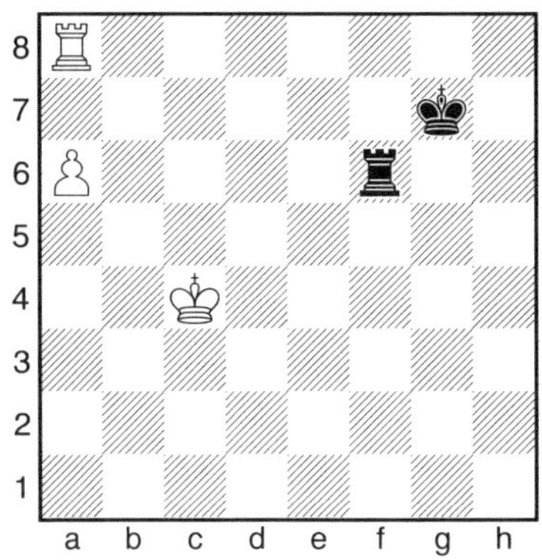

Weiß am Zug

Der weiße Turm kommt nicht aus seiner ungünstigen Stellung vor dem Randbauern heraus.

**1.Kb5 Tf5+! 2.Kb6 Tf6+! 3.Kc5**

3.Kb7 Tf7+!=

**3...Tf5+**

Es geht auch 3...Kh7= oder 3...Te6=; nicht jedoch 3...Tg6? wegen 4.Kb5! Tg5+ 5.Kb6 Tg6+ 6.Kb7 Kh7 7.Tc8+−.

**4.Kd4**

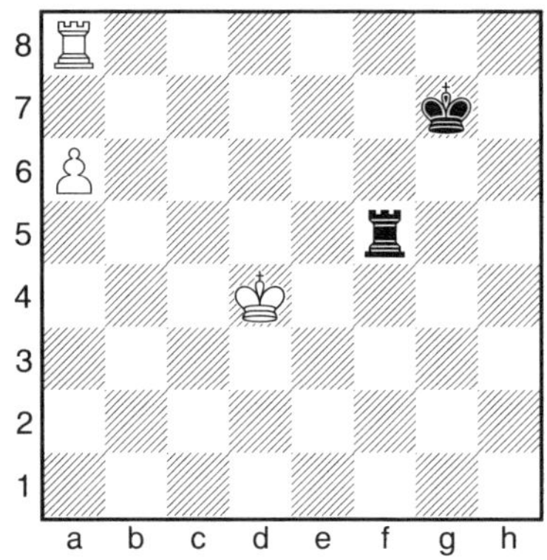

**4...Tf6!!**

Der weiße Turm muss an den a-Bauern gekettet bleiben.

4...Tf4+? 5.Ke5! Ta4 6.Kd5+–; 5...Tf6 6.Tg8+ +–

**5.Ta7+ Kg6 6.Ke5 Tb6 7.Ta8**

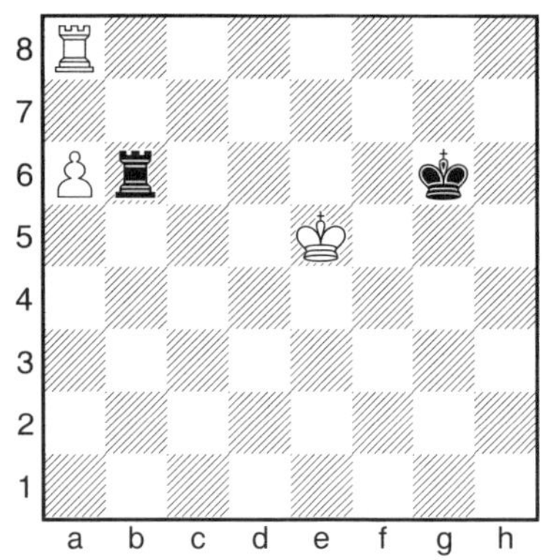

**7...Kg7!?**

Der König muss auf g7 oder h7 stehen.

Nicht jedoch 7...Kf7? 8.a7 Ta6 9.Th8 Txa7 10.Th7+ +–.

**8.Kd5 Tf6 9.a7 Ta6**=

Das funktioniert auch bei zwei Randbauern.

## 06.13

**Wassili Smyslow**
**Igor Bondarewski**

Moskau 1940

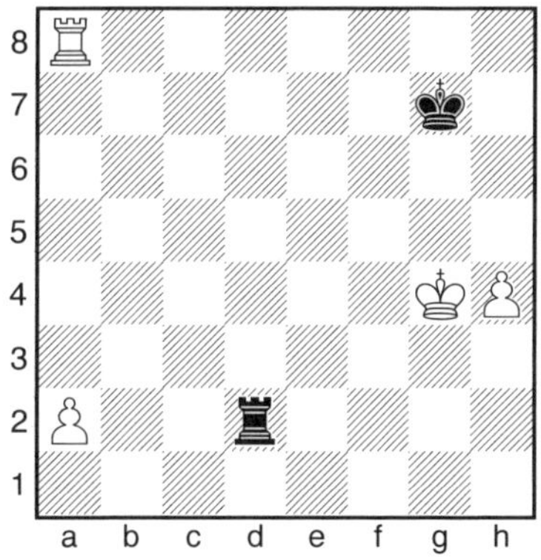

Weiß am Zug

Der weiße Turm kommt nicht vor dem a-Bauern weg.

**1.Ta4 Kf6 2.Ta6+ Kg7 3.h5 Td4+ 4.Kf3 Th4?!**

Der Vancura-Zug 4...Td2= ist genauer.

**5.h6+ Kh7**

5...Txh6? 6.Txh6 Kxh6 7.a4+–

**6.a4**

Danach entsteht wieder ein typisches Vancura-Remis.

6.Tc6!? Ta4 7.Tc2 Kxh6 8.Tg2 ist zwar auch remis, aber Weiß kann noch gut weiterspielen.

**6...Tb4 7.Ke3 Tc4 8.Kd3 Tb4 9.Kc3 Tf4 10.Kb3 Tf3+ 11.Kc4 Tf4+ 12.Kd5 Tb4 13.Kc6 Tf4 14.Kd7 Td4+ 15.Kc7 Tf4 16.a5 Tf5 17.Kd7 Td5+ 18.Ke7 Te5+ 19.Kf6 Tc5 20.Ta8 Tb5 21.a6**

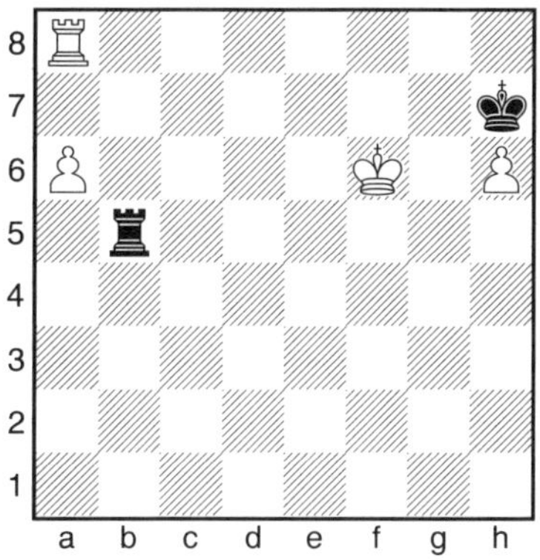

**21...Tb6+! 22.Ke7 Txh6 23.Kf7 Tb6 24.Ta7 Kh6 25.Kf8 Tb8+ 26.Ke7 Tb6 27.Ke8 Kg6 28.Kd8 Tf6 29.Kc8** ½–½

Anfang August 2018 war Anish Giri für 5 Tage in Hamburg, um mit mir Endspiele zu trainieren. Es ging natürlich vor allem um Turmendspiele, wobei er einen Fehler in meinen Analysen gefunden hat. Ich hatte unter anderem eine Vancura-artige Verteidigung übersehen.

## 06.14

**Thies Heinemann (2467)**

**Patrick Zelbel (2419)**

Bundesliga 2014

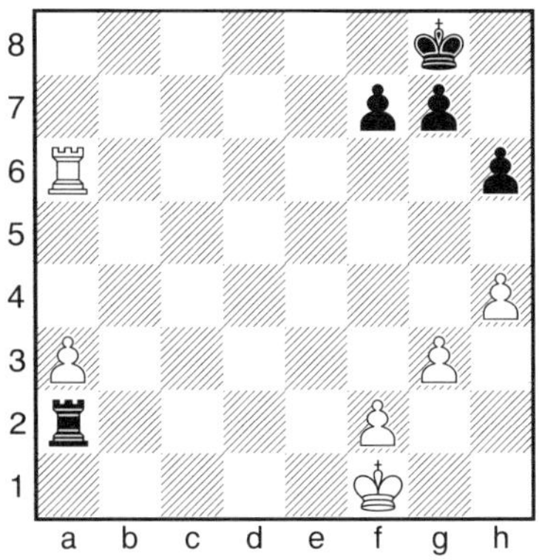

Schwarz am Zug

**39...g6?!**

Dieser passive Zug ist die Quelle der schwarzen Probleme.

Das Standardverfahren 39...h5! 40.Kg2 Kh7 41.Kf3 f6 42.Ke3 g5= hält viel einfacher remis.

**40.g4!**

Weiß markiert die Bauern f7 und h6 in typischer Weise als Schwächen.

**40...Kg7 41.Kg2 Ta1 42.a4 Ta3 43.g5 h5 44.Ta7 Kg8 45.a5 Ta4 46.Kg3 Tg4+ 47.Kh3**

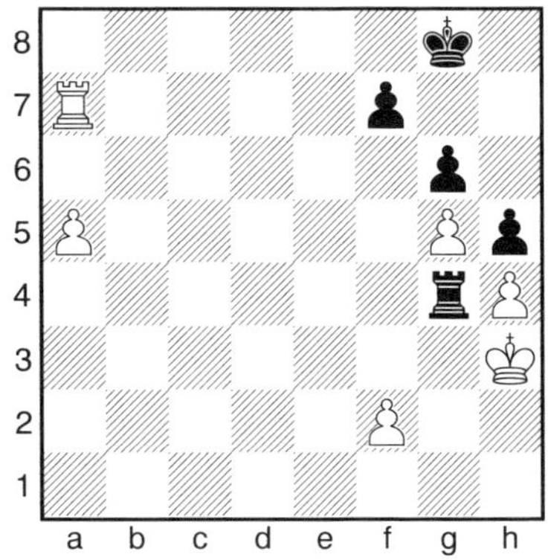

Nun ist der kritische Moment gekommen.

**47...Ta4?**

Ein typischer Fehler. Der Turm zieht hinter den Freibauern, wie Dr. Tarraschs Faustregel es lehrt. Aber sie darf nie zu automatisch angewandt werden, denn das ist die Ursache vieler Fehler in der Praxis. Oft ist nämlich Flexibilität noch besser, so auch in diesem Fall.

Diese Konstellation ist in der Literatur nicht gut abgehandelt. Ich hatte gedacht, dass Schwarz sich auch mit dem Partiezug halten kann. Darüber hatte ich im Januar 2004 eine sehr ausführliche Analyse des spanischen IM Arizmendi in meiner *Endgame Corner Kolumne 37* auf *ChessCafe.com* veröffentlicht (basierend auf der Partie Leko – Anand, Linares 2003) und im Dezember 2014 auch auf der *schachbundesliga.de Website*.

Doch tatsächlich sollte der Turm besser mit 47...Tc4!? flexibel bleiben; z.B. 48.a6 Tc6 49.Kg3 Kg7 50.Kf4 Te6.

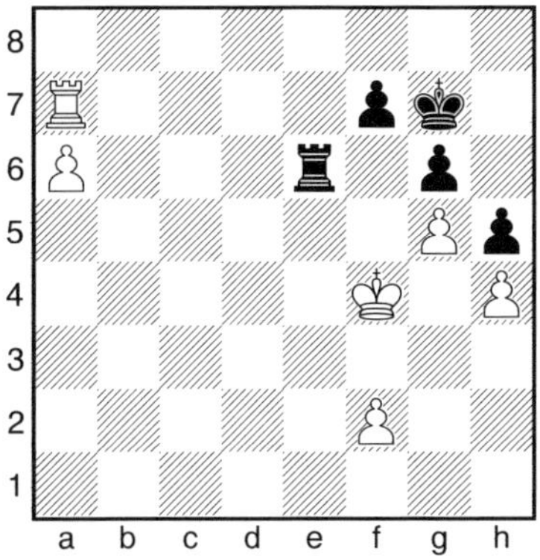

Die Vancura-artige Absperrung ist Anish Giris Idee und basiert auf einem Endspiel von Alexander Onischuk. Nach den weiteren Zügen 51.Ta8 Kh7 52.f3 Kg7 53.a7 Ta6= ist die Stellung gleich.

**48.a6 Kg7 49.f4 Ta3+ 50.Kg2**

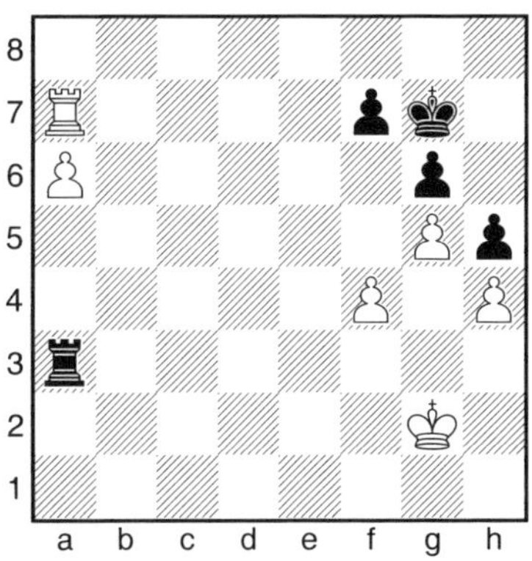

Im Jahr 2014 hatte ich geschrieben: „Nun kann Schwarz nur noch ein Wunder retten." Aber Anish wies nach, dass es kein Wunder geben wird, obwohl ich dies fast 4 Jahre lang geglaubt hatte.

**50...Ta2+?!**

Nach 50...Ta4!? 51.Kf3 Kf8 handelt es sich nicht um wechselseitigen Zugzwang, wie ich 2014 fälschlicherweise gedacht hatte.

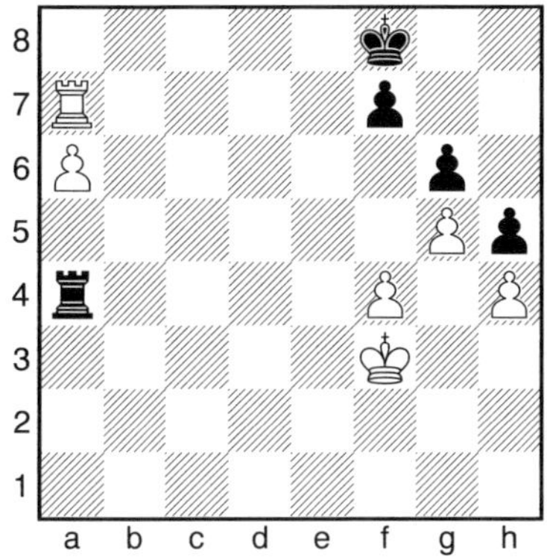

Denn Anish wies zurecht darauf hin, dass Weiß mittels 52.Ke2! ein Dreieckesmanöver folgen lassen kann.

(– Nach dem direkten 52.Ta8+?! Kg7 53.Ke3 Kh7 54.Kd3? Txf4 55.Tf8 Kg7 56.a7 Kxf8 57.a8D+ Kg7 58.Da1+ Kg8 59.De1 Tg4= kann die schwarze Burg hingegen nicht eingenommen werden.

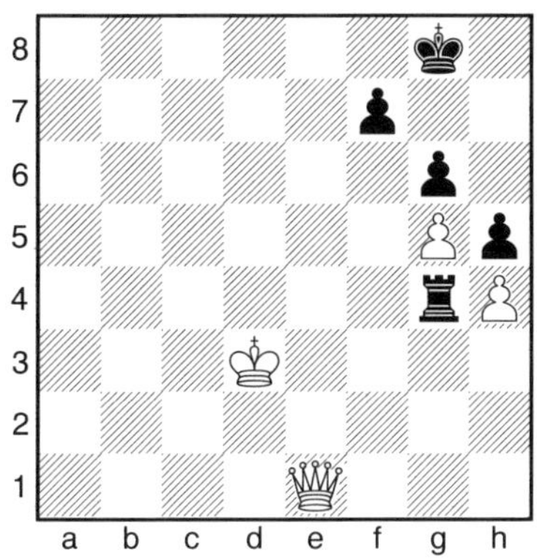

– Nach 52.Ke3 Kg7 müsste Weiß das Dreiecksmanöver also von vorn beginnen, denn nach 53.Kd3? Txf4 54.Kc3

Txh4= wäre er ein kritisches Tempo langsamer als in der Partie.)

52...Kg7 53.Ke3!+– (Giri) und wir haben die Partiestellung erreicht. Schwarz ist in Zugzwang.

**51.Kf3 Ta4 52.Ke3**

Zugzwang

**52...Kg8 53.Kd3**

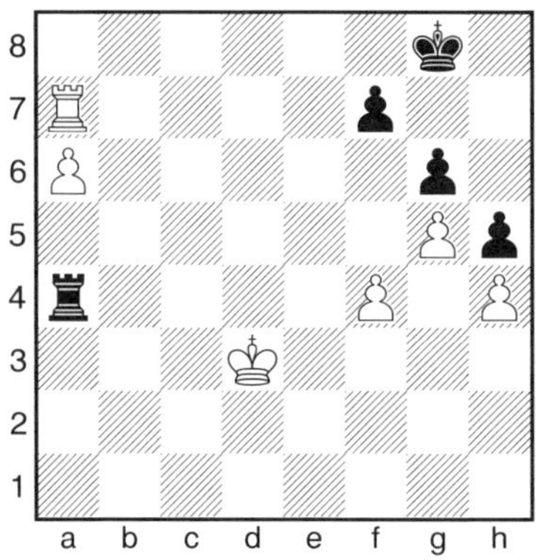

**53...Kg7**

Nach 53...Txf4 54.Tb7 Ta4 55.a7 wird Weiß seinen König ultimativ gewinnbringend zum Damenflügel führen, da Schwarz gar kein Gegenspiel hat.

**54.Kc3 Txf4 55.Tb7 Txh4 56.Tb4 Th3+ 57.Kb2 Th2+ 58.Kb3**

58.Ka3 ist eigentlich angesagt und folgt dann auch im 60. Zug.

**58...Th1 59.Ka2 Th2+ 60.Ka3! Th1 61.Ta4! Ta1+ 62.Kb4 Tb1+**

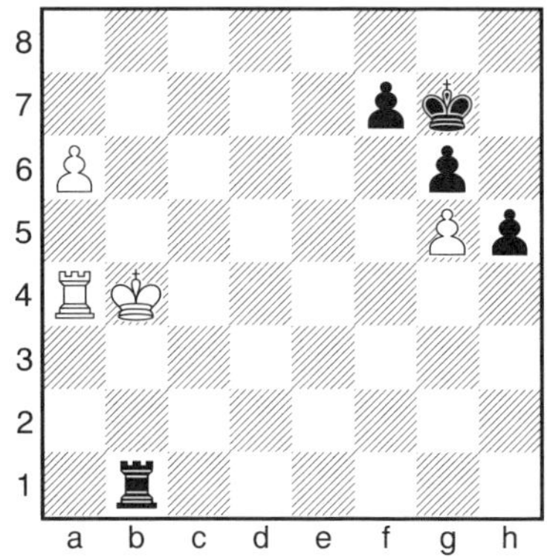

**63.Kc5?**

Ein schwerwiegender Fehler, denn nun hat der schwarze Turm im entscheidenden Moment ein Schach zur Verfügung.

Der König musste sich im Schatten verstecken. Nach 63.Ka5! Tb8 64.Tc4 scheitert sowohl 64...f6 als auch 64...f5 an 65.Tc7+, aber Schwarz hat noch das Ass 64...Th8!? im Ärmel.

(64...h4 65.Txh4 f6 66.Tb4!+–

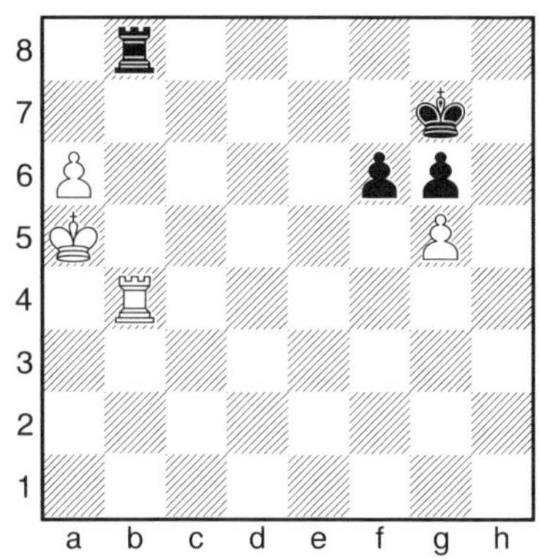

Der entscheidende Tempogewinn. Hier zeigt sich der Vorteil des Königs auf a5, denn der schwarze Turm hat nun kein Schach.)

65.a7 h4 66.Txh4!

(66.Tb4? lässt Schwarz auf wundersame Weise entwischen: 66...Ta8 67.Ka6 h3 68.Tb2 Tc8 69.Tb8 h2 70.Txc8 h1D 71.a8D Da1+= und Weiß kann trotz seines Mehrturmes dem Dauerschach nicht entkommen.)

66...Txh4 67.a8D

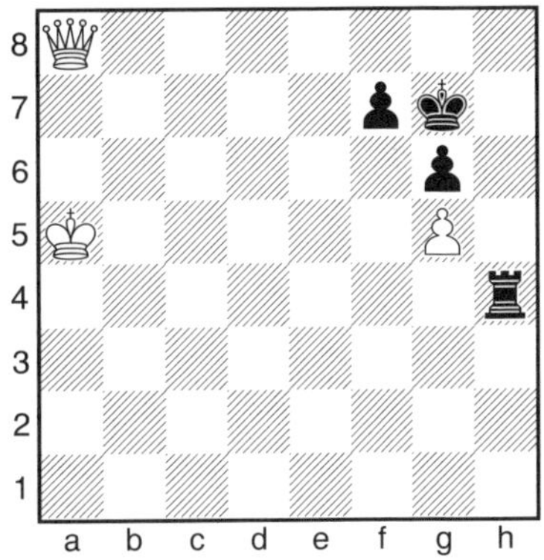

Arizmendi hatte die Frage offen gelassen, ob dies eine Festung ist oder nicht. Ich hatte 2004 behauptet, es sei eine, aber dann 2014 meinen Fehler erkannt. Später wurde das durch die *Siebensteiner Tablebase* bestätigt: Weiß setzt in 52 Zügen matt.

67...Tc4 68.Kb5 Tc1 69.Kb4 Tc2 70.Kb3 Tc1 71.Kb2 Tc5 72.Dd8 Tc6 73.Dd7 Tc4 74.Db5 Tc8 75.Da6!

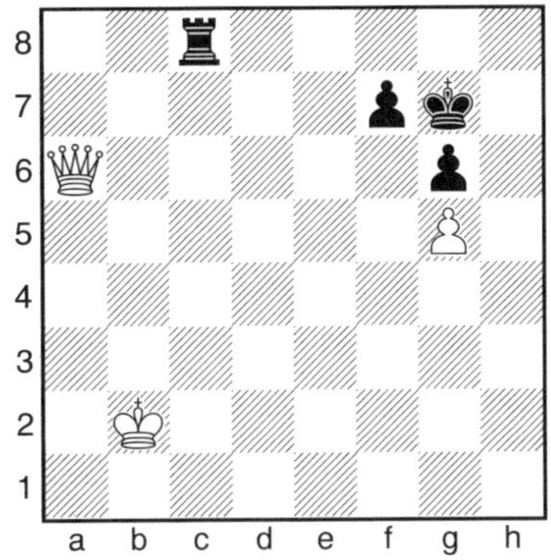

Das nimmt dem Turm alle weißen Felder auf der c-Linie und nach 75...Tc5 76.Df6+ Kg8 77.Dd8+! Kh7 (77...Kg7 78.Dd4+!+–) 78.De7+– muss Schwarz den weißen König die c-Linie passieren lassen.

**63...Tb8 64.Tf4**

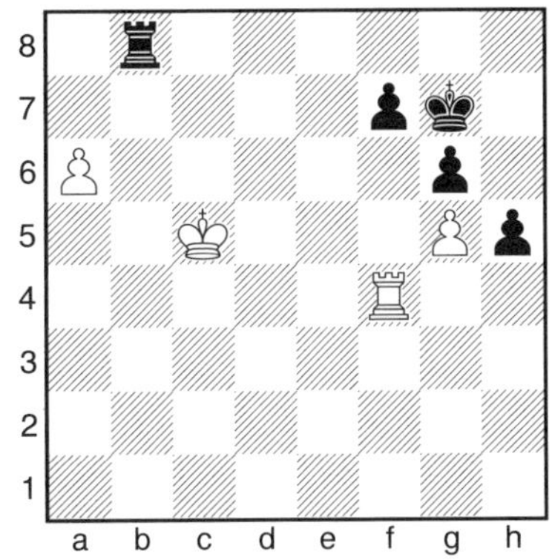

Nach 64.Td4 h4 65.Txh4 f6 66.Tb4 Tc8+!= zeigt sich der Unterschied zur Variante mit 63.Ka5!. Nun wird das schwarze Gegenspiel am Königsflügel den Tag retten.

**64...Tb1?**

Dadurch erhält Weiß eine weitere Gewinnchance.

64...h4! 65.Txh4 f6 66.Tb4 Tc8+ 67.Kb6 fxg5= remisiert.

**65.Ta4?**

Der Turm gehört auch hier nicht direkt hinter den Freibauern. Diese an sich gute Faustregel führt in der Praxis zu vielen Fehlern.

Der Freibauer musste stattdessen laufen: 65.a7!

(65.Td4!+– gewinnt ebenfalls.)

65...Ta1 66.Kb6

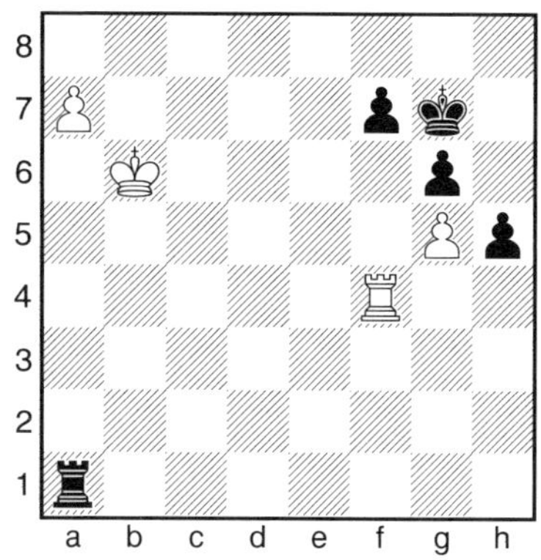

Nun ist das Gegenspiel stets zu langsam; z.B. 66...h4 67.Txh4 f6 68.gxf6+ Kxf6 69.Th8 Txa7 70.Kxa7 g5 71.Kb6 Ke5 72.Kc5 g4 73.Te8+ Kf4 74.Kd4 Kf3 75.Kd3 g3 76.Tf8+ +–.

**65...Tb8 66.a7 Ta8 67.Ta6 h4 68.Kb6**

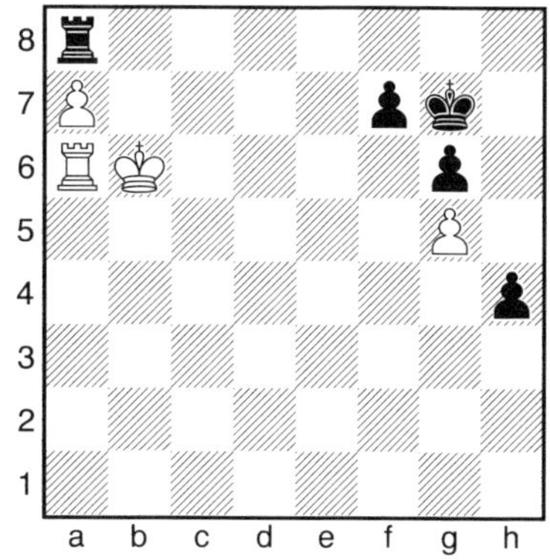

Nun kommt das schwarze Gegenspiel rechtzeitig.

**68...f6! 69.gxf6+ Kf7 70.Kb7 Txa7+ 71.Txa7 Kxf6 72.Kc6 Ke5!?**

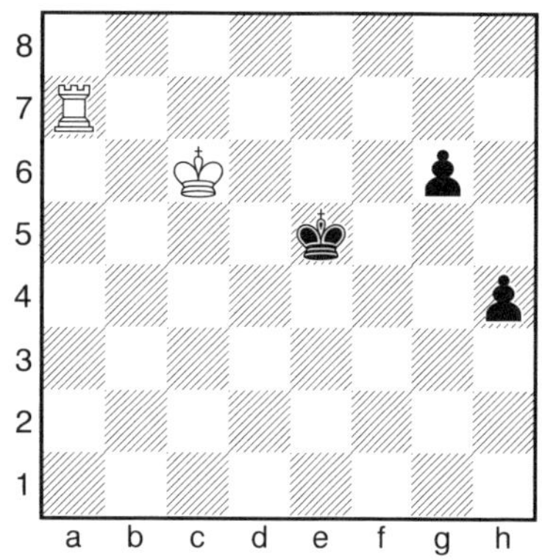

Bodycheck!

**73.Tg7 Kf4 74.Txg6 h3 75.Kd5 h2 76.Th6 Kg3 77.Ke4 Kg2 78.Txh2+ Kxh2 ½–½**

# Kapitel 7
# Das faszinierende Duell Läufer gegen Springer

Es ist schon sehr erstaunlich, dass Läufer und Springer im Schach ungefähr gleich stark sind. Denn sie ziehen ja in völlig unterschiedlicher Weise. Das macht einen Reiz des königlichen Spiels aus. Eine wichtige Faustregel im Endspiel ist dann: Der Läufer will Dynamik – der Springer Statik. Denn der Springer braucht in aller Regel mehr Zeit, um sich veränderten Umständen anzupassen. Deswegen profitiert er von Kontrolle und Statik.

**07.01**

**Alexey Sarana (2640)**
**Jewgeni Tomaschewski (2702)**

Russland 2019

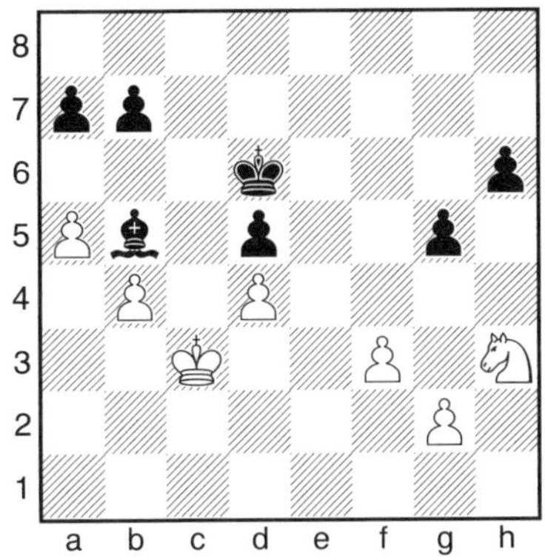

Weiß am Zug

Die Bauernstruktur am Königsflügel zwingt Weiß zu planmäßigem Handeln.

**38.g3?**

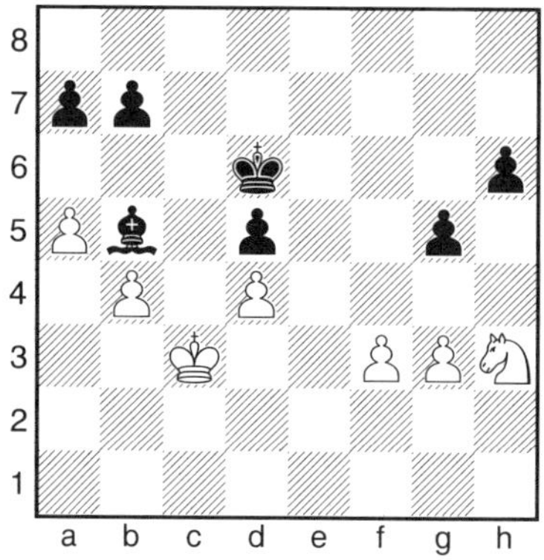

Nach dieser fahrlässigen Lockerung kann Schwarz ein vernichtendes, dynamisches Feuer entfachen!

– Nach dem besseren 38.f4! g4 39.Sf2 h5

(39...g3 40.Sh1 Lf1 41.Sxg3 Lxg2 42.Sf5+ Ke6 43.Sxh6? Lh3–+; 43.Se3=)

40.g3 ...

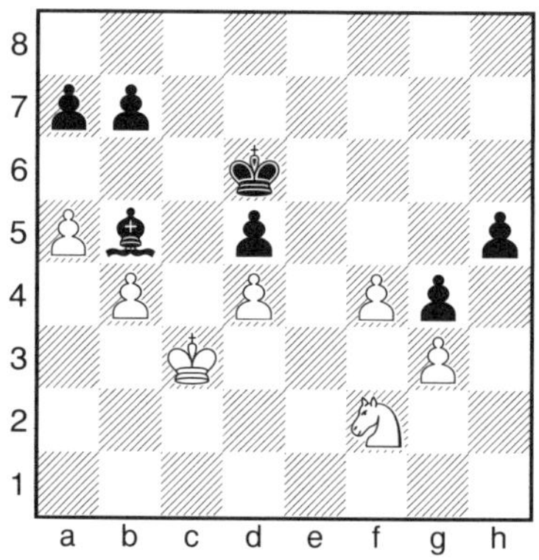

... hätte Weiß zwar – was die Springerpartei typischerweise anstrebt – mehr Kontrolle bekommen, aber es wäre ihm nicht gelungen, die Dynamik aus der Stellung zu nehmen. Schwarz bliebe am Drücker, und die Sache wäre noch nicht ausgestanden.

40...Ld7!?

(40...h4 41.gxh4 g3 42.Sh3 Ld7 43.Sg1 Ke6 44.Se2 g2 45.Kd2 Le8 46.Ke3 Lh5 47.Sg1 Kf5 48.b5 b6 49.axb6 axb6 50.Kf2 Kxf4 51.Kxg2 Ke3 52.Kg3 Kxd4 53.Kf4 Le8 54.Sf3+ Kc4 55.Ke5=)

41.Sd3! (41.Sd1? h4!–+) 41...h4

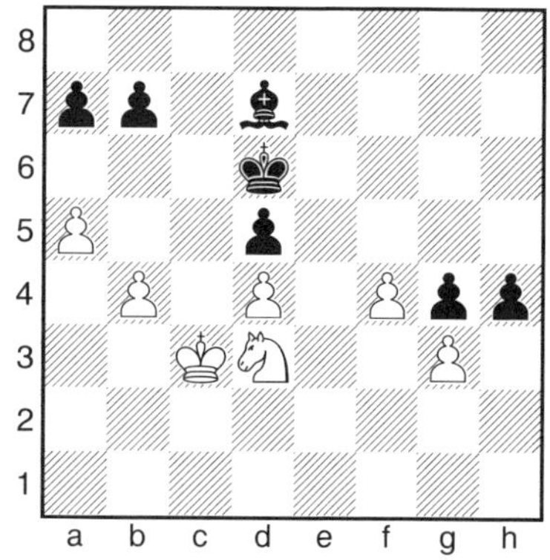

Der Durchbruch war nicht zu verhindern, und die Position öffnet sich zugunsten der Läuferpartei. Dennoch hält Weiß stand und kann sich gegen die schwarzen Gewinnversuche behaupten; z.B. 42.gxh4 g3 43.Se1 Lh3 44.Kd2 g2 45.Sf3 Lg4 46.Sg1 Ke6 47.Kd3 Kf5 48.Ke3 a6 49.Kf2 Kxf4 50.Kxg2 Ke3 51.Kg3 Ld1 52.Sh3 Kxd4 53.Sf4 Kc4 54.h5 d4 55.h6 Lc2 56.Kf2 Kxb4 57.Ke2 Kc5 58.Sd3+ Kc4 59.Sf4 Lh7 60.Kd2 Kb4 61.Se2 d3 62.Sf4 Kxa5 63.Sxd3=.

– Übrigens würde 38.Sf2? die Partiefortsetzung vorwegnehmen, denn 38...Lf1 39.g3 Lg2–+ ist Zugumstellung.

– Hingegen wäre 38.g4? verfehlt.

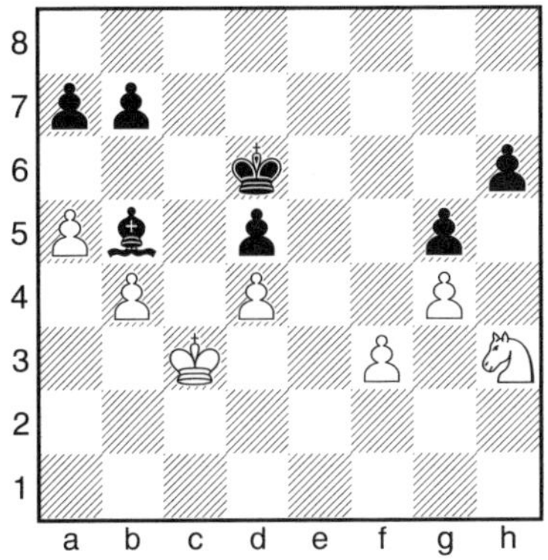

Weiß bastelt an einer Festung, doch dieses ernstzunehmende Vorhaben scheitert tatsächlich nur am sofortigen und genau gezielten Eindringen des Läufers. Ansonsten wäre die Festung durch 39.Kd2! bereits perfekt! Indes gewinnt Schwarz im vorliegenden Fall forciert.

38...Le2! 39.Sg1 (39.Sf2 Lxf3–+) 39...Lf1 40.Kb3 Kc6!

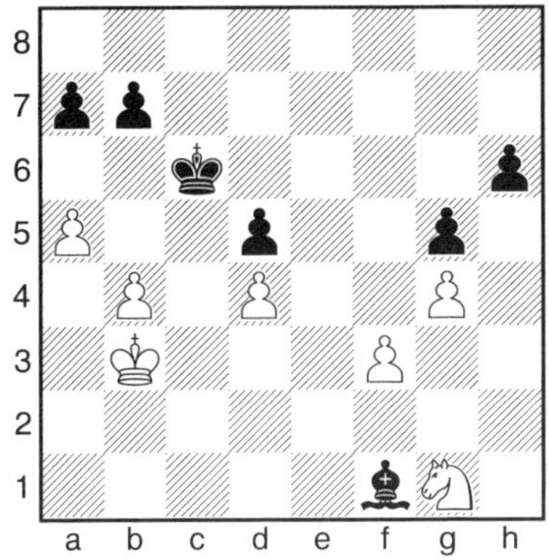

Der Königsvormarsch via c6–b5 nebst Einschnürung der gegnerischen Kräfte ist hier ein wiederkehrendes Motiv.

41.Ka4 Ld3 42.Sh3 (42.Ka3 Kb5–+) 42...Lb5+ 43.Kb3 Le2 44.Sg1 Lc4+

– 45.Ka3 Kb5 46.Sh3 Lf1 47.Sf2 Le2–+

– 45.Ka4 Lf1 46.Ka3 Kb5–+

– 45.Kb2 Kb5 46.Kc3 Ka4–+

**38...Lf1 39.Sf2**

39.Sg1 Lg2 40.Kd2 Kc6! 41.Ke3

(41.f4 gxf4 42.gxf4 Le4 43.Sh3 Kb5–+)

41...Kb5 42.f4 gxf4+ 43.gxf4 Le4 44.Sf3 Kxb4 45.Sh4 Kb5 46.f5 Kc6 47.f6 Kd7–+

**39...Lg2 40.Sg4**

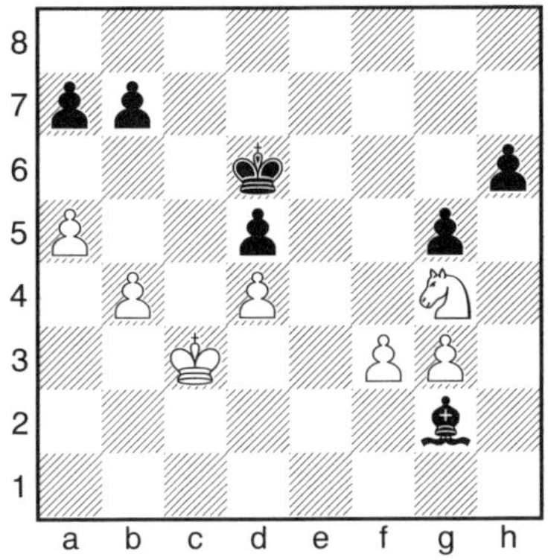

Hier ein Blick auf zwei Alternativen:

– 40.Kd2 Lxf3 41.Ke3 (41.g4 Kc6–+) 41...Lg2 42.Sd1 h5 43.Kf2 Le4 44.Sc3 Ld3 45.b5

(45.Ke3 Lc4 46.Sa4 Kc6 47.Sc3 b6 48.axb6 Kxb6 49.Kf3 Kc6 50.Kf2 Kd7 51.Sd1 Ke6 52.Se3 Ld3 53.Kf3 Le4+ 54.Kf2 h4 55.gxh4 gxh4–+)

45...Lc4 46.g4 h4 47.Kg2 a6–+

– 40.Sd3 Lxf3 41.Se5 Lh5 42.Kd2 Le8 43.Ke3 Kc7 44.Kf3 (44.Kd2 b6!–+) 44...b6! 45.a6 (45.Ke3 Kb7–+)

45...Lh5+! 46.g4 Le8 47.Ke3 Kd6 48.Kd2 Lb5–+

**40...Lxf3?**

Dieser Abtausch spielt Weiß in die Karten, weil die Stellung nun sehr statisch wird.

Dagegen hätte 40...h5! gewonnen, wie das folgende Musterbeispiel zeigt: 41.Sh2

(41.Se5 h4 42.Kd3 h3 43.Sg4 Lxf3 44.Sh2 Le4+ 45.Kd2 Kc6 46.Kc3 Kb5 47.Kb3 a6 48.Sg4 Lf3 49.Sh2 Le2 50.Kc3 Ld1 51.Kd2 Kxb4 52.Kxd1 Kxa5–+)

41...h4 42.gxh4 gxh4 43.Kd3 Kc6 44.Kc3 Kb5 45.Kb3 Lh3 46.Kc3 Ka4 47.f4 Lf5 48.Sf3 h3 49.Sh2 b5 50.axb6 axb6 51.Sf1 b5 52.Sh2 Le4 53.Sg4 Ka3 54.Sh2 Ka2 55.Sg4 Kb1 56.Kd2 Kb2 57.Sh2 Kb3–+

**41.Sxh6**= **Ke6 42.Kd2 Lh5 43.Ke3** und im 54.Zug wurde remis vereinbart.

Auch im folgenden Duell Läufer gegen Springer strebt der Läufer Dynamik, der Springer statische Kontrolle an.

## 07.02
## Nigel Short (2648)
## Fabien Libiszewski (2481)

Gibraltar Masters 2019

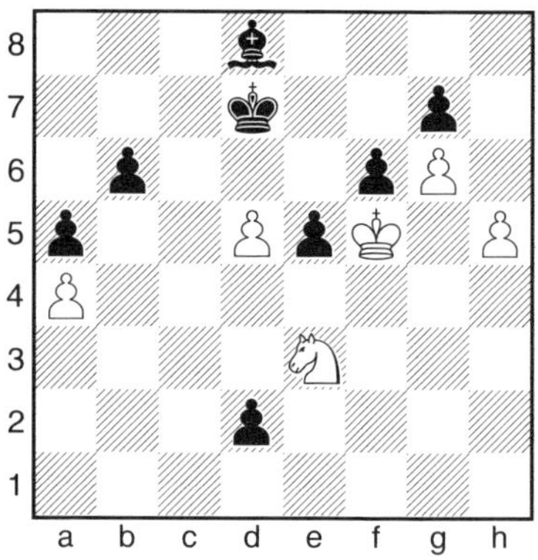


Schwarz am Zug

**57...Ke7!**

Ebenso nötige wie starke Prophylaxe: Der König stützt das Fundament persönlich, und danach halten die schwarzen Mauern, während die weißen durchbrochen werden.

– 57...b5? 58.h6 gxh6 59.g7 Lb6 60.Sd1+–

– 57...Ke8? 58.Ke6 Kf8 59.Kd7 Le7 60.h6 gxh6 61.g7+ Kxg7 62.Kxe7+–

**58.d6+**

58.h6 gxh6 59.d6+ Kf8–+

**58...Kf8 59.Ke4**

Auf 59.Ke6 folgt der Bauerndurchbruch 59...b5!; z.B. 60.axb5 a4 61.Kd7 Lb6 62.Kc6 Lxe3 63.d7 d1D–+.

**59...f5+!!**

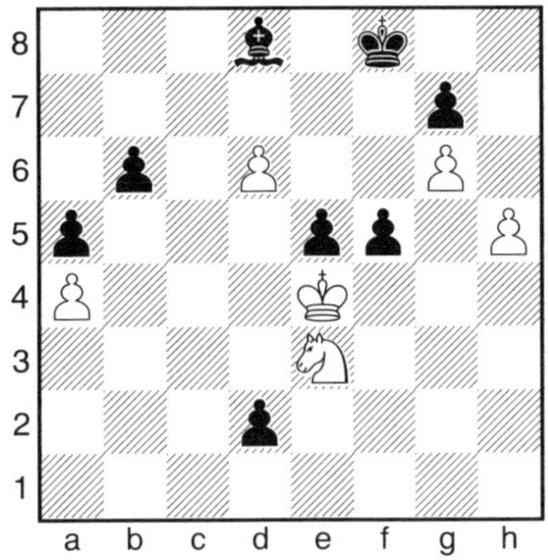

Die gegebene Stellungsöffnung zur Befreiung des Läufers.

**60.Kd3**

Nach 60.Kxf5 erfolgt ein Durchbruch auf dem anderen Flügel: 60...b5! 61.axb5 Lb6 62.d7 a4 63.h6 gxh6 64.Ke6 a3 65.Sd5 d1D 66.Sxb6 a2 67.Sd5 Dg4+ –+.

**60...f4 61.Sd1**

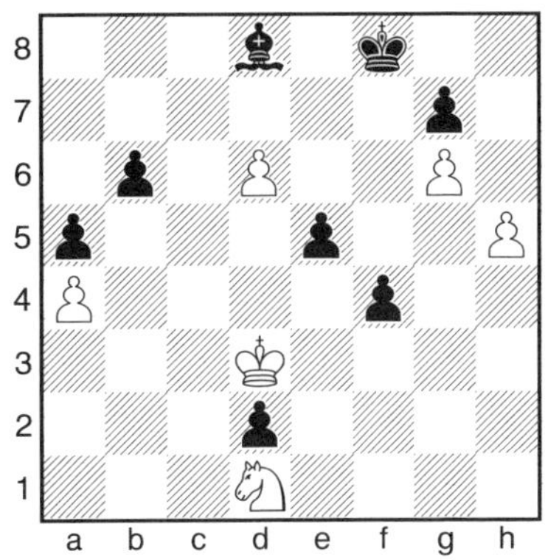

**61...Lg5?**

Danach hält auch die weiße Mauer ewig. Indes gab es sogar zwei Wege, sie zu erstürmen.

– Der direkte Durchbruch 61...b5!? war wieder am besten; z.B. 62.axb5 a4 63.Kxd2 a3 64.Sc3 f3 (64...La5? 65.Kc2 f3 66.Se4=) 65.Ke3

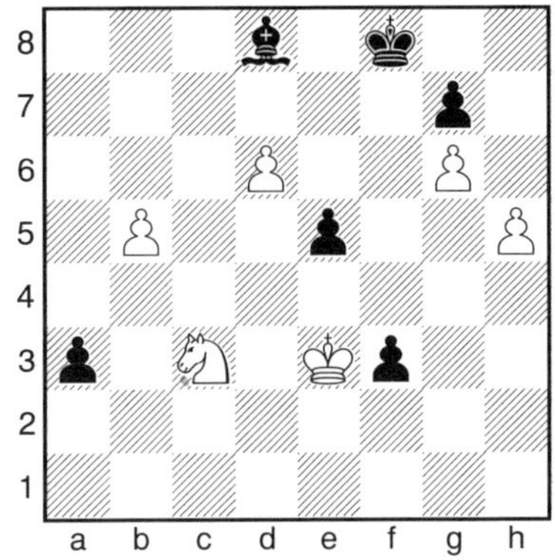

65...e4 66.Kf2 Lf6 67.d7 Ke7 68.Sd5+ Kd8 69.Sxf6 a2 70.h6 a1D 71.hxg7 Dd4+ 72.Kf1 Dd3+ 73.Kf2 Dd2+ 74.Kg3 Dg2+ 75.Kh4 Dxg6 76.g8D+ Dxg8 77.Sxg8 f2–+

– Aber auch 61...f3?! 62.Kxd2 e4 gewinnt auf lange Sicht: 63.Kc3 (63.Ke3 b5 64.axb5 a4–+) 63...b5 64.axb5 Lb6 65.d7 Ke7 66.h6 gxh6 67.g7 Kf7 68.Kc4 a4 69.Kd5 a3 70.Kc6 Ld8 71.b6 a2 72.b7 a1D 73.g8D+ Kxg8 74.b8D Da6+ 75.Kd5 Da2+ 76.Kc5 Da5+ 77.Kd4 Dd2+ 78.Kxe4 Dc2+ 79.Kxf3 Dxd1+ 80.Kg2 Dxd7–+.

– Verfehlt war übrigens auch 61...e4+? 62.Kxe4 Lg5 63.Kf3 Ke8 64.Ke2 f3+ 65.Kxf3 Kd7 66.Ke2 Kxd6 67.Sc3 Ke6 68.Kd1 Kf5 69.Sd5 Kg4 70.h6 Lxh6

71.Sxb6 Lg5 72.Sc4 Ld8 73.Kxd2 Kf5 74.Ke3 Kxg6 75.Kf4 Kh5 76.Kf3=.

**62.Kxd2 e4**

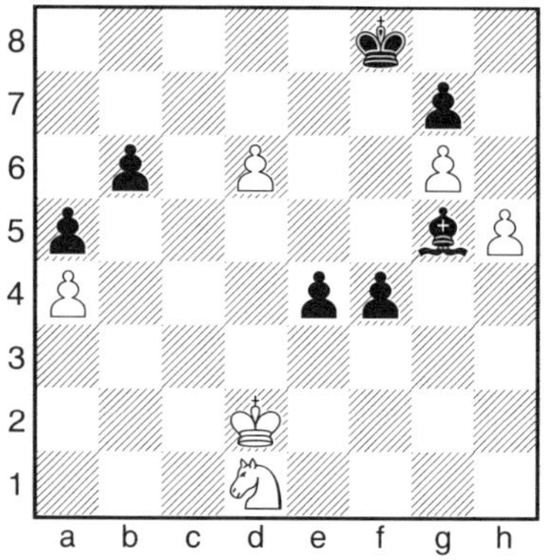

**63.Ke2! Ke8 64.Sc3! f3+ 65.Kf2! Lh4+ 66.Ke3 Lg5+ 67.Kf2 Lh4+ ½–½**

Eine typische Verteidigungsstrategie der Springerpartei besteht in der Errichtung einer Festung, um die Monochromie des Läufers auszunutzen.

## 07.03

## Laurent Fressinet (2640)

## Guillaume Vallin (2389)

Frankreich 2019

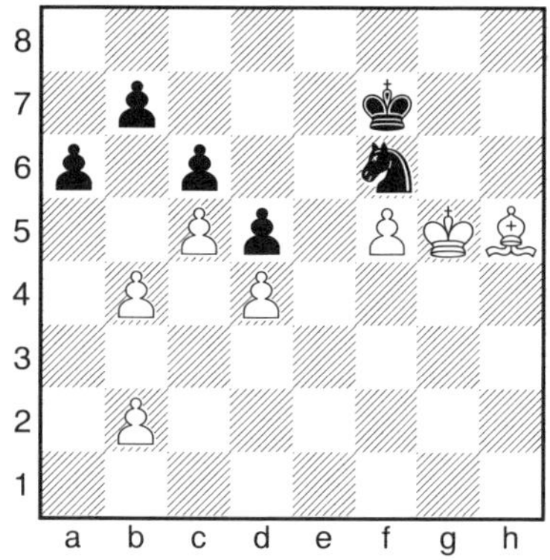

Schwarz am Zug

**78...Ke7?**

Nun kann die schwarze Festung eingenommen werden, weil das Burgtor am Königsflügel nicht bewacht ist.

78...Kg7 79.Lf3 Kf7 80.Kf4 Sd7= schließt dagegen alle Tore sicher ab.

**79.Lg6?**

Aber das lässt den schwarzen König als sicheren Torwächter nach f6.

Besser war 79.Kg6 und nach z.B. 79...Se8 80.Lg4 Sf6 81.Lh3 Se8 …

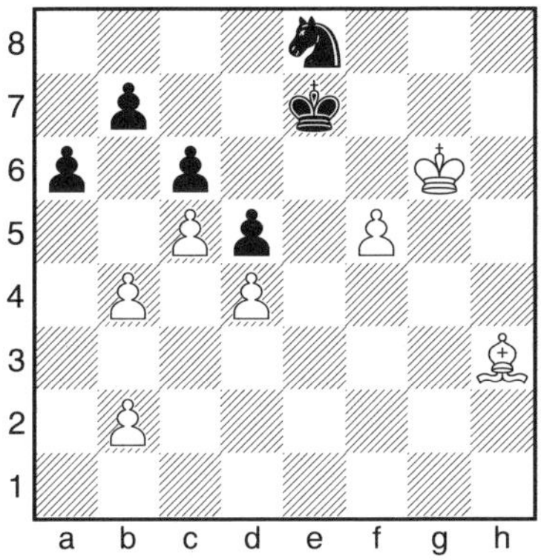

… sollte mit 82.f6+! der f-Bauer geopfert werden, um dem weißen Spiel wieder einen kräftigen Schuss Dynamik zu verpassen: 82...Sxf6 83.Lc8 Se4 84.Lxb7

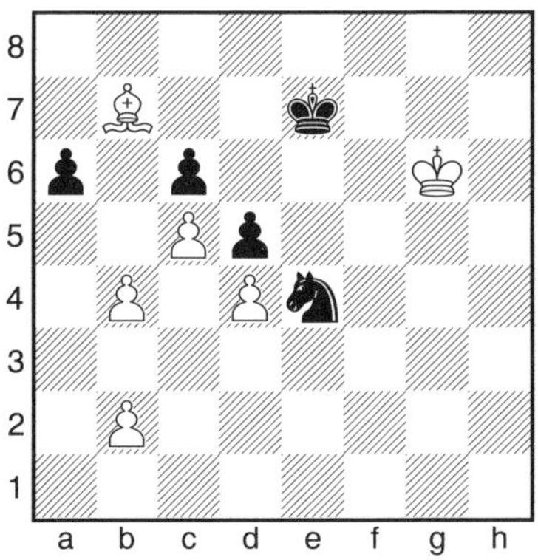

84...Sd2!?

Dies ist eine Empfehlung von GM Marin in *Endgame Magic 131*.

(84...Kd7 85.Lxa6 Sd2 86.Le2 Sb3 87.Ld1 Sxd4 88.Kf6 Sb5 89.Lg4+ Kc7 90.Ke5 Sa7 91.Lh3 Sb5 92.Lf1 Sa7 93.La6 Kd7 94.Kf6+–)

85.Lxc6 Sf3

(85...Ke6 86.Lb7 Sf3 87.Lc8+ Ke7 88.Lxa6 Sxd4 89.Lc8 Sc6 90.b5 Sa7 91.b6 Sxc8 92.b7+–)

86.Lxd5 Sxd4 87.Lb7 Sc2

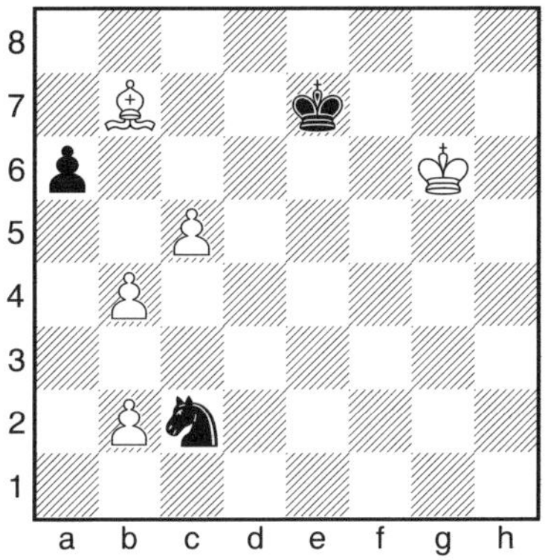

88.Kf5

Die Annäherung des Königs ist wichtiger als der a-Bauer.

(88.Lxa6? Sxb4=; 88.Le4 Sxb4 89.Kf5+–)

88...Sxb4 89.Ke4 a5

(– 89...Ke6 90.Kd4 Sc2+ 91.Kc4+–

– 89...Kd7 90.Kd4 Kc7 91.Kc4 a5 92.Le4+–)

90.Kd4 Ke6 91.Kc4 Ke5 92.Kb5 Kd4 93.Lg2 Kd3 94.Ka4

(94.Kxa5? Kc4 95.Kb6 Kb3 96.Kb5 Sc2=)

94...Kd4 95.c6 Sa6 96.Kxa5+–

**79...Se4+ 80.Kg4 Kf6 81.Kf3 Sd2+ 82.Ke2 Se4 83.Kd3 Sg3 84.Le8 Ke7 85.Lg6 Kf6**

½–½

Festungen, die keine aktive Komponente haben, halten allerdings oft nicht.

## 07.04

**Jana Schneider (2216)**

**Joanna Swiech (1879)**

Bratislava 2019

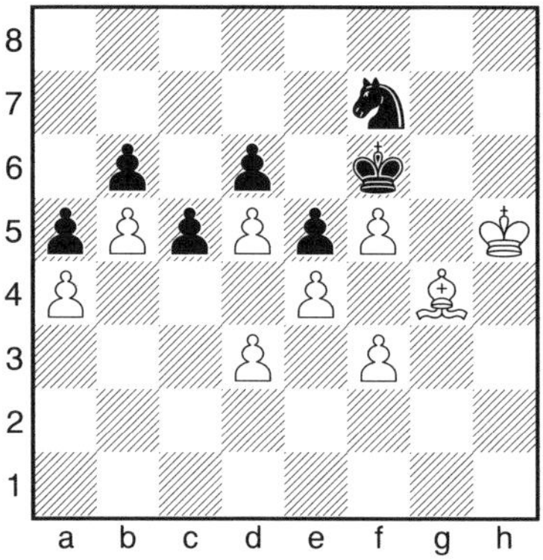

Schwarz am Zug

**61...Kg7?**

Diese Konstellation ist keine Festung.

– Schwarz muss unverzüglich mit 61...Sd8! Gegenspiel organisieren, sonst hält die Festung nicht, weil Weiß entweder mit dem König eindringen oder f3–f4 spielen kann.

62.Kh4

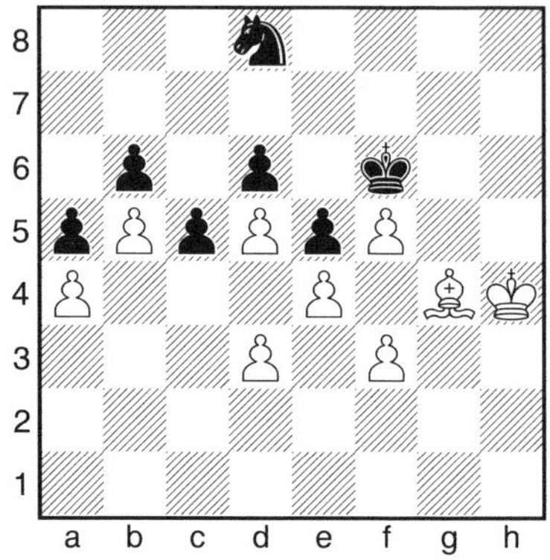

(62.Kh6 c4 63.dxc4 Sb7 64.Lh3 Sc5= oder 64.f4 exf4 65.Ld1 Sc5 66.Kh5 f3 67.Lxf3 Sxa4 68.Ld1 Sc5 69.Lc2=)

62...c4!!

(Nicht jedoch 62...Sb7? (David Howell in Endgame Magic 141) wegen 63.f4!!

– 63...c4 64.fxe5+ Kxe5 65.Kg5 cxd3 66.f6 Sd8 67.Kg6 Kxe4 68.Ld1 Kxd5 69.f7+–

– 63...exf4 64.Lh5

– 64...c4 65.d4 c3 66.Ld1+–

– 64...Sd8 65.Kg4 c4 66.dxc4 Sb7 67.Kxf4 Sc5 68.Ld1 Sd3+ 69.Kg3 Sc5 70.Lc2 Ke5 71.Kg4 Kf6 72.e5+ +–)

63.dxc4 Sb7 64.Kg3 Sc5 65.Kf2 Sxa4=

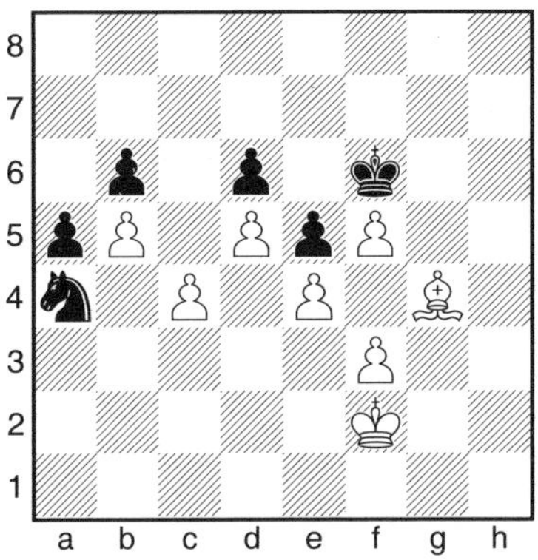

Nun ist die schwarze Festung uneinnehmbar, weil der a-Freibauer Gegenspielpotenzial bietet.

– 61...Sg5? hält ebenfalls nicht; z.B. 62.Kh4 Sf7 63.Lh5 Sg5

(63...Sd8 64.Kg4 c4 65.dxc4 Sb7 66.f4 Sc5 67.fxe5+ Kxe5 68.Kg5 Sxa4 69.f6+–)

64.Kg4 Sh7 65.Lg6 Sf8 66.Le8 Ke7 67.Lc6 Kf6 68.f4 exf4 69.Kxf4 Sh7 70.Kg4 Sg5 71.e5+ dxe5 72.d6 Sf7 73.d7 Sd8 74.Ld5 Ke7 75.Le6 Kf6 76.Kf3 Ke7 77.Ke4 Kd6 78.Ld5 Kxd7 79.Kxe5 Ke7 80.f6+ Kd7 81.Lc6+ Kc7 82.Le8+–

– Und 61...c4? ist verfrüht, weil Weiß es nach 62.dxc4 Sd8 mit gleicher Münze heimzahlt.

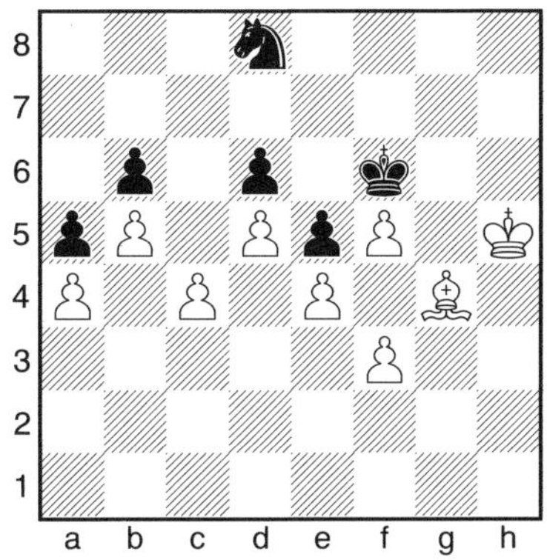

63.c5!! dxc5 64.Lh3 Sf7 65.Lf1 Sd6 66.Ld3 Sf7 67.Kg4 Sd6 68.f4 c4 69.Lc2 Sf7 70.Lb1 Sd6 71.fxe5+ Kxe5 72.Kg5+–

**62.Kh4 Kf6 63.Lh5 Sh6**

63...Sg5 64.Kg4 Sh7 65.Le8 Sf8 (65...Sg5 66.Lg6+–) 66.Kh5 Sh7 67.Kh4 Sf8 (67...Sg5 68.Kg4 Sh7 69.f4) 68.Kg4 Sh7 69.f4 exf4 70.Kxf4 Sg5

(70...Ke7 71.Lc6 Kf6 72.Kg4 Ke7 73.Kh5 Kf6 74.Le8 Ke7 75.Kh6 Sf6 76.Lh5 c4 77.dxc4 Sxe4 78.Kg7 Sf6 79.Lg6 Sd7 80.Lf7 Sf6 81.c5+–)

71.e5+ dxe5+ 72.Kg4 Sh7 73.d6+–

**64.Lg6 Sg8 65.Kh5**

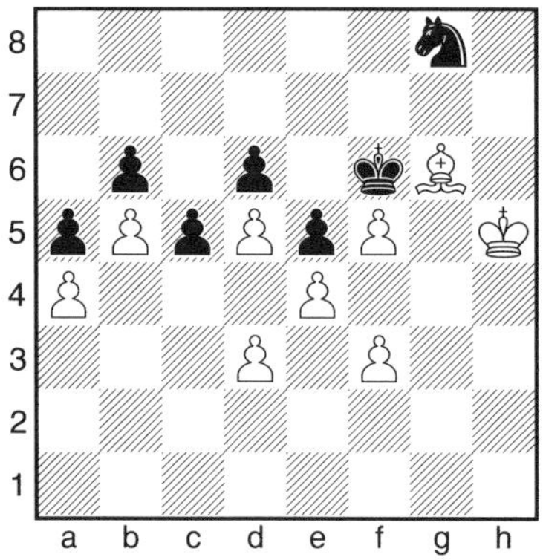

**65...Se7**

65...Kg7 66.Kh4 Sf6 67.Kg5 Sg8 68.f6+ Sxf6 69.Kf5 Kh6 70.Lf7 (70.Kxf6? c4=) 70...Kg7 71.Ke6+–

**66.Kh6 Sg8+ 67.Kh7 Se7 68.Le8 Sc8 69.Ld7 Se7 70.Le6**

Schwarz gab wegen Zugzwang auf.

Oft muss die Läuferpartei energisch handeln, um die Verschanzung zu vereiteln.

## 07.05

## Jewgeni Tomaschewski (2705)

## Peter Heine Nielsen (2635)

Bundesliga Berlin 2019

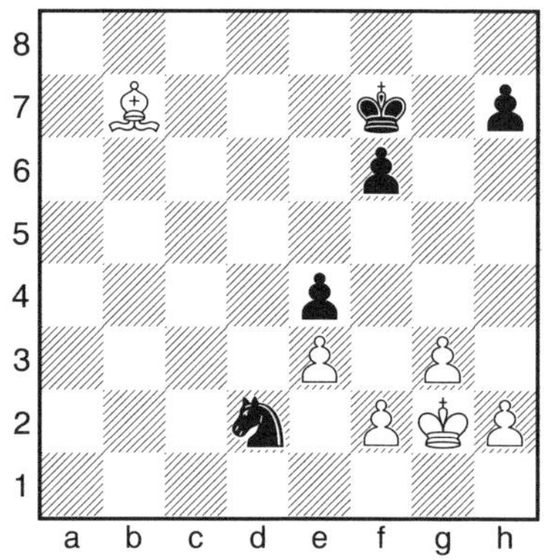

Weiß am Zug

**38.Lc8?**

So viel Zeit hat Weiß nicht.

Das direkte 38.g4! gewinnt, weil der weiße König früher oder später am Königsflügel eindringen kann; z.B. 38...Ke6

**a)** 38...Kg6 39.Kg3 Sf1+ 40.Kf4+–; 39...Kg5 40.h4+ Kg6 41.Kf4+–

**b)** 38...f5 39.Kg3 Kf6 40.Kf4 fxg4 41.Lxe4 h5 42.Lc6 Sf1 43.Le8 Sxh2 44.Lxh5+–

39.Kg3 Ke5 40.La6

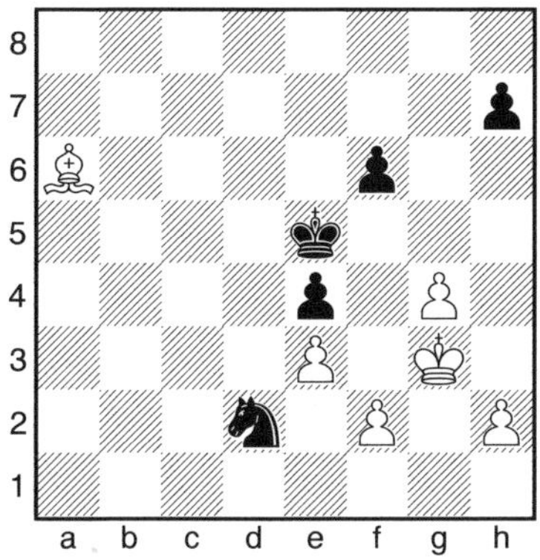

40...Sf3

(40...f5 41.g5+–; 40...h6 41.Kh4 f5 42.gxf5 Kxf5 43.Kh5 Sf3 44.Le2 Sxh2 45.Kxh6 Sg4+ 46.Lxg4+ Kxg4 47.Kg6+–)

41.Le2 Se1 42.h3 Ke6 (42...Sc2 43.Kh4+–) 43.Lc4+ Ke5 44.Lg8 h6 45.f4+ exf3 46.Lh7 Sg2 47.Kxf3 Sh4+ 48.Kg3+–

**38...Kg6 39.g4**

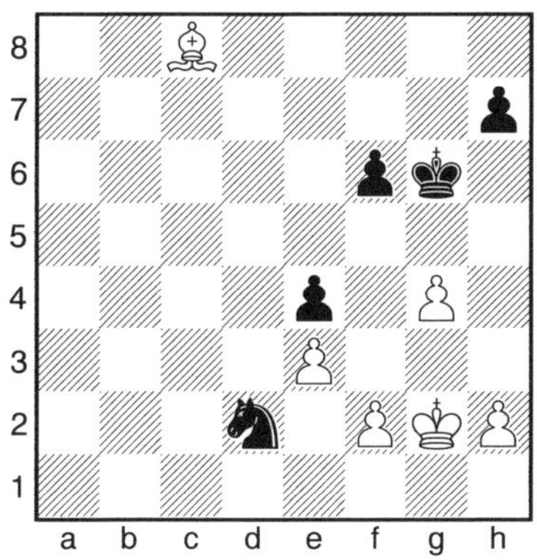

**39...h5?**

Schwarz verpasst die Verschanzung mittels 39...Kg5! 40.Kh3

40.Le6 Kh4=; 40.Kg3 Sf1+!=)

40...h5 41.gxh5 Kxh5 42.Kg3 Sb3 43.Kf4 Sc5

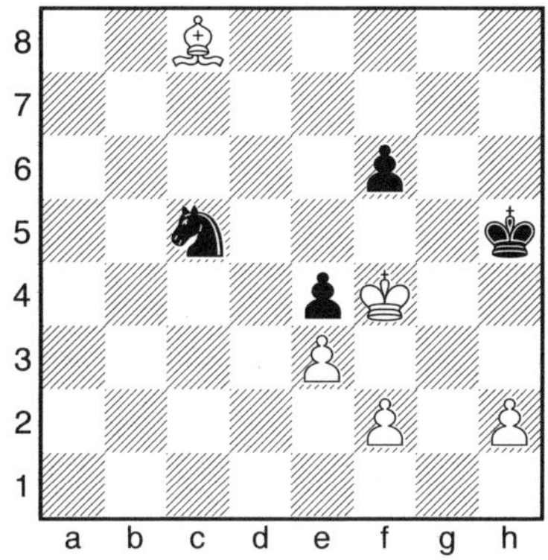

44.Kf5 (44.Lf5 Sd3+=) 44...Sd3 45.Lb7 Sxf2=; 45.Kxe4 Sxf2+ 46.Kf5 Sg4 47.Kf4 Sxe3=

**40.Kg3 hxg4 41.Kxg4 Sf3 42.Lf5+ Kh6 43.Kg3**

43.Lxe4 Sxh2+ 44.Kf5 Kg7 45.Lg2+–

**43...Sd2**

43...Kg5 44.Lxe4 Sd2 45.h4+ Kh5 46.Ld3+–

**44.Kf4**

**1–0**

Dynamik kann natürlich auch direkt entstehen und der größte Feind des Springers ist der Randbauer.

## 07.06
## Wagh Suyog (2242)
## Juri Kriworutschko (2691)

Abu Dhabi Masters 2019

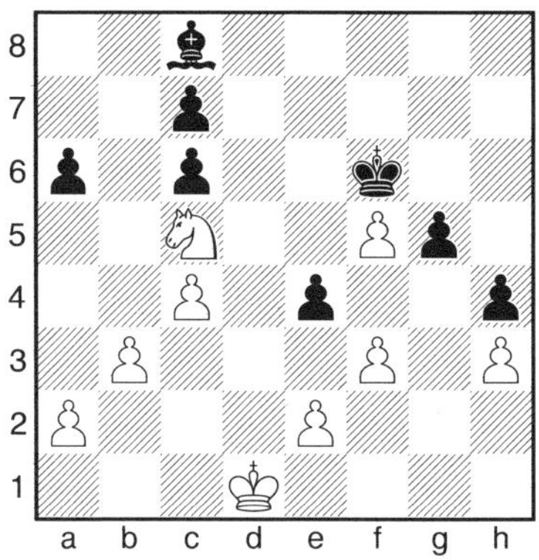

Schwarz am Zug

**27...e3!**

Dieser „Dorn im Fleisch“ sichert den Gewinn.

Nach dem allzu direkten 27...Lxf5? 28.Kd2 kann Weiß sich hingegen halten.

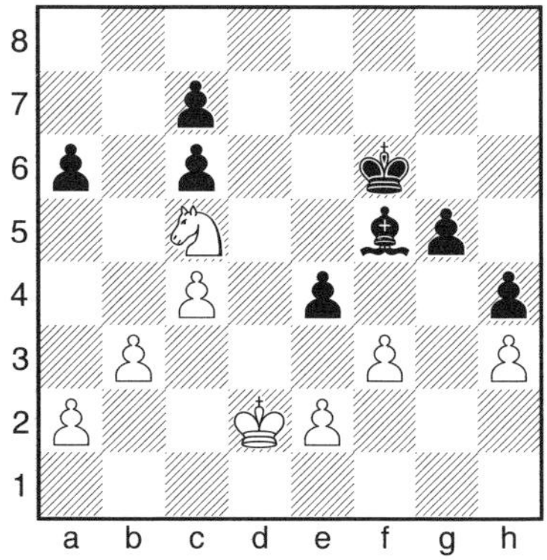

Z.B. 28...exf3 29.exf3 Lxh3

(29...a5 30.Sb7 Lxh3 31.Sxa5 c5 32.Ke3 Lf5 33.a4 Lc2 34.Sb7 Lxb3 35.Sxc5 Lxc4 36.a5 Ld5 37.Sd3 Kf5 38.Kf2=)

30.Sxa6 Lc8 31.Sc5 h3 32.Ke3 h2 33.Se4+ Ke5 34.Sg3=

**28.Kc2 Kxf5**

Das ist genauer als 28...Lxf5+?!, was jedoch ebenfalls gewinnt; z.B. 29.Kc3

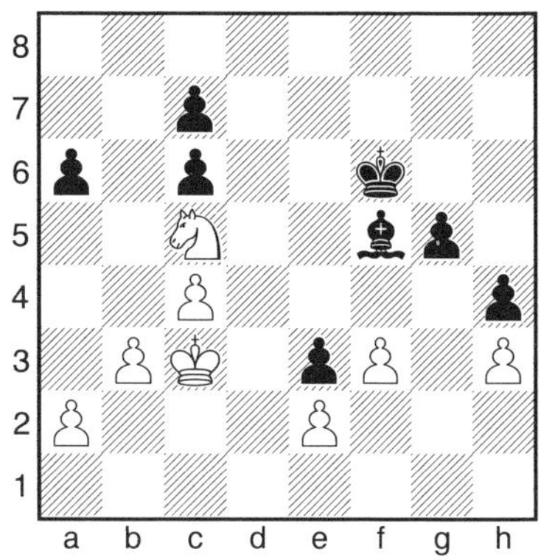

29...Ke5

(29...Lxh3? 30.Kd4 Lc8 31.Kxe3 Ke5 32.Kf2 Kd4 33.Se4 g4 34.e3+ Ke5 35.Sc5 g3+ 36.Kg2=)

30.Sd3+ Lxd3 31.Kxd3 Kf4 32.c5 Kg3 33.Kxe3 a5 34.a4 Kxh3 35.b4 axb4 36.a5 Kg2–+

**29.Sd3 Kf6**

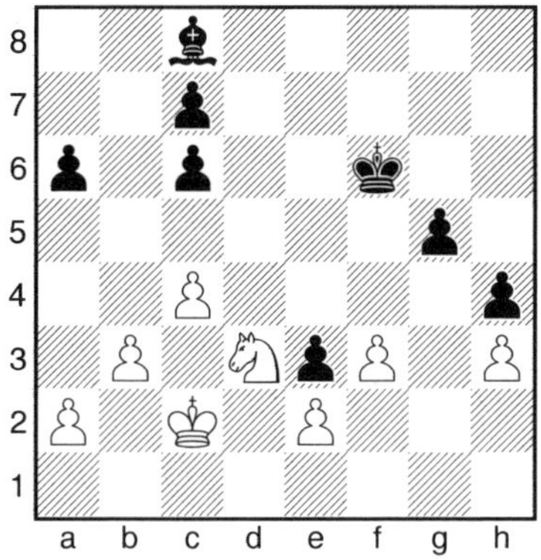

**30.Kc3**

30.Se1 Ke5!?

(30...Lxh3?! 31.Kd3 Lf5+ 32.Kxe3 c5–+)

31.Kd3 Kf4 32.Sg2+ Kg3 33.Sxe3 Lxh3–+

**30...Lxh3 31.Kd4 Lf5 32.Kxe3 Lxd3 33.exd3 c5** 0–1

Auch im folgenden Fall droht die Läuferdynamik zu gewinnen, aber es gibt noch eine raffinierte Rettung.

**07.07**
**Harald Lieb (2255) –**
**Uwe Schläger (2200)**

2. Bundesliga 2001

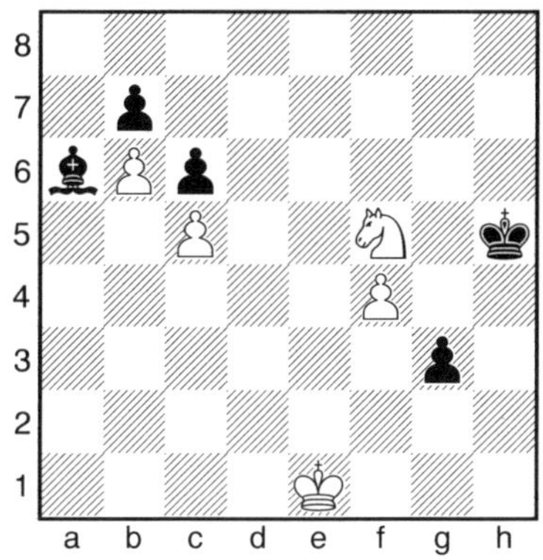

Weiß am Zug

**56.Se3?**

Der Berliner Altmeister nahm Abstand von 56.Sxg3+, weil der schwarze König nach 56...Kg4 unweigerlich die Bauern f4 und c5 erbeuten wird. Tatsächlich vermag Weiß sich aber zu behaupten: 57.Se4

(Freilich nicht 57.Se2? Lxe2! 58.Kxe2 Kxf4 mit elementar gewonnenem Bauernendspiel: 59.Kd3 Ke5 60.Kc4 Ke4 61.Kb3 Kd4 62.Kb4 Kd5–+.)

Denn nach 57...Kxf4 folgt die verblüffende Springerwanderung 58.Sd6 Ke3 59.Se8 Kd4 60.Sc7 Lc4 61.Kd2 Kxc5 62.Sa8=.

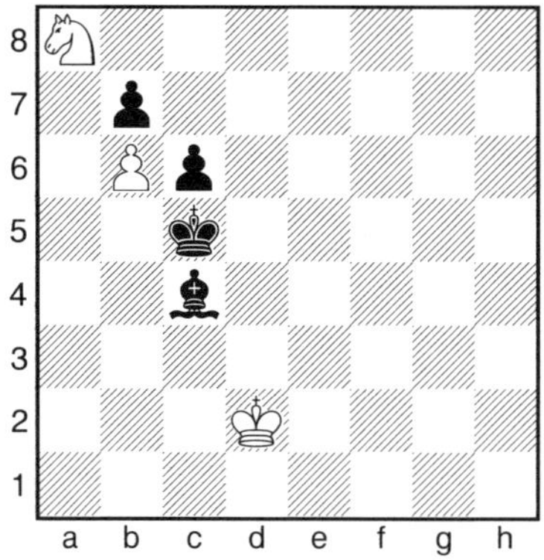

Der Springer verschanzt sich auf a8, verteidigt so mit Zähnen und Klauen den Bauern b6 und pendelt bei Gelegenheit zwischen a8 und c7. Da der König den feindlichen c-Bauern zuverlässig blockiert (ggf. auf c1), kann Schwarz keinen echten Fortschritt machen und muss sich mit dem positionellen Remis begnügen.

**56...Kh4–+ 57.Kd2**

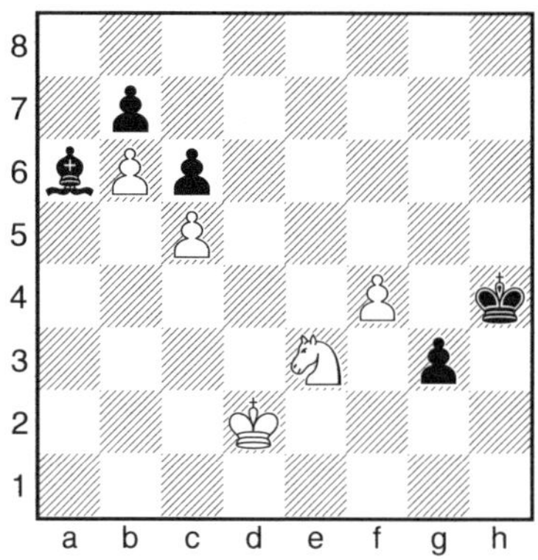

Der f-Bauer wird nach 57.f5 Kg5 58.Kd2 Lf1! 59.Ke1 Ld3–+ bzw. 59.Sxf1 g2 60.Sh2 Kf4–+ eingefangen.

**57...g2??**

In Panik geraten stellt Schwarz – kurz vor der zweiten Zeitkontrolle – mit diesem groben Schnitzer die Partie auf den Kopf. Aber das Drama geht noch weiter.

Hier ein Blick auf drei Alternativen.

– Nach 57...Kh3? 58.f5 muss Schwarz sich sogar noch strecken: 58...Lc4!

(58...g2? 59.Sxg2 Kxg2 60.Ke3+– Kg3 61.Kd4 Le2 62.Ke5+–; 61...Kf4 62.f6+–)

59.Kc3 Lf7 60.Kd4 Kh4 61.Ke5 Kg5 62.Kd6 Kf4 63.Sg2+ Kf3

(63...Kxf5 64.Kc7 Ld5

– 65.Kxb7? Lxg2 66.Kc7 Ld5 67.b7 g2 68.b8D g1D–+

– besser 65.Se1 Kf4 66.Kxb7 Ke3 67.Ka8 Ke2 68.b7 Kxe1 69.b8D g2 70.Dh2 Kf1 71.Df4+=)

64.Sh4+ Kg4 65.Sg2 Ld5 66.f6

(66.Se3+? Kf3 67.Sxd5 g2–+)

66...Kf3 67.Sh4+ Kg4=

Hingegen führten zwei Fortsetzungen zum Sieg.

– 57...Lf1! 58.Kc3 (58.Ke1 Ld3–+) 58...g2 59.Sxg2+ Lxg2 60.Kd4 Kg4 61.Ke5 Ld5 62.f5 (62.Kd6 Lc4 63.Ke5 Ld3–+) 62...Kg5 63.f6 Lc4 64.Kd4 Kxf6 65.Kxc4 Ke5–+

– 57...Lc4! 58.Kc3 (58.Ke1 Ld3–+) 58...Ld5 59.Kd4 g2 60.Sxg2+ Lxg2 61.Ke5 Lf1 62.f5 Kg5 63.f6 Lc4–+

**58.Sxg2+ Kg3**

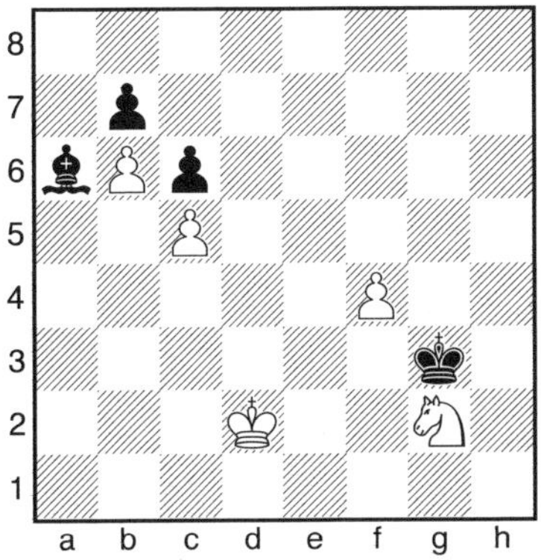

Das sollte ebenso verlieren wie 58...Kg4 59.Ke3 Kf5 60.Se1 Lc4 61.Sf3; z.B. 61...La6 62.Se5 Ke6 (62...Lf1?! 63.Sxc6+–) 63.Ke4 Lf1 64.f5+ Kf6 65.Kf4 Lg2 66.Sc4 Lf1 67.Sd6 La6 68.Se4+ Kf7 69.Ke5+–.

**59.Se3?**

Dieser Gaul hat wahrlich „Pech an den Hufen“: Zuvor vergab er auf e3 den rettenden – und nun den siegbringenden halben Punkt.

Es gewann sowohl 59.Ke3 Kxg2 60.f5 Lc4 61.Kd4+–, als auch 59.f5! Kxg2 (59...Lc4 60.Kc3 Lf7 61.Kd4+–) 60.Ke3 Lc4 (60...Kg3 61.Kd4+–) 61.Kd4 Ld5 62.Ke5+–.

**59...Kxf4 60.Sc2 Ke4 61.Sb4 Lb5 62.Kc3 Ke5 63.Sc2 Kd5 64.Kb4 Ke4 65.Sa1 Kd4 66.Sb3+ Kd5 67.Sa5 La6**

½–½

Mitunter kann es in einem derartigen Endspiel sogar zu einem Mattangriff kommen.

## 07.08

**Ralf Schöne (2260)**
**Steve Berger (2432)**

Oberliga Nord Ost 2018

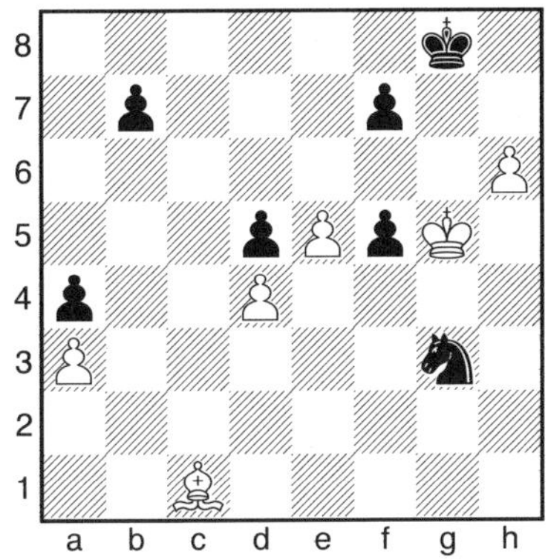

Weiß am Zug

**58.Kf6?**

Das ist viel zu langsam.

Der öffnende Hebel 58.e6! gewinnt: 58...fxe6

(58...Se4+ 59.Kxf5

– 59...fxe6+ 60.Kg6+–

– 59...Sg3+ 60.Kg4 Se2 61.e7+–

– 59...Sd6+ 60.Ke5 Sc8 61.h7+ Kxh7 62.exf7 Se7 63.f8S+ +–)

59.Kg6

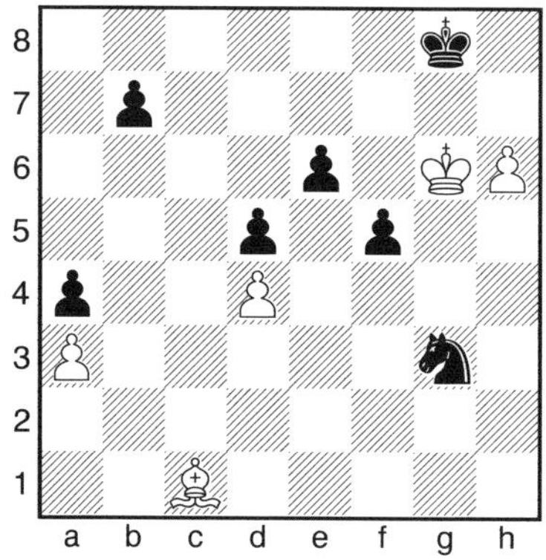

59...Se2 60.h7+ Kh8 61.Lg5 f4 62.Lf6#

**58...f4**

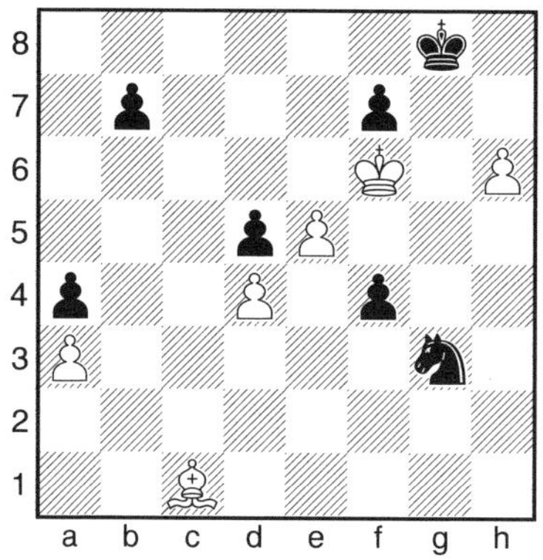

**59.Lxf4?**

Wegen der entfernten Bauernmehrheit am Damenflügel ist das hiernach entstehende Bauernendspiel für Weiß verloren.

– Verfehlt war auch 59.h7+? Kxh7 60.Kxf7 f3 61.Le3 (61.e6 f2 62.e7 f1D+ –+) 61...Sf5 62.Lf2 b5 63.e6 (63.Ke6 b4 64.Kxf5 b3–+) 63...b4 64.axb4 a3 65.e7 Sxe7 66.Kxe7 a2–+.

– 59.e6! war schon erforderlich, reicht aber nur zum Remis: 59...fxe6

(59...Se4+ 60.Ke5 fxe6 61.Lxf4 Kh7 62.Kxe6 Sc3 63.Ld2 Sb5 64.Lc1 Sxd4+ 65.Kxd5 Sc2=)

60.Kg6 Se2 61.Ld2 Sxd4 62.h7+ Kh8 63.Lxf4 Sf3 64.Lc7

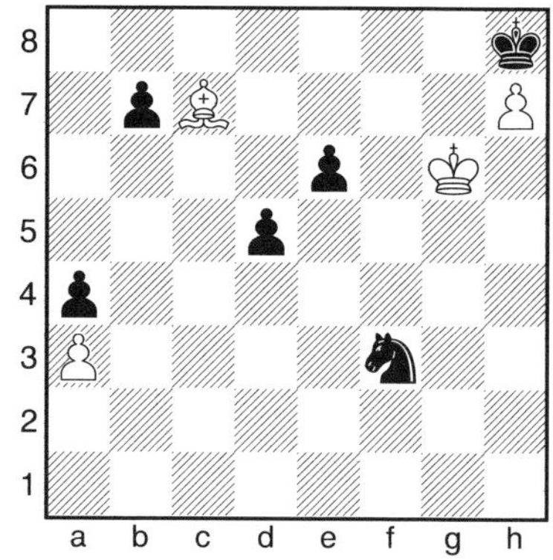

Nun ist die folgende Stellungswiederholung erzwungen: 64...Sh4+

(64...e5? 65.Ld8 nebst Matt; 64...d4? 65.Kh6 d3 66.Ld8 nebst Matt)

65.Kh6 Sf5+ 66.Kg6 Se7+ 67.Kh6 Sf5+=

**59...Sh5+ 60.Kf5 Sxf4 61.Kxf4 b5 62.Kf5**

62.Ke3 b4 63.Kd2 b3 64.Kc3 Kh7–+

**62...b4** 0–1

Wenn der Springer die Kontrolle hat und ein Powerplay auf der Felderfarbe aufziehen kann, die der Läufer nicht kontrolliert, dann hat er sehr gute Gewinnchancen, was ich im folgenden Fall unterschätzt hatte.

**07.09**

**Jan Gustafsson (2629)**

**Ruslan Ponomarjow (2726)**

Dortmund 2012

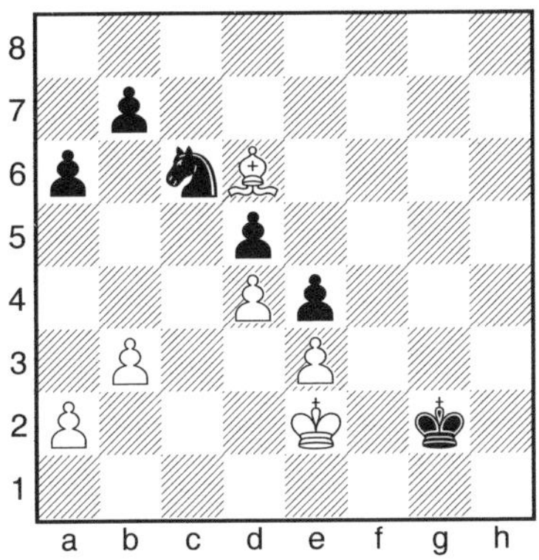

Schwarz am Zug

Ich hatte seinerzeit im *ChessBase Magazin* behauptet, dass sich Weiß noch halten kann, aber ein Anruf von C.D. Meyer belehrte mich eines Besseren.

**44...Sd8 45.Le5 Sf7 46.Lf4 Sd8 47.Le5 Kg1 48.Ke1 Sc6 49.Ld6 Sa7**

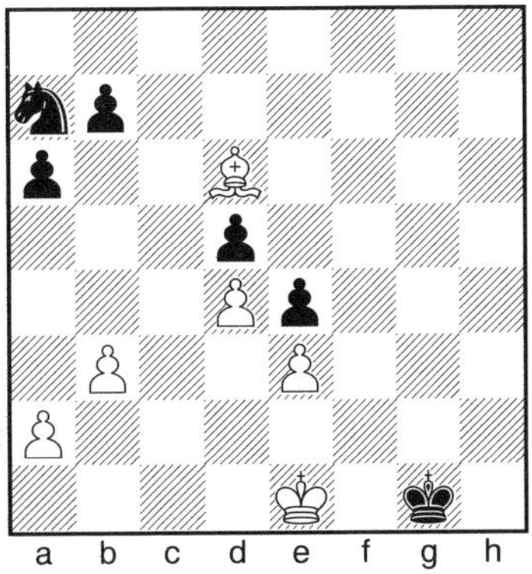

**50.a4?!**

Diesen Zug hatte ich für den entscheidenden Fehler gehalten, aber Weiß ist ohnehin verloren.

50.Lb4 Sb5 51.Ke2 Kg2 52.Lf8

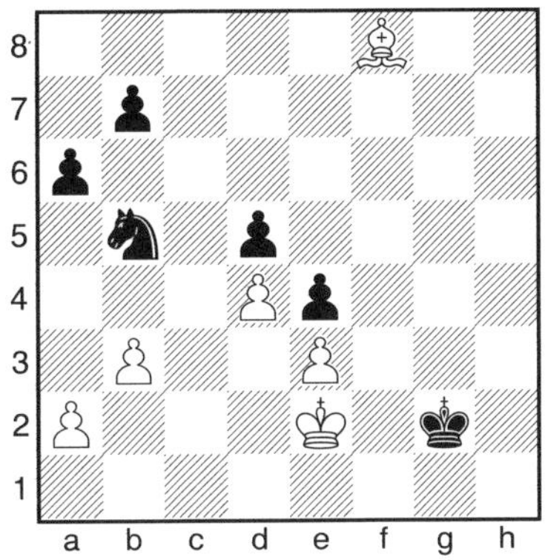

52...Sc7!

Schwarz hat jede Menge Zeit, was ich nicht beachtet hatte.

(Mein Remisbeweis ging mit dem gierigen 52...Sc3+?! 53.Kd2 Sxa2? weiter.

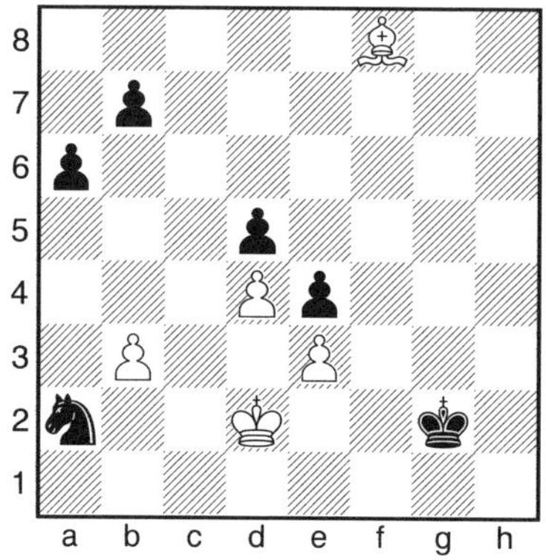

Danach kann Schwarz in der Tat nicht mehr gewinnen; z.B. 54.b4! Kf2 55.Ld6 b6

(Das unternehmungslustige 55...Sc1!? reicht auch nicht zum Sieg: 56.Kxc1 Kxe3 57.Lg3 Kd3 58.Kd1 Kc4 59.Le1 Kxd4 60.Ke2 e3 61.Lg3 Ke4 62.Lc7 d4 63.Lb6 d3+ 64.Ke1 Kf3 65.Ld8 d2+ 66.Kd1 Kf2 67.Lb6=)

56.Le7 a5

(56...Kf3 57.Ld6 Kg2 58.Kc2 Kf2 59.Kd2=)

57.b5 Sb4 58.Ld8 a4 59.Lxb6 a3 60.Kc3 Kxe3 61.Lc5 a2 62.Kb2 Sd3+ 63.Kxa2 Kf3 64.b6 e3 65.b7 e2 66.b8D e1D 67.Df8+=)

53.Lg7 Se6 54.Lf6 b5!

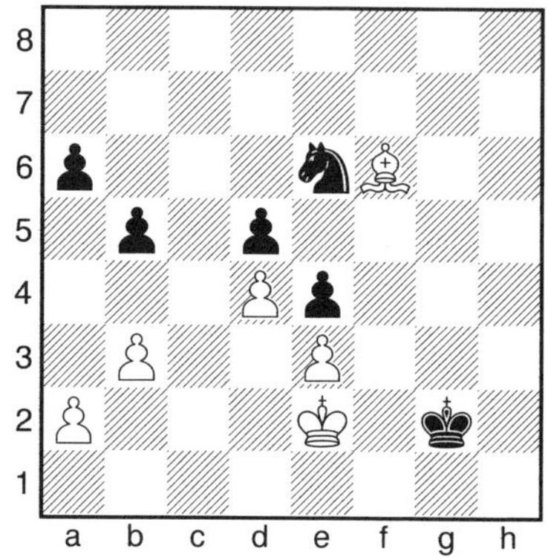

55.a3

In zugzwangähnlicher Lage, sieht Weiß sich genötigt, seinen Damenflügel zu schwächen, um den Springer nicht einfach auf der Königsseite eindringen zu lassen.

55...Sf8 56.Ld8 Sg6 57.Lf6 Kg3 58.Le5+

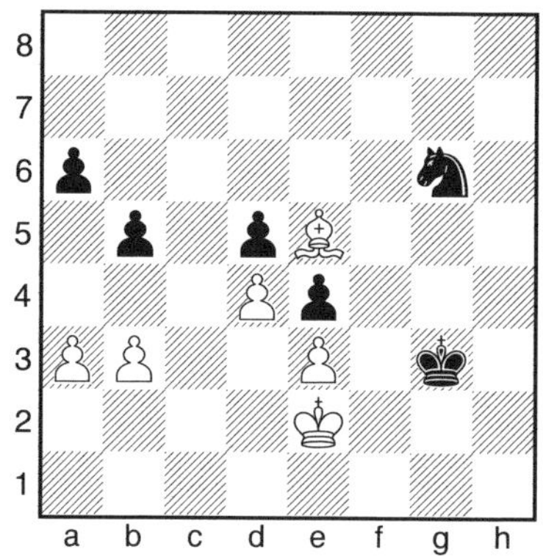

58...Kg4

Der König kann sogar zurückgehen, um dem Springer zwecks Vordringen seine helfende Hand zu reichen.

59.Lf6 Sh4 60.Le5 Sf3 61.Lc7 Kh3 62.Kf2 Sd2 63.b4

(63.Ke2 Sxb3 64.Kd1 a5 65.Kc2 a4 66.Kc3 Kg2 67.Kb4 Kf3 68.Lf4 Sxd4–+; 68.Kxb5 Kxe3 69.Kxa4 Sxd4–+)

63...Sc4 64.Ld8 Kg4 65.Ke2 Sxa3 66.La5 Sc4 67.Lc7 Kf5 68.Kf2 Ke6 69.Ke2 Kd7 70.Lg3 a5–+

**50...Sc6**

Der Springer findet nun unweigerlich eine Marschroute ins gegnerische Lager.

**51.b4 Kg2 52.Ke2 Sa7 53.Lc5 Sc8 54.a5 Kg3!**

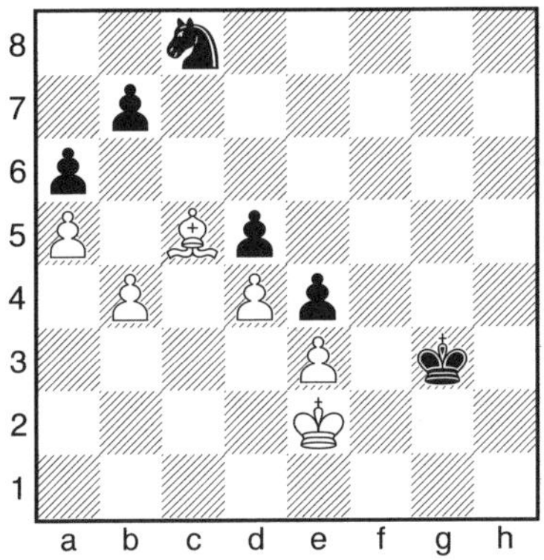


Jetzt ist Weiß im Zugzwang und muss den Springer wieder ins Spiel lassen.

**55.Lf8 Sa7 56.Ld6+ Kg2 57.Lc5 Sb5 58.Lf8 Sa3 59.Le7 Sc4 60.Lc5 Sb2 61.Le7 Sd3 62.Ld6 Sf2 63.Lf4 Sh1 64.Kd2 Kf3 65.b5 axb5 66.Kc3 Sf2 67.Lg5 Sd1+ 68.Kb4 Sxe3 69.Kxb5 Sc4 70.Kc5 e3**

**0–1**

Im folgenden Fall sollte das Powerplay auf den dunklen Feldern eigentlich nicht zum Gewinn reichen.

## 07.10

**Constantin Lupulescu (2634)**

**John C. Pigott (2384)**

Reykjavik Open 2019

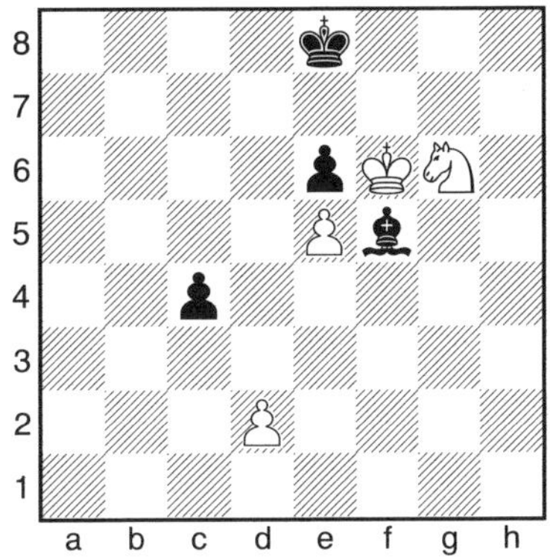


Schwarz am Zug

**71...Lg4!?**

71...Lxg6? 72.Kxg6 Ke7 73.Kg7+–; 71...Lh3? 72.Sf4+–

**72.Kg5**

72.Sf4 Kd7 73.Sg2 Lf5 74.Se3 Ld3 75.Kf7 Le2 76.Sc2 Ld1 77.Sd4 Lg4=

**72...Lf5 73.Sh4 Ld3 74.Kf6 Kd7 75.Sg6 Kc6 76.Sf4 Lf1 77.Kxe6 Kc5**

**78.Kd7 Kd4 79.e6 c3 80.dxc3+ Kxc3 81.e7 Lb5+ 82.Kd6 Kc4 83.Sd5 Le8 84.Sf6 Lf7 85.Sg4 Le8 86.Ke6**

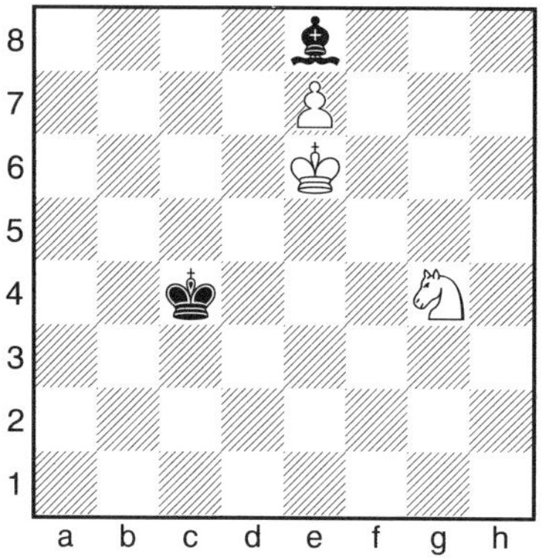

**86...Kc5?**

Eine der beiden Stoppdiagonalen ist kürzer als 4 Felder, daher muss der schwarze König bei der Verteidigung aktiv mithelfen. Dies ist jedoch ein sehr unglückliches Feld.

Dagegen hält 86...Kd4 87.Sf6 Lg6= remis.

**87.Sf6 Lg6**

87...La4 88.Sd7+ +–

**88.Se4+! Kc6 89.Sd6! Kc7**

Oder z.B. 89...Lh5 90.Sf7! Lg4+ 91.Kf6! Ld7 (91...Kd7 92.Se5+ +–) 92.Se5+! Kc7 93.Sxd7! Kxd7 94.Kf7+–.

**90.Sf7**

**1–0**

Um remis zu halten, muss der Läufer oft Dynamik herbeiführen und die Logik des Kampfes ändern.

## 07.11
## Alicja Sliwicka (2261)
## Anna Afonasieva (2370)

Bratislava 2019

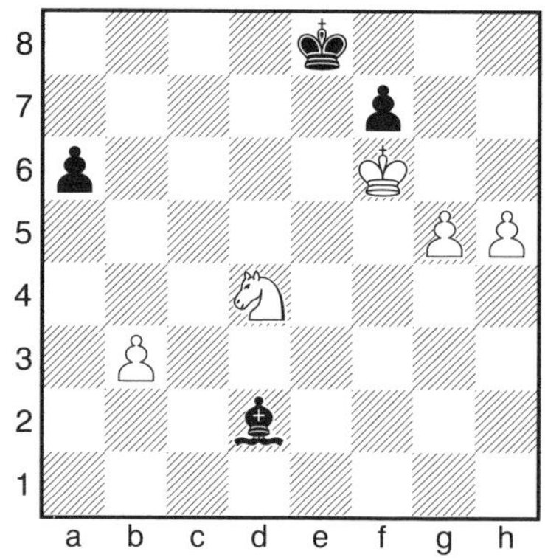

Schwarz am Zug

Weiß hatte gerade mit h5? gegen das Endspielprinzip, nichts zu übereilen, verstoßen.

**53...Kf8?**

Allein richtig war 53...Lc3!; z.B. 54.Ke5 f6+!!

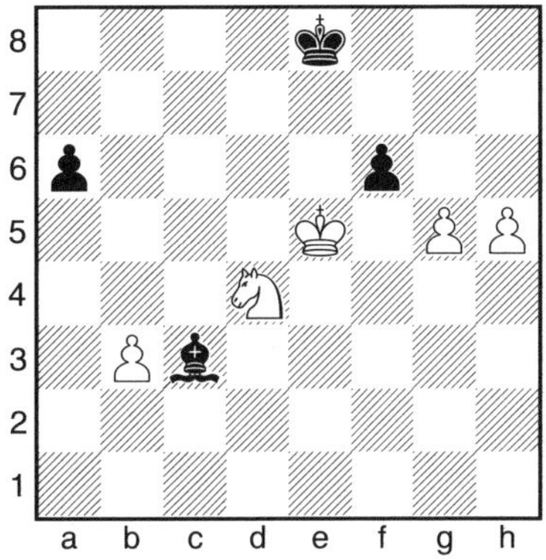

Das zersplittert die weißen Kräfte und gibt ausreichend Gegenspiel: 55.gxf6 (55.Ke4 fxg5=) 55...Kf7 56.h6 Kg6 57.Kd5 Kxf6

(57...Kxh6? 58.f7 Kg7 59.Se2 Lb4 60.Ke6+–)

58.Se2 Ld2 59.Kc6 Lxh6=

**54.Sc6 Lc3+ 55.Kf5 Kg7 56.Se5 a5 57.Sd7**

Oder auch 57.h6+ Kg8 58.Sc4 Kh7 59.Sd6 Kg8 60.g6+–.

**57...Ld4 58.h6+ Kh7 59.Sf6+ Kh8 60.g6 fxg6+ 61.Kxg6 Le3 62.Sd5 Ld2 63.Sc7 Lb4 64.Se6 Le7 65.Sd4 Ld6 66.Sf3 Lf4 67.Sg5 Lxg5 68.Kxg5 Kh7 69.Kh5 Kg8 70.Kg6 Kh8 71.Kf5 Kh7 72.Ke4**

**1–0**

Beispiele dieser Art können sehr tiefgründig sein.

## 07.12
## Dmitrij Kollars (2567)
## Predrag Nikolic (2573)

Bundesliga 2019

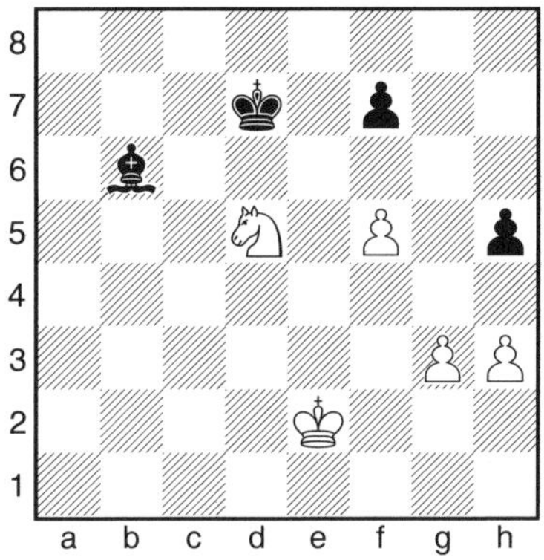

Schwarz am Zug

**61...Ld8?**

Das ist zu passiv.

Einzig das aktive Gegenspiel mittels 61...La7!! rettet das Remis; z.B. 62.Sf6+

(62.Sc3 Ke7 63.Se4 Ld4 64.Kd3 Le5 65.Kc4 Lb2 66.Kd5 La1=)

62...Kd6 63.Sxh5 Ke5 64.g4 Ke4

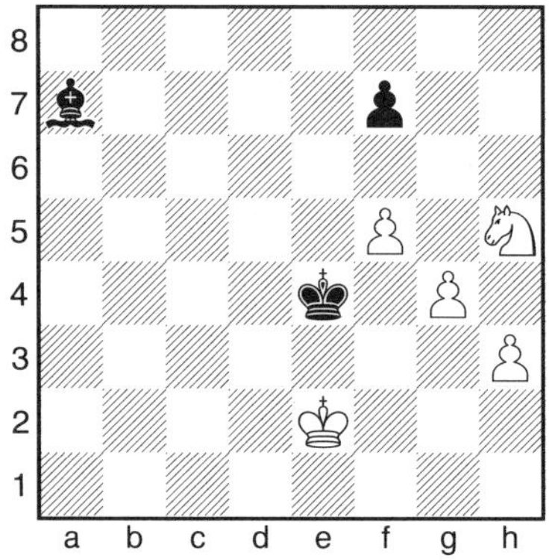

Denn nun verliert Weiß die Kontrolle; z.B. 65.h4 Lc5 (65...Lb6? 66.Sf6+ +–) 66.f6 La7 67.g5 Ld4! 68.g6 fxg6 69.f7 Lc5 70.Sf6+ Kf5 71.Sd7 Le7 72.f8D+ Lxf8 73.Sxf8 Kg4 74.Sxg6 Kh5=.

**62.Kf3**

Nun jedoch hat Weiß alles unter Kontrolle.

**62...Kd6 63.Ke4 h4**

63...Lg5 64.h4 Ld2 65.Sf4 Le1 66.Sxh5+– oder 65...Lxf4 66.Kxf4 f6 67.g4 hxg4 68.Kxg4 (68.h5? Ke7=) 68...Ke7 (68...Ke5 69.h5+–) 69.Kh5 Kf7 70.Kh6+–

**64.g4 La5 65.Se3**

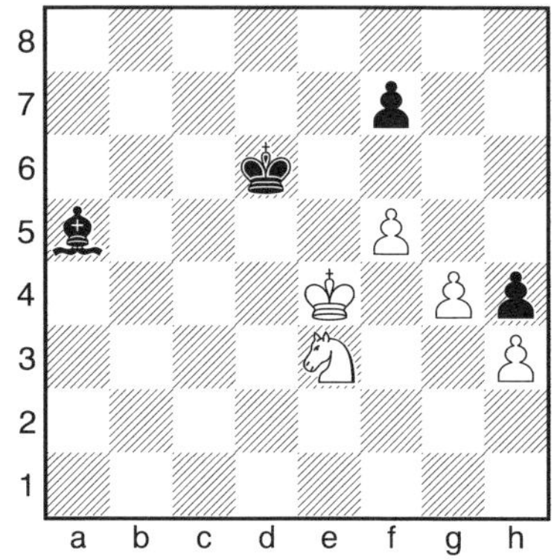

**65...Le1**

65...f6 66.Sc4+ +–; 65...Kd7 66.Sc4 Le1 67.g5+–

**66.Sc4+ Ke7 67.g5** 1–0

# Kapitel 8
# Das Duell Turm gegen Springer

Normalerweise ist ein Turm einem Springer im reinen Endspiel turmhoch überlegen. Wenn allerdings das Gewinnpotenzial stark reduziert ist, kann die Verwertung sehr schwierig und mitunter sogar unmöglich sein. Auf solche Fälle wollen wir uns konzentrieren. Das bauernlose Endspiel Turm gegen Springer, ein sogenanntes „elementares Endspiel“, ist bekannterweise zumeist remis, wenn der Springer nicht von seinem König abgeschnitten und letztlich gefangen werden kann. Aber in der Praxis sind die Dinge oft nicht so einfach, und selbst erfahrene Meister greifen gelegentlich fehl.

**08.01**

**Wesselin Topalow (2740)**

**Ding Liren (2812)**

Shamkir Chess 2019

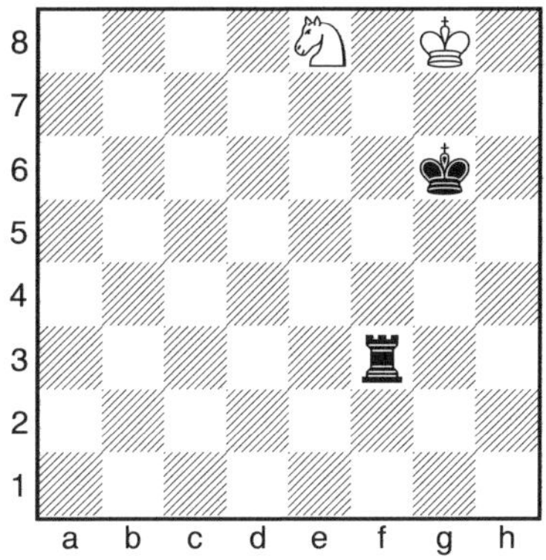

Weiß am Zug

Weiß muss sehr vorsichtig sein.

**96.Sg7?**

Der Springer zieht auf ein Unglücksfeld.

Auch 96.Sd6? verliert.

(Erzwungen war 96.Sc7! mit der möglichen Folge 96...Kf6 97.Kf8 Tf2 98.Ke8=.)

Und zwar nach 96...Kf6–+ mit der möglichen Folge 97.Se4+ Ke5 98.Sc5 Kd5 99.Sd7 Kd6 100.Sb6

(100.Sf8 Ke7 101.Sg6+ Kf6 102.Sh4 Th3–+)

100...Tc3

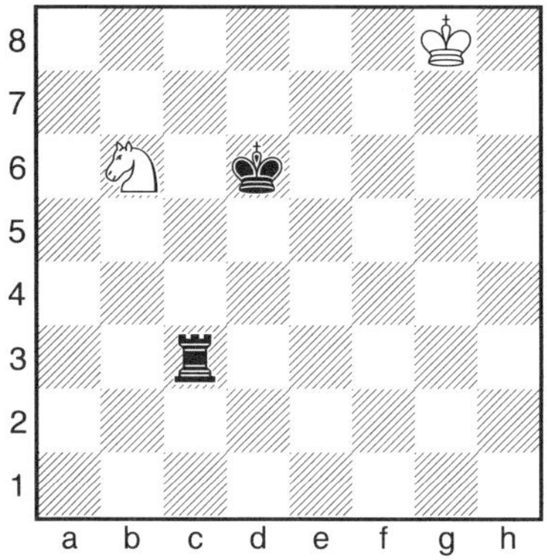

Nun sind König und Springer dauerhaft getrennt und der Springer wird bald gefangen; z.B. 101.Kg7 Tc7+ 102.Kf6 Kc5 103.Sa4+ Kb5 104.Sb2 Td7 105.Ke6 Td2–+ usw.

**96...Kf6 97.Sh5+**

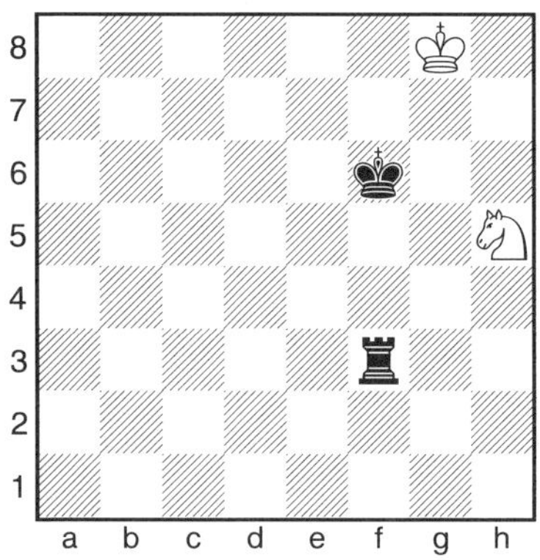

**97...Ke6?**

Besser 97...Kf5! und Schwarz gewinnt; z.B. 98.Sg7+ Ke5 99.Se8 Ke6

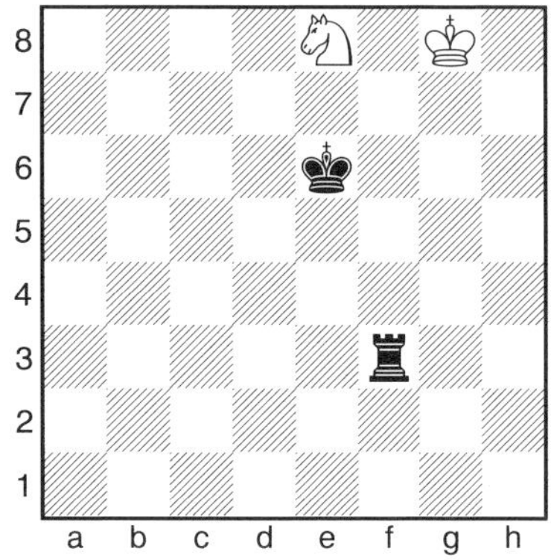

100.Sg7+

(Oder 100.Sc7+ und auf 100...Kd6 101.Sb5+ Ke7 sind Springer und König dauerhaft voneinander getrennt, wonach die Springerpartei in aller Regel verliert: 102.Kg7 Tg3+ 103.Kh6 Td3 104.Kg6 Kd7 105.Kf6 Kc6 106.Sa7+ Kb7 107.Sb5 Kb6–+.)

100...Ke7 101.Kh7 Kf6 102.Sh5+ Kg5 103.Sg7 Ta3 104.Kg8 Kf6 105.Se8+ Ke7 106.Sg7 Ta5 107.Kh7 Kf8 108.Se6+ Kf7 109.Sg7 Tg5 110.Kh8 Tg1–+

**98.Kh7?**

98.Kg7! Kf5 99.Sf6!= war vonnöten.

**98...Kf5! 99.Sg7+ Kf6 100.Sh5+ Kg5 101.Sg7 Th3+ 102.Kg8**

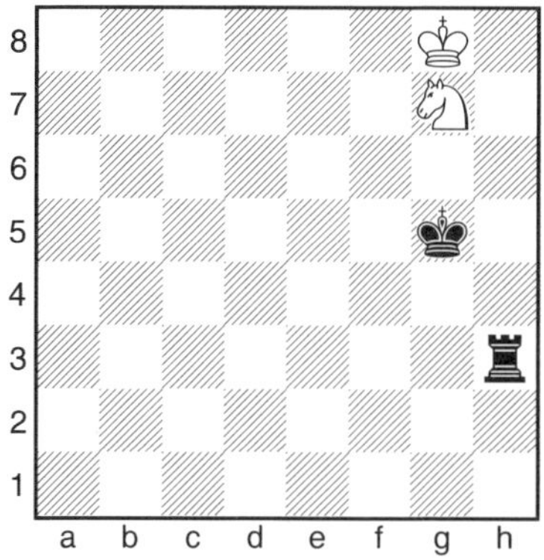

**102...Kf6! 103.Se8+ Ke6 104.Sg7+ Ke7 105.Sf5+ Kf6 106.Sd6**

106.Sg7 Tg3 107.Kh8 Kf7 108.Sh5 Th3–+

**106...Th5 107.Sf7**

107.Se4+ Ke6 108.Kg7 Te5 109.Sd2 Te3–+

**107...Td5 108.Sh6**

108.Kf8 Td7–+

**108...Td8+ 109.Kh7 Td7+ 110.Kg8**

**0–1**

In einem Bundesliga-Match zwischen dem SV Werder Bremen und dem SV 1920 Hofheim kam es an Brett 7 nach wechselhaftem Kampfverlauf zu folgendem eher seltenen und reizvollen Endspiel. Zwar steht Schwarz auf Gewinn, aber die Realisierung ist ziemlich knifflig.

**08.02**

**Martin Zumsande (2492)**

**Arno Zude (2349)**

Berlin 2019

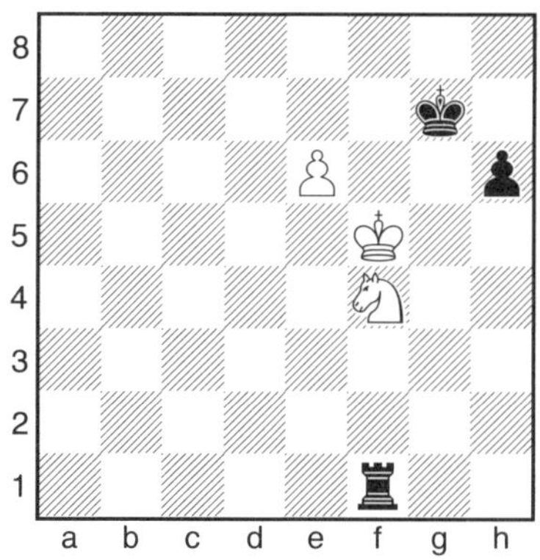

Schwarz am Zug

**53...Kf8?!**

Der König stand auf g7 schon gut. Statt des Textzuges kamen folgende präzise Turmmanöver eher in Betracht.

– 53...Tf3! 54.Ke5

(54.Kg4 Ta3 55.Sh5+ Kg6 56.Sf4+ Kf6 57.Kh5 Ta4 58.Sg6 Te4!

– Nach 59.Kxh6 wäre nun 59...Tg4!–+ eine entscheidende Pointe.

– 59.e7 Kg7 60.Sh4 Te5+ 61.Kg4 h5+ 62.Kf4 Kf6 63.Sg6 Te1–+)

54...Ta3! 55.Sh5+ Kg6 56.Sf4+ Kg5 57.Sd5 Ta1 58.e7 Te1+ 59.Kd6 h5–+

– 53...Th1! 54.Ke5 Tg1!

(54...Ta1? 55.Sh5+! 55...Kg8 56.Kf6= oder 55...Kg6 56.Sf4+! Kg5 57.Sh3+! Kg4 58.Sf2+! Kf3 59.Sd3! h5 60.Kf6=)

55.Sh5+ Kf8

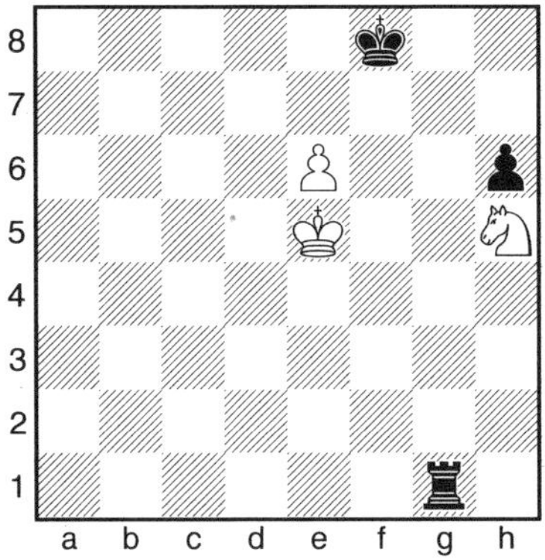

Nun zeigt sich die Feinheit von 54...Tg1! und es ergeben sich folgende Abspiele.

– 56.Sf4 h5–+; 56.Kd6 Te1 57.Sf4 Kg7 58.Kd7 Kf6 59.Sd5+ Ke5 60.Sb4 Td1+ 61.Ke7 Td6–+

– 56.Kf6 Tg4! 57.e7+ Ke8 58.Ke6 Te4+ 59.Kf6 Txe7 60.Sg3 Tb7 61.Kg6 Tb6+ 62.Kg7

(62.Kh5 Kf7 63.Sf5 Tb5 64.Kg4 h5+ 65.Kf4 Kf6–+)

62...Kd7 63.Kh7 Td6 64.Kg7 Kc6 65.Kh7 Kd5 66.Kg7 Ke5–+

**54.Ke5 Ke8?!**

Schwarz strebt weiterhin eine ungeeignete Aufstellung für den König an, der besser bei seinem h-Bauern bleiben sollte: 54...Kg7 55.Sh5+

(55.Kf5 und wie vorher gezeigt 55...Tf3! etc.)

55...Kg6!

(55...Kf8? 56.Sg3! Te1+ 57.Kf6! Te3 58.Sf5 Tf3 59.Kg6 h5 60.e7+ Ke8 61.Sg7+ Kxe7 62.Sxh5=)

56.Sf4+ Kg5 57.Sd3

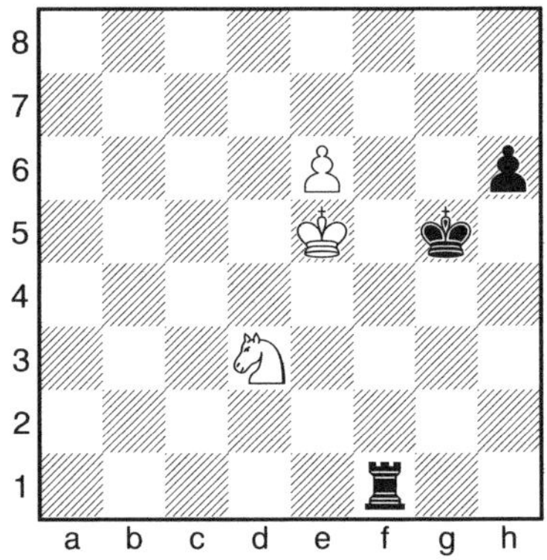

57...Td1 58.Sc5 Te1+ 59.Se4+ Kg4 60.Kd5 Kf5 61.Sg3+ (61.Sd6+ Kf4–+) 61...Kf6 und nun 62.Se4+ Ke7 63.Ke5 h5–+ oder 62.Sh5+ Kg5 63.Sg3 h5 64.Se4+ Kf4–+.

**55.Kf5 Ke7 56.Ke5 Te1+**

56...Kf8 57.Kf5 Kg7 58.Ke5 Tg1! etc. und weiter wie oben.

**57.Kf5**

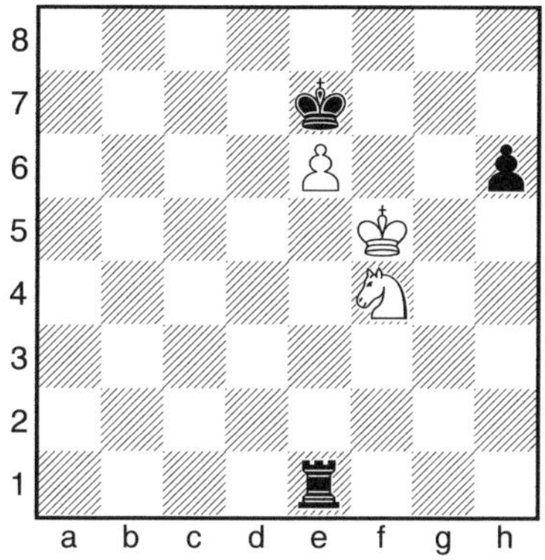

Jetzt hat sich Schwarz in eine ziemlich komplizierte Situation gebracht. Was nun? Unter diversen Fortsetzungen bringt nämlich nur eine den gewünschten Erfolg!

**57...Tg1?**

Hier ein Blick auf zwei Alternativen.

– 57...Td1? 58.Sg6+ Kd6 (58...Kd8 59.Kf6=) 59.Kf6 Tf1+ 60.Kg7 h5

(60...Kxe6 61.Kxh6 Kf6 62.Kh5=)

– 61.Kh6? Tf5 62.e7 (62.Sh4 Tb5–+) 62...Kd7 63.Sh4

(63.Kg7 Ke8 64.Kh6 Ta5 65.Kg7 Tg5 66.Kh6 Txg6+ –+)

63...Ta5 64.Sg2 (64.Sg6 Ke8–+) 64...Te5 (64...Kxe7? 65.Sf4=) 65.Sh4 Ke8 66.Sg6 Ta5 67.Kg7 Tg5–+

– 61.e7! Kd7 62.Sh4 Tf4 63.Sg6 Tf2 64.Sh4 Kxe7 65.Kg6=

– 57...Tf1! ist die einzige Gewinnfortsetzung: 58.Ke5 Kf8

– 59.Kf5 Kg7 60.Ke5 Te1+ 61.Kf5 Th1 62.Ke5 Tg1 (62...h5? 63.e7 Kf7 64.Kf5=) 63.Sh5+ Kf8 64.Kd6 Te1 65.Sf4 Kg7 66.Kd7 Kf6 67.Sd5+ Ke5 68.Sb4 Td1+ 69.Ke7 Td6–+

– 59.Sg6+ Kg7 60.Sf4

(60.e7 Kf7 61.Kd6 Tf6+ 62.Kd7 Te6 63.Sh8+ Kf6 64.e8D Txe8 65.Kxe8 h5 66.Sf7 h4 67.Sh6 Kg5 68.Sf7+ Kf4–+)

60...Te1+

– 61.Kd6 Kf6 62.Sd5+ Kg5–+ oder 62.Sh5+ Kg5 63.Sg7 Kg6–+

– 61.Kf5 Th1–+ ist Zugumstellung zum Text.

**58.Sd5+?**

Erforderlich war 58.Sg6+! Kd6 59.Kf6! und Weiß kann sich gekonnt retten; z.B. 59...Tf1+ 60.Kg7 h5 (60...Kxe6 61.Kxh6=) 61.e7!

(61.Kh6? Tf5! 62.e7 Kd7–+; 62.Sh4 Tb5 63.Sf3 Kxe6 64.Sg5+ Kf5!–+)

61...Kd7 (61...Te1 62.Kh6=) 62.Sh4! Tf4 63.Sg6 Te4

(63...Tf2 mit der Idee 64.Kh6? Tf5 65.Sh4 Ta5 66.Sg6 Tb5 67.Kg7 Ke8 68.Kh6 Kf7 69.Sf4 h4–+; besser 64.Sh4! Tf1 65.Kg6=)

64.Kf7! Te2

(64...h4 65.e8D+ Txe8 66.Sxh4=)

65.Sf8+ Kd6 66.Sg6 Tf2+ 67.Kg7 Kd7 68.Sh4!= und weiter wie gehabt.

**58...Kd6 59.Sf4**

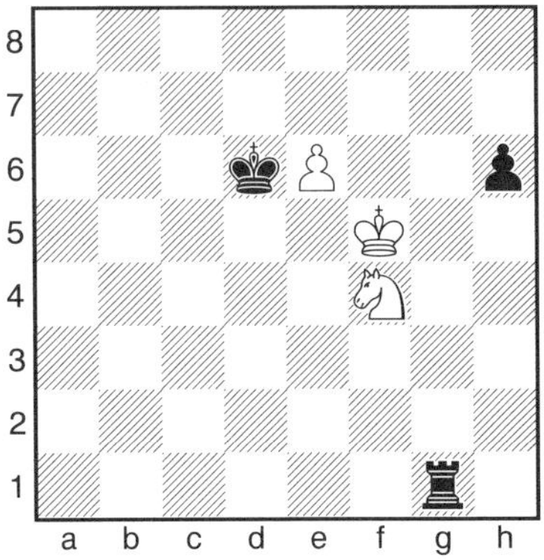

**59...Tg5+?**

Mit diesem letzten Fehler wandert der halbe Punkt wieder zum glücklichen Bremer Spieler. Korrekt war beispielsweise 59...Tf1! 60.Kg4 (60.Ke4 Ke7–+) 60...Ke7 61.Kf5 Kf8 62.Ke5 Kg7–+ etc. wie gehabt.

**60.Kf6 Tg4 61.Sh5 Te4 62.Sg7 h5**

62...Kc6 63.Kf5 Te1 64.Kf6 Tf1+ 65.Sf5=

**63.Sxh5 Txe6+**

**½–½**

Auch im folgenden Beispiel sind die Protagonisten, erschöpft vom langen Kampf, den Problemen nicht immer gewachsen.

**08.03**

**Pawel Eljanow (2682)**
**Julen Arizmendi (2506)**

Skopje 2019

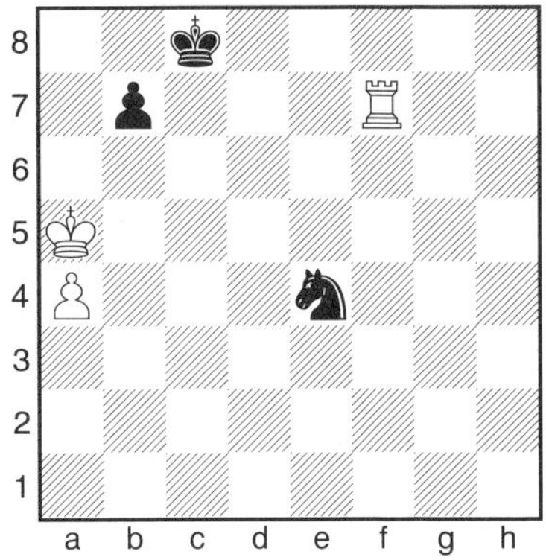

Schwarz am Zug

**71...Sd6?**

Vonnöten war 71...Kb8!; z.B. 72.Kb6 Sd6! 73.Td7 Sc8+! 74.Kb5 Ka8= mit uneinnehmbarer Festung.

**72.Th7?**

Allein richtig war 72.Tf6! und Weiß gewinnt; z.B. 72...Sc4+ 73.Kb5 Se5

(73...Sa3+ 74.Kc5 Sc2 75.a5 Se3 76.Tf3 Sg4 77.Kb6 Se5 78.Tc3+! Sc6 79.a6+–; 78...Kb8 79.Tc7+–)

74.Te6 Sd7 75.a5 Kc7 76.Tg6 Kc8 77.Tg5 Kb8 78.a6! bxa6+ 79.Kc6!

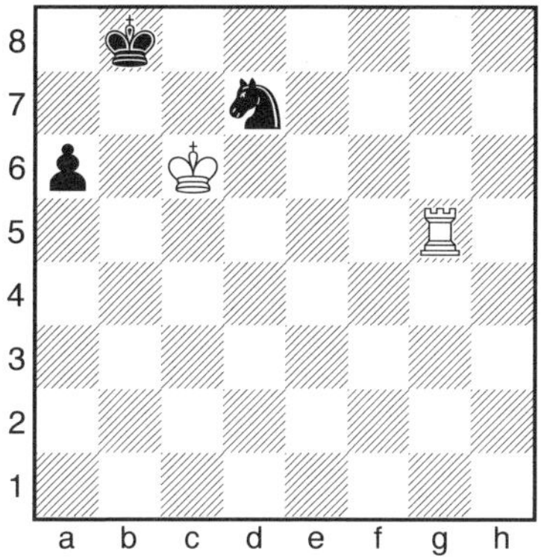

79...Sf6 80.Te5 a5 81.Txa5 Sg4 82.Tf5 Se3 83.Tb5+ Ka7 84.Tb4 Sf5 85.Kc7 Ka6 86.Te4 Sg3 87.Te5 Sh1 88.Kc6 Ka7 89.Tb5 Sf2 90.Tb7+ Ka6 91.Tb2+–

**72...Kb8! 73.Td7 Sc8 74.Kb5 Sa7+ 75.Kc5 Sc8 76.Th7 Ka7 77.a5 Kb8 78.Tg7 Ka7 79.Tc7 Kb8 80.Th7 Ka7?**

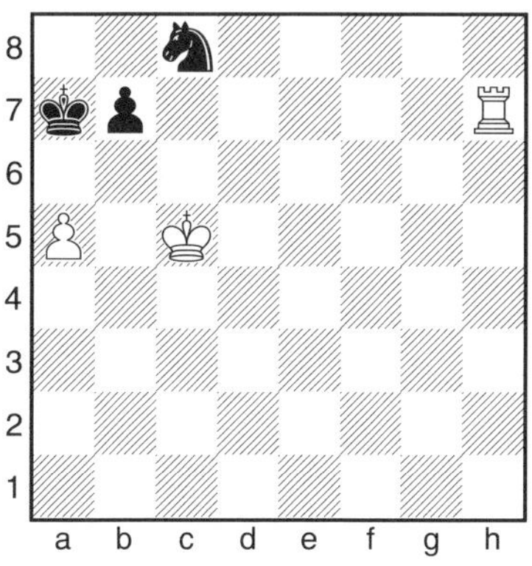

Nun ist Schwarz mit seinem Fehlzug doch noch eingeknickt und Weiß kann die Gunst der Stunde gekonnt nutzen.

Nach 80...Sa7! ist die schwarze Festung uneinnehmbar.

**81.Th8!**

Jedoch nicht 81.Kb5? Kb8 82.Kc5 Sa7=; 82.Th8 Kc7=.

**81...Kb8**

Auf 81...Se7 schlägt der mächtige Rammbock 82.a6! die entscheidende Bresche: 82...Sg6

(82...bxa6 83.Th7+–; 82...b6+ 83.Kb5+–; 82...Kxa6 83.Ta8#)

83.Tg8

(83.Th7? Kxa6 84.Th6 b6+=)

83...Se5 84.Kd5! Sd3 85.axb7

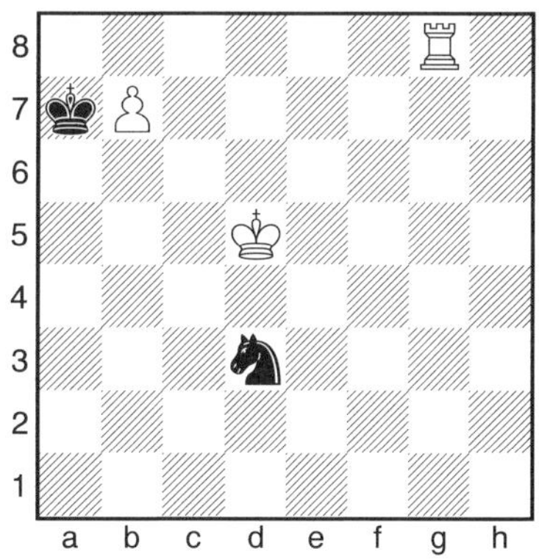

85...Kxb7

(85...Sb4+ 86.Kc5 Sa6+ 87.Kc6 Sb4+ 88.Kc7 Sd5+ 89.Kd6+–)

Nun wird der Springer zuerst mit 86.Tg4! von seinem König abgeschnitten – und nach 86...Kb6 87.Td4! Sc1 88.Kc4 Se2 89.Te4 Sg3 90.Te5 Kc6

91.Kd3 Kd6 92.Tg5 Sf1 93.Ke2 Sh2 94.Tg2+– wird er gefangen.

**82.a6!** 1-0

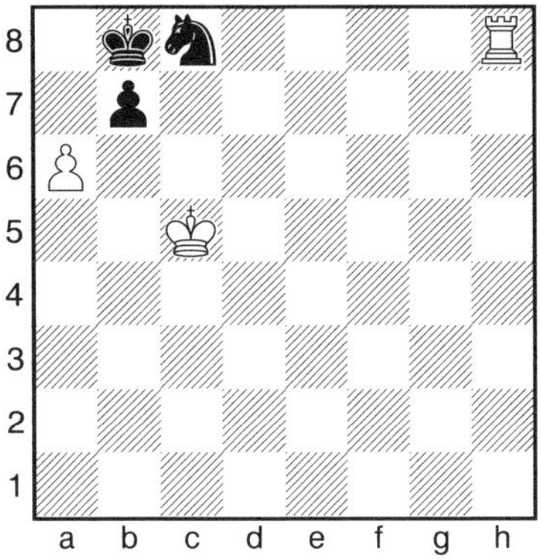

**82...bxa6 83.Kc6 a5 84.Kd7 Kb7 85.Txc8 Kb6 86.Kd6 Kb5 87.Kd5 Kb4 88.Kd4 a4 89.Tb8+** +–

Auch im folgenden Fall gibt es Remis-Konstellationen.

## 08.04

## Constantin Lupulescu (2643)

## Igor Kowalenko (2674)

Khanty-Mansiysk 2019

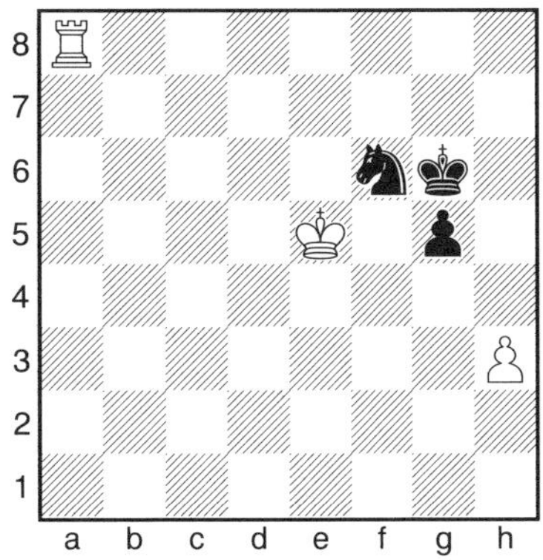

Schwarz am Zug

**74...Sd7+!**

Der einzige Remiszug, wie folgende Beispielvarianten belegen.

– 74...g4? 75.h4 (75.Ta6? gxh3 76.Txf6+ Kg5=) 75...g3 (75...Kh5 76.Kxf6 Kxh4 77.Kf5+–) 76.Ta1 Sh5 77.Ke4 Sf6+ 78.Kf3 Sh5 79.Ta5 Kh6 80.Kg4 Sf6+ 81.Kxg3+–

– 74...Sh5? 75.Ta6+ Kf7 76.Kf5 Sf4 77.h4+–; 77.Kxg5 Sxh3+ 78.Kf5+–

– 74...Sh7? 75.Ta6+ Kh5 76.Kf5 Sf8 77.Ta7 Kh4 78.Tf7 Kxh3 79.Txf8+–

**75.Kd6**

Nach 75.Ke6 Sf6 könnte Schwarz eine Festung bauen.

(Sogar 75...Sc5+ ist spielbar.)

– 76.Tf8 Se4 77.Ke5 Sg3 78.Tg8+ Kh5 79.Kf6 Se4+ 80.Kf5 Sg3+ =

– 76.Ta6 Sg8 und nun 77.Ke5+ Kh5!= oder auch die Auflösung 76...g4 77.Ke5 gxh3 78.Txf6+ Kg5 79.Tf8 Kg4 80.Tg8+ Kf3=.

**75...Sf6 76.Ke6**

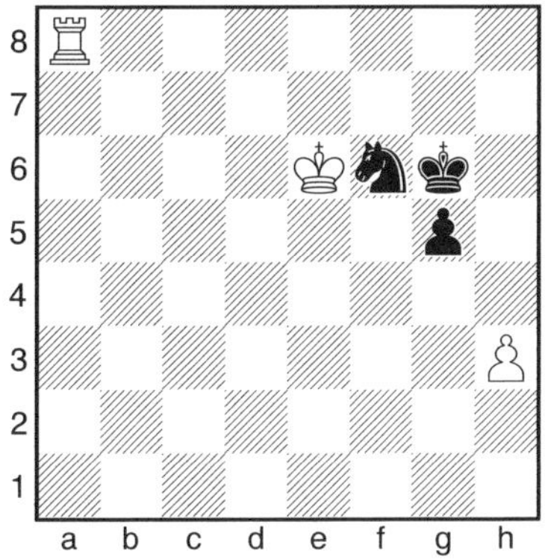

**76...g4!?**

Statt dieser Radikalkur funktioniert auch 76...Se4=.

**77.Tf8**

Das gewinnt zwar Kowalenkos Kavallerie, aber nicht die Partie.

77.h4!? g3! 78.Ta3 Kh5 (78...Sh5=) und nun 79.Txg3 Kxh4 80.Tg1 Sh5= oder 79.Kxf6 Kxh4 80.Kf5 g2! 81.Ta1 Kg3 82.Ke4 Kf2 83.Ta2+ Kg3=.

**77...gxh3!**

Das ist die Pointe! Verfehlt wäre 77...Se4? 78.Tg8+ Kh5 79.hxg4+ +–.

**78.Txf6+ Kg5**

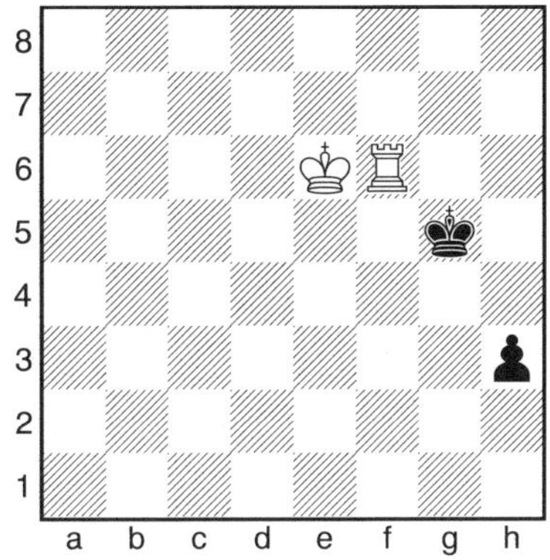

**79.Tf8 Kg4 80.Ke5 h2 81.Th8 Kg3 82.Ke4 Kg2 83.Tg8+ Kf2 84.Tf8+ Kg2 85.Tg8+ Kf2 86.Th8 Kg2 87.Ke3 h1D 88.Txh1 Kxh1**

½–½

Bei Freibauernwettrennen hat der Turm normalerweise die Nase vorn.

## 08.05

**Magnus Digernes (1997)**

**Andre Kunz (2163)**

Helsingor 2019

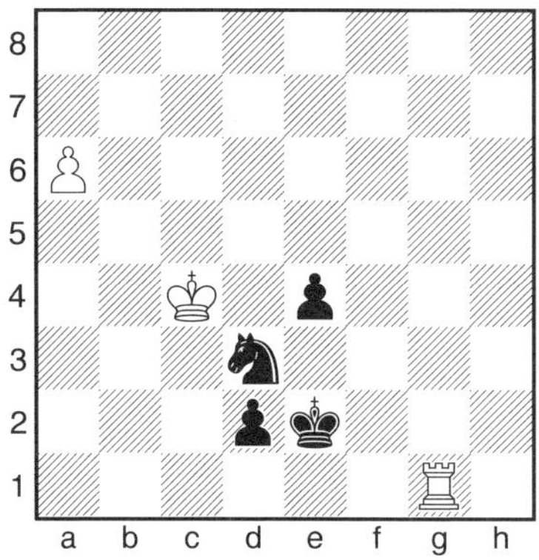

Weiß am Zug

**71.Th1!**

Der Turm verlässt den Einflussbereich des Springers.

– In der Partie wurde 71.a7? gespielt: 71...Se1 72.a8D e3?

Das kann einfach nicht funktionieren.

(72...d1D remisiert nach z.B. 73.Dxe4+ Kf2 74.Th1 De2+ =.)

73.Da2 Kf3 74.Db1 Kf2 75.Th1 e2 76.Df5+ Sf3 77.Th2+ Ke1 78.Th1+ Kf2 79.Th2+ Ke1

(79...Ke3 80.De6+ Kf4 81.Dxe2+–)

80.Dxf3 d1D 81.Th1+ Kd2 1–0 und Schwarz gab angesichts von 82.Dc3# auf.

– Nach Markus Hochgräfes Vorschlag 71.Tb1? und der pointierten Folge 71...Sc1 (71...Se5+? 72.Kb5+–) kann Weiß nicht gewinnen: 72.Tb2 Ke1 73.Txd2 Kxd2 74.a7 e3 75.a8D e2=

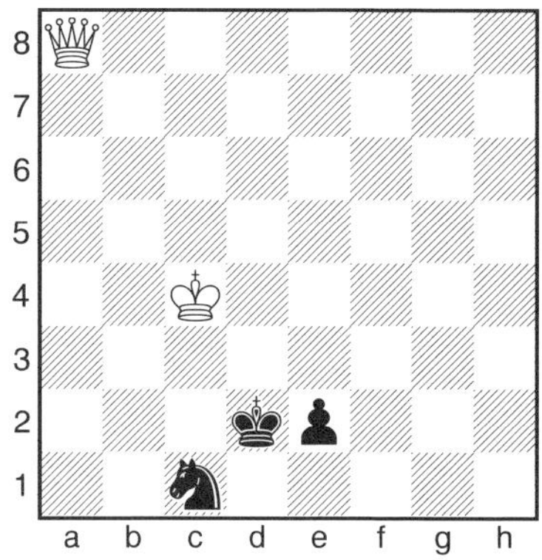

Und die Damenpartei muss überraschenderweise ein Remis akzeptieren.

**71...Sf2**

– 71...Se1 72.Th2+ Ke3 73.Txd2 Kxd2 74.a7 e3 75.a8D e2 76.Da5+ Kd1 77.Kc3 Sc2 78.Dd5+ Kc1 79.Dd2+ Kb1 80.Dxc2+ Ka1 81.Db2#

– 71...d1D 72.Txd1 Kxd1 73.a7 Se5+ 74.Kc3 e3 75.a8D+–

**72.Ta1**

Diesmal gewinnt Hochgräfes Vorschlag 72.Tb1!? ebenfalls.

**72...e3**

72...Sd3 73.a7 Sc1 74.a8D d1D

75.Dxe4+ Kd2 (75...Kf2 76.Df4+ +–) 76.Dd4+ Ke2 77.Dxd1+ Kxd1 78.Kc3+–

**73.a7 d1D 74.Txd1 Kxd1 75.a8D e2 76.Da1+ Kd2 77.Dc3+ Kd1**

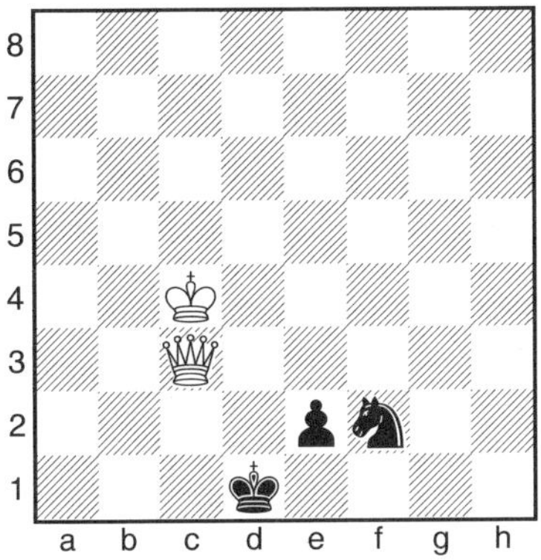

**78.Kb3 e1S**

Normalerweise können zwei Springer gegen die Dame remis halten, aber in diesem Ausnahmefall gewinnt Weiß mit 79.De3+–.

Im letzten Beispiel dieser Art kann der Springer Revanche nehmen.

## 08.06
## Studie von Pál Benkö

1. Preis Magyar Sakkélet, 1991

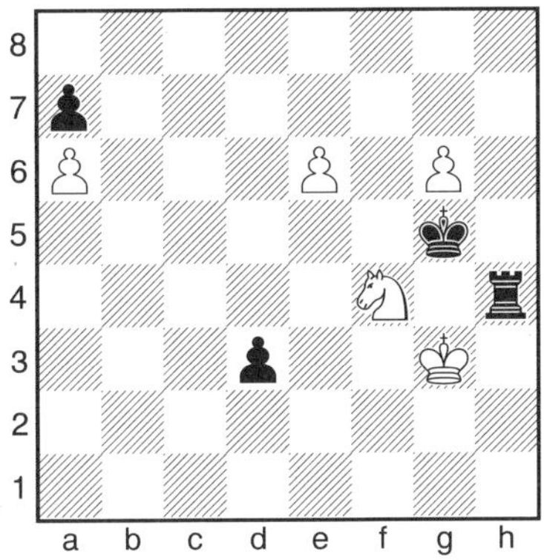

Weiß am Zug

Bei dieser eleganten Studie für Praktiker kommt dem kecken Springer die Heldenrolle zu.

**1.g7 Tg4+ 2.Kf3**

Der Turm muss angegriffen bleiben, denn nach 2.Kf2? Kf6 hätte Schwarz beide Bauern unter Kontrolle.

**2...Kh6**

Nach 2...Kf6 3.Kxg4 d2 4.g8D d1D+ 5.Kg3 gehen Schwarz bald die Schachgebote aus: 5...De1+ 6.Kh2 Df2+

7.Sg2+–.

**3.e7!**

3.Kxg4? d2 4.g8D d1D+ 5.Kh4 Dh5+! 6.Kg3 (6.Sxh5 patt) 6...Df3+! 7.Kxf3 patt

**3...d2 4.Ke2 Txg7**

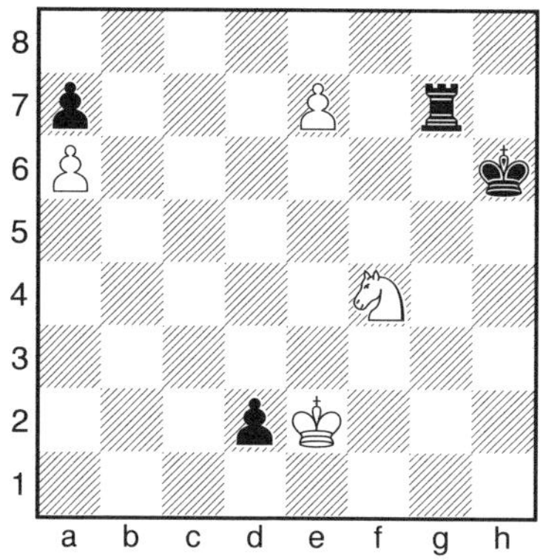

**5.Sg6!**

Die Alternativen scheitern.

– 5.e8D? Te7+ 6.Dxe7 d1D+ 7.Kxd1 patt

– Ebenso unzureichend ist die Unterverwandlung 5.e8T?, da Weiß nach 5...Td7 6.Kd1 Td6! (mit der Drohung ...Txa6) zunächst die Türme tauschen muss und bald danach in eine bekannte Remisfalle tappt: 7.Te6+!?

(7.Se2 Txa6=; 7.Se6 Txa6=)

7...Txe6 8.Sxe6 Kg6

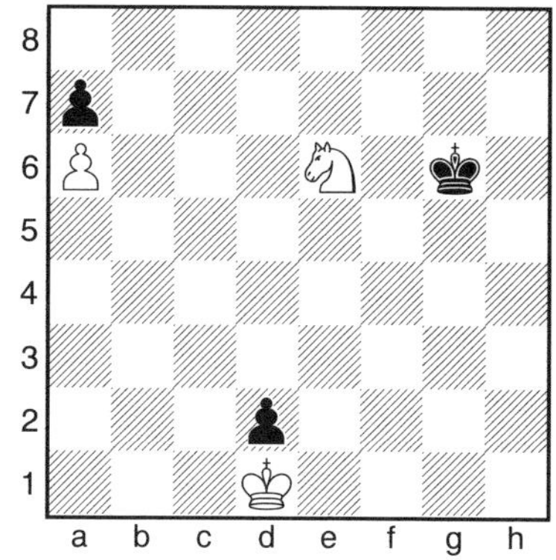

9.Sd4 Kf6 10.Sc6 Ke6 11.Sxa7 Kd7 12.Sb5 Kc6 13.Kxd2 Kb6 14.a7 Kb7= mit einem positionellen Remis, denn der schwarze König pendelt zwischen b7 und a8 und behauptet sich mit der Pattverteidigung.

– Oder auch 5.Sd5 Tg8 6.Sf6 Tb8 7.e8D Txe8+ 8.Sxe8 Kg6 9.Sd6 Kf6 10.Sb5 Ke6 11.Sxa7 Kd7 12.Sb5 Kc6 13.Kxd2 Kb6 14.a7 Kb7= und weiter wie vorher.

**5...Tg8 6.Sf8**

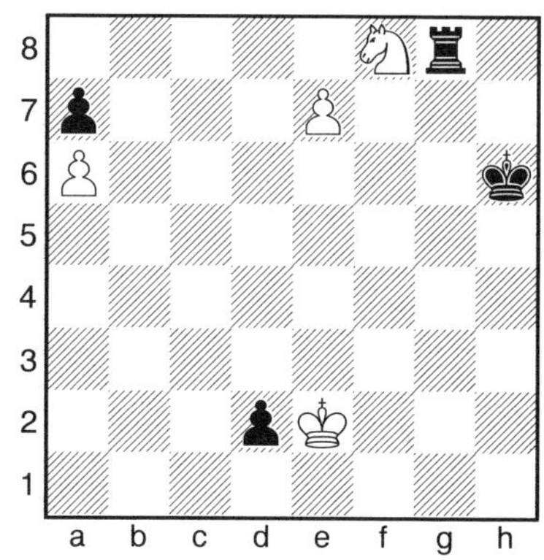

Der Springer blockt den Turm ab, so dass der Umwandlung des e-Bauern eigentlich nichts mehr im Wege steht.

Aber der Verteidiger ist nicht ganz ohne Hoffnung, da er eine letzte Ressource in petto hat, die Weiß dazu zwingt, noch ein Sahnehäubchen draufzulegen.

**6...Tg5! 7.Sg6!**

Der Clou: Der Springer kehrt zu seinem Posten auf g6 zurück, und einmal mehr ist der Turm so abgesperrt, dass der e-Bauer umgewandelt werden kann.

Der erneute Sperrzug des Springers ist erforderlich, um die folgenden Pattfallen zu vermeiden.

– Auf 7.e8D? folgt 7...Te5+ 8.Dxe5 d1D+! ...

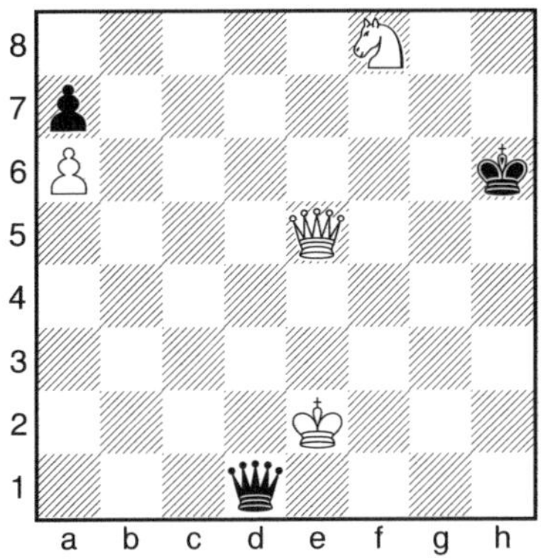

... nebst Verfolgung und Patt in den Abspielen:

– 9.Kf2 (9.Kxd1 patt) 9...Df3+ 10.Kg1 (10.Ke1 Dd1+ 11.Kxd1 patt) 10...Dg2+ 11.Kxg2 patt;

– 9.Ke3 De2+ 10.Kd4 Dd3+ 11.Kc5 Db5+ 12.Kd6 (12.Kd4 Dd3+ wie gehabt) 12...Dc6+ 13.Ke7 De8+ 14.Kxe8 patt

– Und nach 7.e8T? Td5 8.Kd1 Td6! 9.Te6+ Txe6 10.Sxe6 Kg6 etc. lenkt Schwarz in das von oben bekannte positionelle Remis ein.

**7...Td5 8.Kd1**+–

# Kapitel 9
# Bauernendspiele

Bauernendspiele bilden das Fundament der Endspieltheorie. Wir wollen in diesem Rahmen einige magische Beispiele betrachten.

**09.01**

**Mihajlo Radovanovic (2500)**

**Yi Wei (2737)**

Hunan 2019

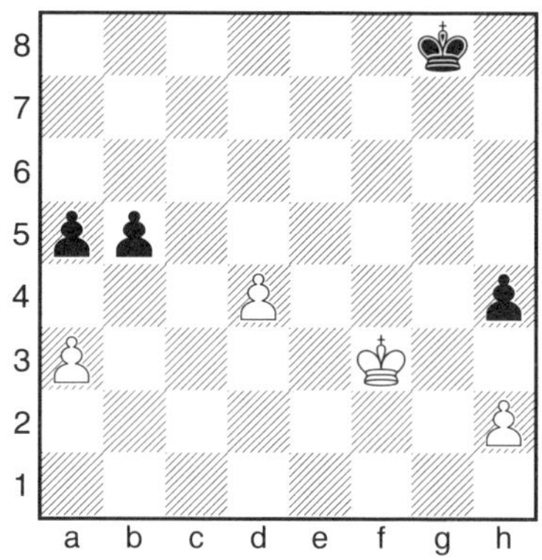

Schwarz am Zug

Ein Kandidat ist ein Bauer einer Mehrheit, der auf seiner Linie kein Gegenüber hat. Normalerweise ist Aaron Nimzowitschs Faustregel „Kandidat voran!" zur Mobilisierung einer Bauernmehrheit gut und richtig. Aber keine Regel ohne Ausnahme!

**47...a4!**

**0–1**

– Kandidat voran mittels 47...b4? führt hier nur zum Remis: 48.axb4 axb4

(48...a4? geht sogar nach hinten los: 49.b5 a3 50.b6 a2 51.b7 a1D 52.b8D+ +–.)

49.Ke4 Kf7 50.Kd3 Ke6 51.Kc4 h3 52.Kxb4 Kd5 53.Kc3 Kd6 54.Kc4 Kc6=

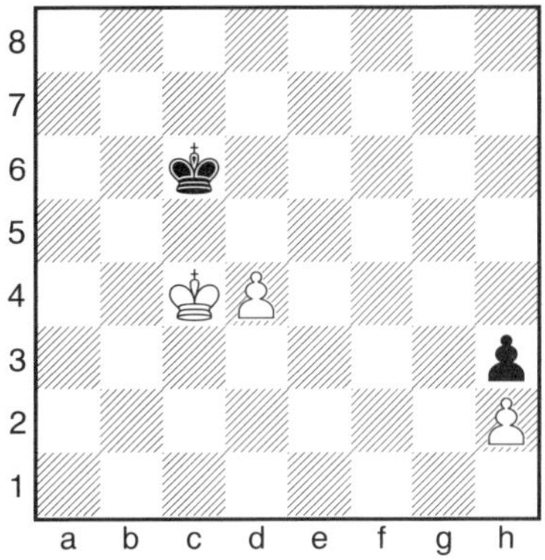

Die Stellung ist nach der *Bährschen Regel* remis, weil der weiße d-Freibauer die Diagonale f5–c2 überschritten hat.

– Verfehlt wäre auch 47...Kf7? 48.Ke4 Ke6 49.d5+ Kd6 50.Kd4 h3 51.Ke4 b4 52.axb4 axb4 53.Kd4 b3 54.Kc3 Kxd5 55.Kxb3 Ke4 56.Kc3 Kf3 57.Kd2 Kg2 58.Ke2 Kxh2 59.Kf2=.

**48.Ke2 b4 49.Kd2**

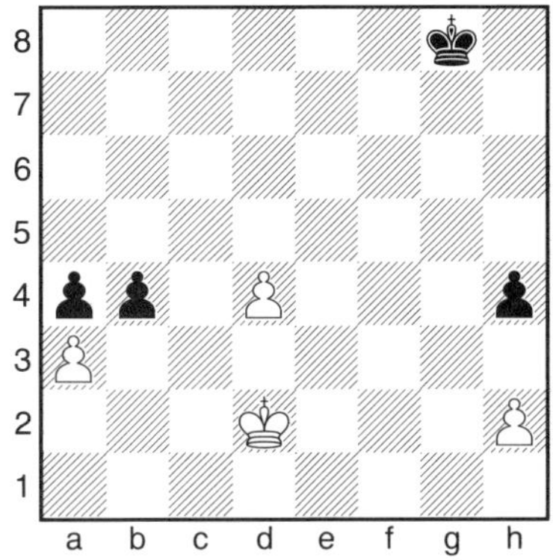

49.axb4 a3–+

**49...b3**

49...bxa3–+ gewinnt allerdings ebenfalls.

**50.h3 Kf7 51.Kd3 Ke6 52.Kc3 Kd5 53.Kd3 b2 54.Kc2 Kxd4 55.Kxb2 Kd3**

**0–1**

Selbst einfach aussehende Bauernendspiele können trickreich sein.

## 09.02
## Thivyaa Rahulan (1878)
## Maria Malicka (2115)

Pardubice 2019

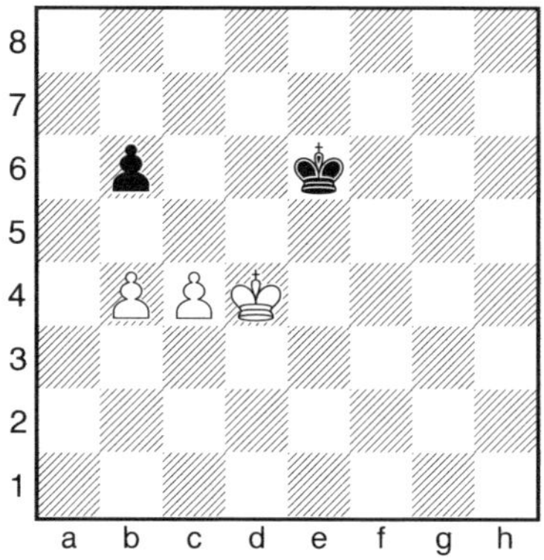

Weiß am Zug

Wie kann Weiß seine Bauernmehrheit siegreich verwerten?

**65.Ke4!**

Der weiße König setzt zur Umgehung an, was in derartigen Stellungen oft ein Standardverfahren ist. Danach wird die Bauernstellung erst im geeigneten Moment verändert.

– In der Partie folgte voreilig 65.c5?, was mit 65...Kd7!! pariert werden kann.

(Nach 65...bxc5+? 66.Kxc5 Kd7 67.Kb6+– erreicht der weiße König hingegen ein Schlüsselfeld seines Freibauern.)

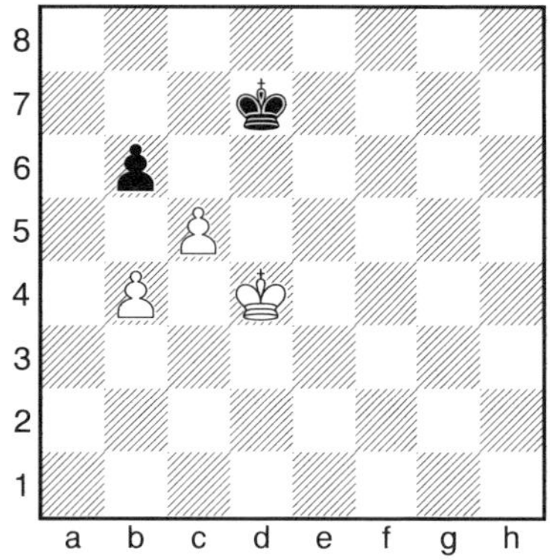

66.Kd5

(– Nach 66.cxb6 Kc6 67.b7 Kxb7 68.Kc5 Kc7 69.Kb5 Kb7= verteidigt Schwarz die Schlüsselfelder durch Opposition.

– 66.b5 bxc5+ 67.Kxc5 Kc7 68.b6+ Kb7 69.Kb5 Kb8 70.Kc6 Kc8=)

66...bxc5 67.Kxc5

(67.bxc5 Kc7 68.c6 Kc8! 69.Kd6 Kd8 70.c7+ Kc8 71.Kc5 patt)

Und nach 67...Kc7 68.b5 wurde die Partie remis gegeben.

– Auch das direkte 65.b5? schlägt nicht durch: 65...Kd6 66.Ke4 Ke6

(66...Kc5? 67.Kd3 Kd6 68.Kd4 Ke6 69.c5 bxc5+ 70.Kxc5 Kd7 71.Kb6 Kc8 72.Ka7+–)

67.Ke3 Ke7 68.Kd3 Kd7=

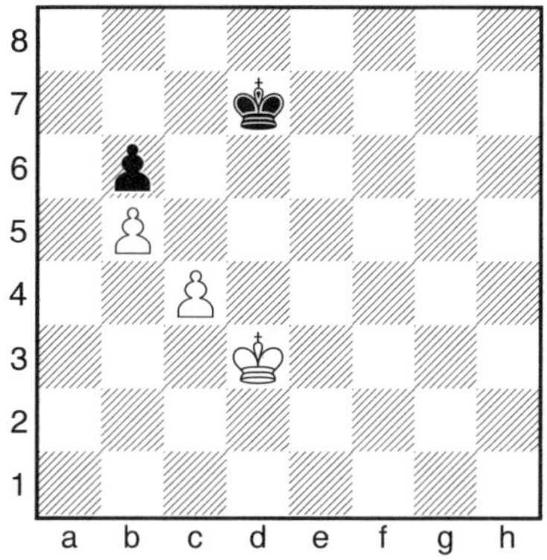

Schwarz verteidigt die Schlüsselfelder durch Fernopposition.

**65...Kd6 66.Kf5**

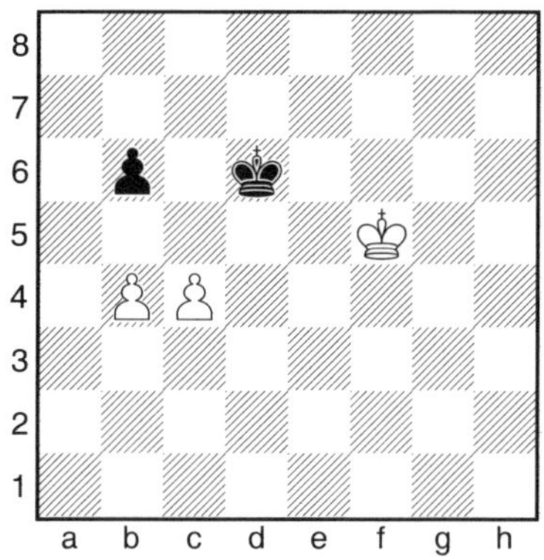

**66...Kd7**

– 66...b5 67.c5+ Kd5 68.Kf6 Kc6 69.Ke6 Kc7 70.Kd5 Kd7 71.c6+ Kc7 72.Kc5+–

– 66...Ke7 67.Ke5 Kd7 68.Kd5 Kc7 69.Ke6 Kc6 70.Ke7 b5 71.c5 Kc7 72.Ke6 Kc6 73.Ke5 Kd7 74.Kd5 Kc7 75.c6 Kb6 76.Kd6+–

**67.Ke5 Ke7**

67...Kc6 68.Ke6 Kc7 69.b5+–

**68.Kd5 Kd7**

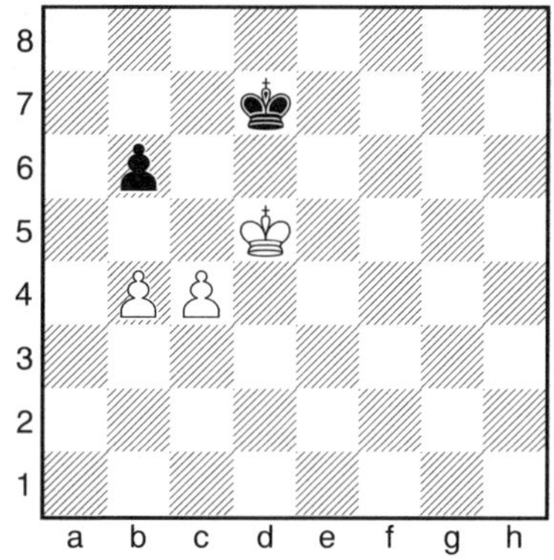

**69.b5!**

Weiß hat die Opposition und kann als nächstes eines der Schlüsselfelder e6/d6/c6 betreten.

**69...Kc7 70.Ke6 Kc8 71.Kd6 Kb7 72.Kd7 Kb8 73.Kc6 Ka7 74.Kc7 Ka8 75.Kxb6+–**

Im Schach bedeutet Opposition, dass das Rechteck um die beiden Könige gleichfarbige Ecken hat (im folgenden Diagramm nach 57... Kd6 z.B. die Ecken be, d2, b6, d6). Die Seite, welche dann *nicht* am Zug ist, hat die Opposition.

## 09.03

## Jean-Marc Degraeve (2546)
## Alain Genzling (2376)

Brest 2019

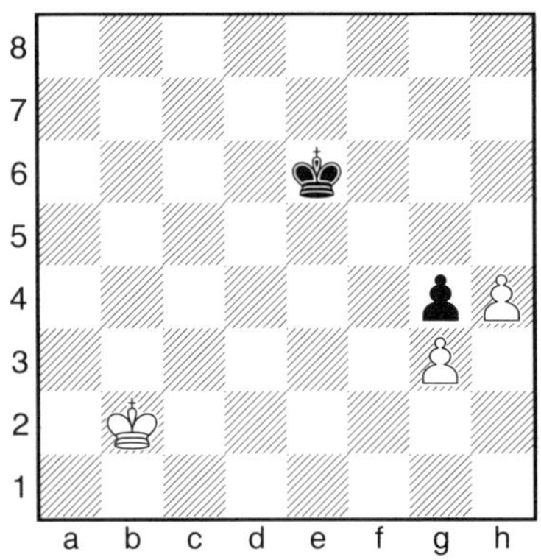

Schwarz am Zug

**57...Kd6!**

Virtuelle Opposition ist angesagt. Die Stellung ist remis, weil alle Schlüsselfelder f4–d4–d7–g7 im Quadrat des gedeckten Freibauern liegen. Schwarz muss immer die passende Form der Opposition einnehmen. Opposition ist das richtige Konzept, wenn es um den Kampf um drei nebeneinanderliegende Schlüsselfelder geht:

57...Kf6?

Die sogenannte Ferndiagonalopposition verliert hier, weil der schwarze König das Feld f4 nicht betreten kann: 58.Kb3 Kf5 59.Kb4 Kf6 60.Kc4 Ke6 61.Kd4 Der weiße König hat ein Schlüsselfeld erreicht und Weiß gewinnt wie üblich: 61...Kf5 62.Kd5 Kf6 63.Ke4 Kg6 64.Kf4 Kh5 65.Kf5 Kh6 66.Kxg4+–.

**58.Ka3 Ke5**

Virtuelle Opposition

**59.Kb3 Kd5**

Diagonalopposition

**60.Kb2 Kd6**

Virtuelle Opposition

**61.Ka2 Ke6**

Ferndiagonalopposition

**62.Ka3 Ke5**

Virtuelle Opposition

**63.Ka4 Ke4**

Fernopposition. Hier hat das Rechteck übrigens nur *zwei* Ecken.

**64.Kb3 Kd5**

Diagonalopposition

**65.Kb2**

½–½

Im Bauernendspiel geht es oft darum, den gegnerischen König fernzuhalten. Dabei ist es ein probates Mittel, ihm mit dem eigenen König wichtige Felder zu verwehren.

## 09.04

**Bartlomiej Heberla (2556)**

**Grzegorz Gajewski (2613)**

Warschau 2019

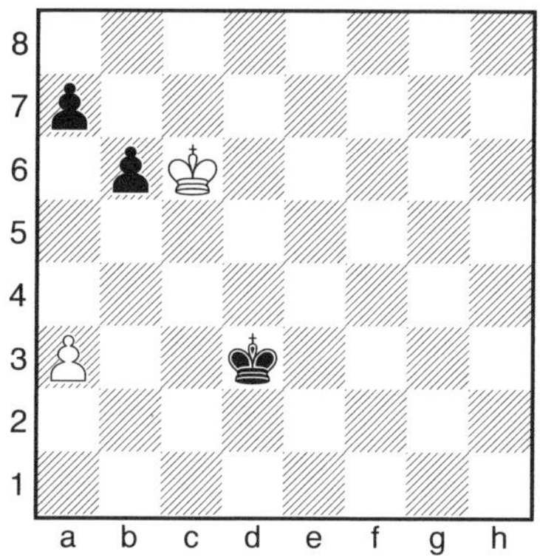

Schwarz am Zug

**69...Kc4!**

69...Kc3? 70.Kb7 Kb3 71.Kxa7 b5 72.Kb6 Ka4 73.Ka6=; 69...a5? 70.Kxb6 a4 71.Kb5 Kd4 72.Kxa4 Kc5=

**70.Kb7 a5**

Verfehlt wären die Ansätze 70...Kb3? 71.Kxa7 Kxa3 72.Kxb6= und 70...b5? 71.Kxa7 Kb3 72.Ka6=.

Weiß gab auf wegen der denkbaren Folge **71.Kxb6 a4**.

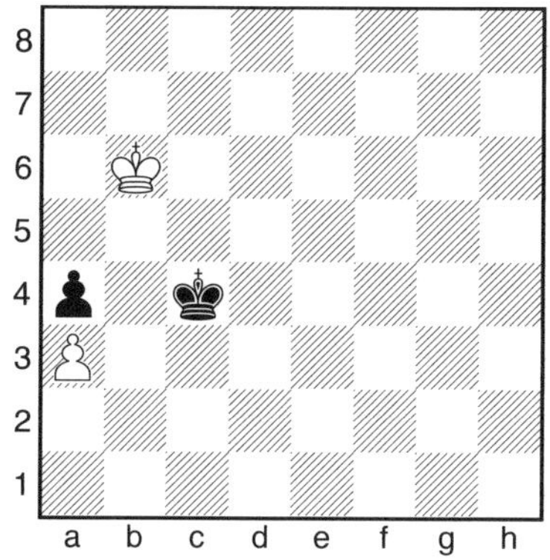

Nun gibt der schwarze König dem weißen einen Bodycheck.

**72.Ka5**

72.Kc6 Kb3 73.Kc5 Kxa3 74.Kc4 Kb2–+

**72...Kb3 73.Kb5 Kxa3 74.Kc4 Kb2–+**

In Bauernendspielen ist oft genaue Variantenberechnung gefragt.

**09.05**
**Andrew Tang (2495)**
**Brandon Jacobson (2456)**
USA 2019

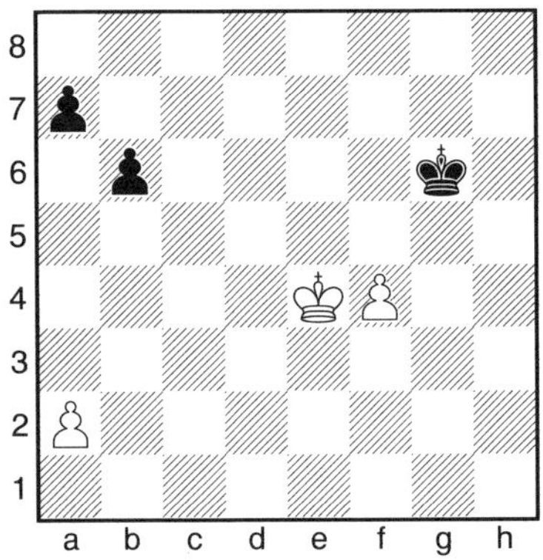

Weiß am Zug

**65.Ke5!**

Weiß muss diesen Umweg zum Damenflügel nehmen.

Hier ein Blick auf einige verfehlte Alternativen.

– 65.f5+? Kf6 66.Kf4 b5 67.Ke4 b4 68.Kd4 Kxf5 69.Kc4 Ke6=

– 65.a4? a6 66.Ke5 Kf7 67.Kd5 b5=

– 65.a3? b5 66.Kd4 a5 67.Kc5 b4=

– Und das direkte 65.Kd5? ist wegen 65...Kf5 66.Kc6 Kxf4 67.a4 Ke5 68.Kb7 Kd6 69.Kxa7 Kc7= zu langsam.

**65...Kf7**

Nach 65...b5 folgt die eigentliche Pointe: 66.Ke6! Kg7 (66...b4 67.f5+ Kg7 68.Ke7+–) 67.Kd5 Kf6 68.Kc5 Kf5 69.Kxb5 Kxf4

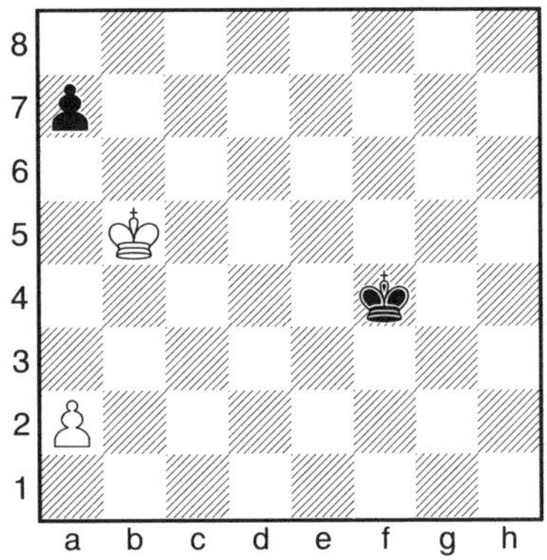

Weiß am Zug

70.Ka6! Ke5 71.Kxa7 Kd6 72.Kb6! Kd7 73.Kb7 Kd6 74.a4 Kc5 75.a5 Kb5 76.a6+–

**66.Kd6**

Nun kann sich der König auf die Reise machen.

**66...Kf6**

66...b5 67.Kc5 a6 68.Kb6 Kf6 69.Kxa6 b4 70.Kb5 Kf5 71.Kxb4 Kxf4 72.Kc5 Ke5 73.a4 Ke6 74.Kc6 Ke7 75.a5 Kd8 76.a6 Kc8 77.a7+–

**67.Kc6 Kf5**

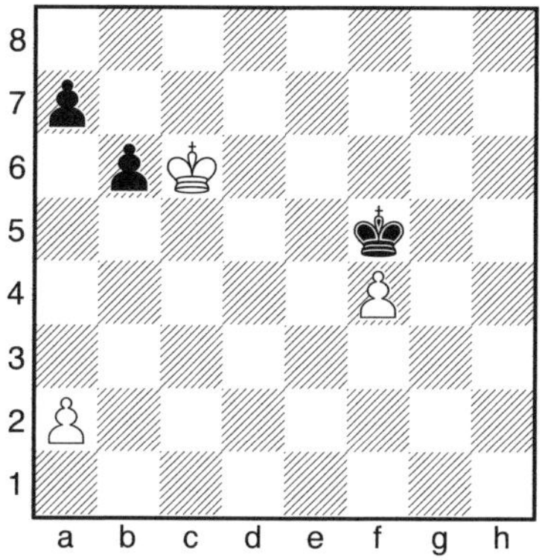

**68.a4!** 1–0

Selbst gestandene Meister tun sich mitunter bei der Behandlung „elementarer Bauernendspiele“ schwer.

## 09.06
## Constantin Lupulescu (2619)
## Dommaraju Gukesh (2440)

Abu Dhabi 2018

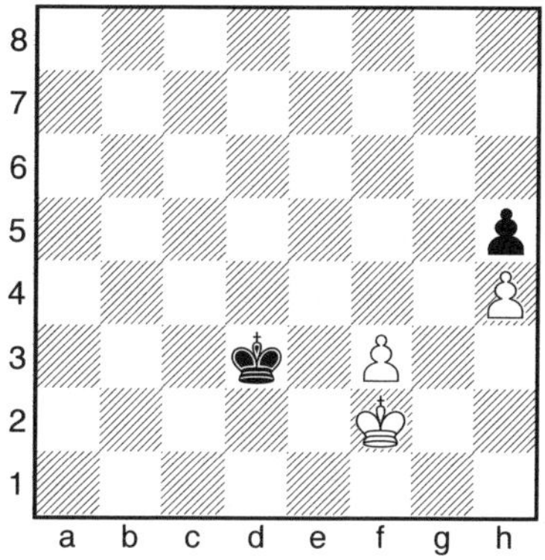

Weiß am Zug

**54.f4?**

Darauf kann Schwarz ein Vordringen des weißen Königs verhindern.

– Nach 54.Kg2! Kd4 hingegen führt Weiß auf h2 und h3 ein gewinnbringendes Dreiecksmanöver durch, weil Schwarz zu beiden Feldern nur das Gegenfeld d3 hat: 55.Kh2 Kd3 56.Kh3 Kd4 57.Kg2

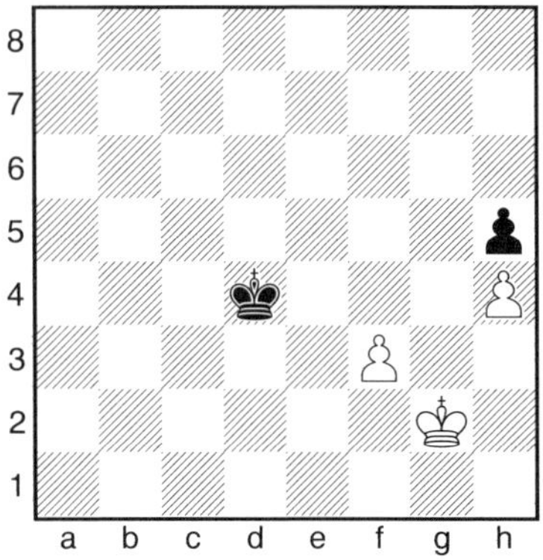

57...Ke5

(Nach 57...Kd3 58.Kf2 ist die Anfangsstellung des Endspiels mit Schwarz am Zug auf dem Brett: 58...Kd4 59.Ke2 Ke5 60.Ke3 Kf5 61.f4 Kg4 62.Ke4 Kxh4

– 63.f5?! Kg5 64.Ke5 h4 65.f6 h3 66.f7 h2 67.f8D h1D 68.Dg7+ Kh4 69.Dh6+ +–

– 63.Kf3! 63...Kh3 64.f5+–)

58.Kf1 Kf5 59.Ke2 Kf4 60.Kf2 Ke5 61.Ke3 Kf5 62.f4 Kg4 63.Ke4 Kxh4 64.Kf3!+– und weiter wie oeben.

– Weiß kann auch anders beginnen, muss aber früher oder später das Dreiecksmanöver durchführen; z.B. 54.Kg3?! Ke3 55.Kg2 Kd4 56.Kh2 Kd3 57.Kh3+–.

**54...Ke4 55.Kg3**

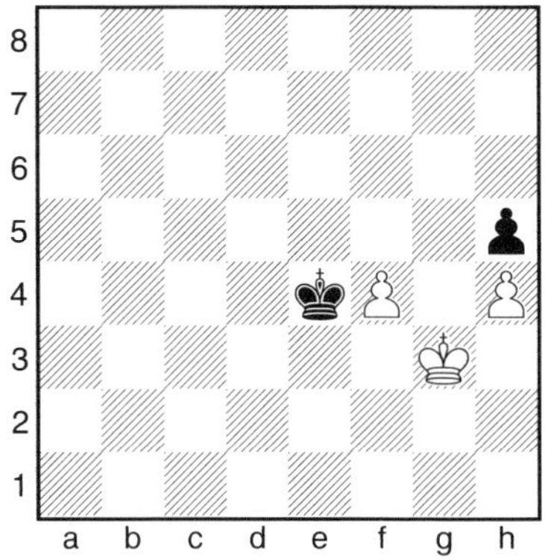

**55...Kd5!**

Das ist die Remis-Pointe

**56.Kf3 Kd4 57.f5 Ke5 58.f6 Kxf6 59.Kf4 Kg6 60.Ke5 Kg7 61.Kf5 Kf7 62.Kg5 Kg7 63.Kxh5 Kh7 64.Kg5 Kg7 65.h5 Kh7 66.h6 Kh8 67.Kg6 Kg8 68.h7+ Kh8 69.Kh6**

½–½

Auch im folgenden Fall greift ein sehr starker Spieler fehl.

**09.07**
**Chithambaram Aravindh (2601)**
**Eltaj Safarli (2681)**

Moskau 2019

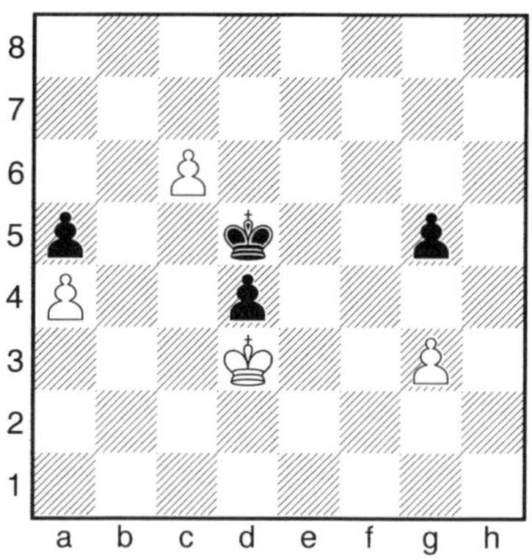

Schwarz am Zug

**41...Kxc6?**

Nun gewinnt Weiß erst das Oppositionsduell, dann einen Bauern und danach die Partie.

Nach 41...Kd6! entsteht ein heißer Tanz um die Bauern herum.

(41...Ke6? 42.Kxd4 Kd6 43.Kc4 Kxc6 44.g4 Kb6 45.Kd5+–)

– 42.Kc4 Kc7 43.Kd3 Kd6 44.g4 Kxc6 45.Kxd4 Kd6 46.Ke4 Ke6 47.Kd4 Kd6 48.Kc4 Kc6=

– Und nach 42.Kxd4 Kxc6 43.Kc4 g4 kann Schwarz das Reservetempo nutzen: 44.Kd4 Kd6 45.Ke4 Kc5 46.Kf4 Kb4 47.Kxg4 Kxa4 48.Kf5 Kb4 49.g4 a4 50.g5 a3 51.g6 a2 52.g7 a1D 53.g8D=.)

**42.Kxd4 Kd6 43.Kc4**

Schwarz gab auf, denn nach **43...Kc6** entscheidet das Reservetempo **44.g4** wie gehabt.

In meinem Buch ‘Im Spiegel der Analyse’ (Edition Olms, 1987) eröffnete ich das 1. Kapitel mit der Anmerkung: „Ein uralter Spruch könnte in Abwandlung lauten: Das Bauernendspiel ist wie ein Teich, in dem eine Mücke baden, ein Elefant aber auch ertrinken kann.“

Das folgende Beispiel zeigt, dass auch die seit Jahren mit Abstand weltbeste Schachspielerin gerade bei Bauernendspielen gelegentlich stolpert.

### 09.08
### Anish Giri (2752)
### Yifan Hou (2680)

Wijk aan Zee 2018

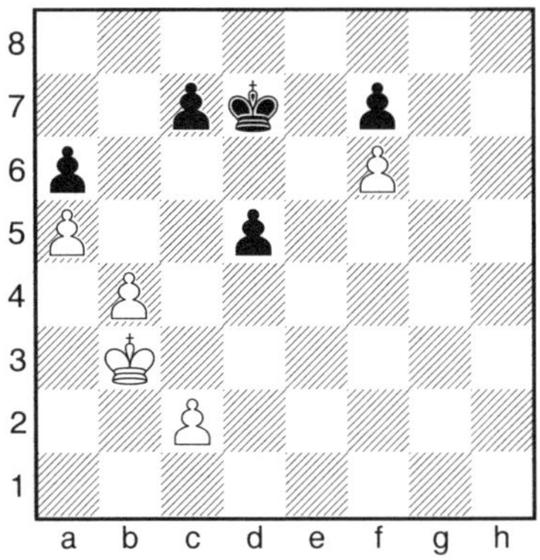

Schwarz am Zug

**55...Kc6?**

Die folgenden Alternativen haben es auch in sich.

– 55...c6? 56.Kc3! Ke6 57.Kd4

– 57...Kd6 58.c3 Kd7 (58...Kc7 59.Kc5+–) 59.b5! (59.Kc5? Kc7=) 59...cxb5 60.Kxd5 Kc7 61.Kc5 Kb7 62.Kd6+–

– 57...Kxf6 58.Kc5 Kg5

(58...Ke5 59.Kxc6 f5 60.b5 f4 61.b6 f3 62.b7 f2 63.b8D+ +–)

59.Kxc6 f5 60.b5 f4 61.bxa6 f3 62.a7 f2 63.a8D f1D 64.Dd8+ Kg4 65.Dxd5+– mit technischer Gewinnstellung im Damenendspiel.

– Allein 55...Kd6! hält den Laden zusammen.

– 56.b5 axb5 57.Kb4 c6 58.c3 Kc7 59.Kc5 Kb7 60.Kb4 Ka6 61.Kc5 Kxa5 62.Kxc6 Ka4 63.Kxd5 Kb3 64.Kd4 Kc2 65.c4=

– 56.c4 dxc4+ 57.Kxc4 c6! (57...Kc6? 58.b5+! axb5+ 59.Kb4 Kb7 60.Kxb5+–) 58.Kd4 Kd7! 59.Ke5 Kc7= und Weiß kann nicht vordringen.

– Ebenfalls verliert 55...Kc8?, birgt aber einige Stolpersteine: 56.Kc3

56.Ka4 ist umständlicher (56.c4? dxc4+ 57.Kxc4 c6!=) z.B. 56...c6 (56...Kb7 57.b5+–) 57.Kb3 Kd7 58.Kc3 Ke6 (58...Kc7 59.Kd4 Kd6 60.c3+–) 59.Kd4 führt zurück zur Variante mit 55...c6?, siehe oben.

56...Kd7

(56...c6 57.Kd4 Kd7 58.Kc5 Kc7 59.c3+–)

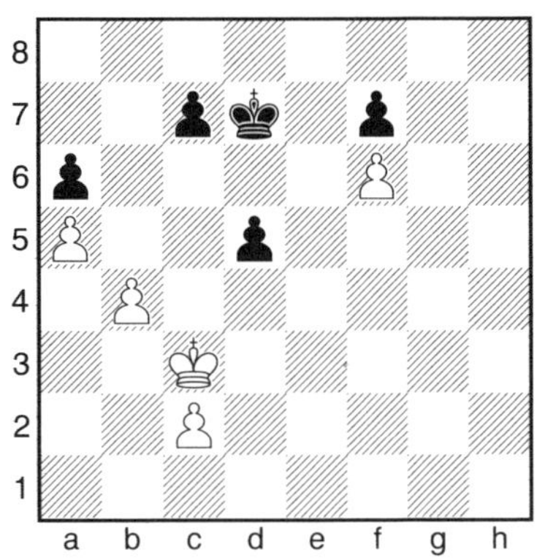

57.Kd3! c6!? (57...Kd6 58.Kd4+–) 58.Kd4 Kd6 59.c3 Kd7

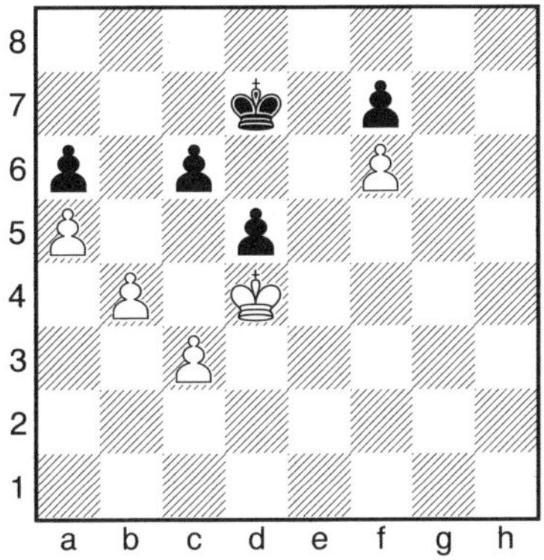

60.b5!! axb5 (60...cxb5 61.Kxd5 Kc7 62.Kc5+–) 61.Kc5 Kc7 62.a6 Kb8 (62...d4 63.cxd4+–) 63.Kxc6 d4

(63...b4 verliert nach klassischem Mattmuster: 64.cxb4 d4 65.b5 d3 66.b6 d2 67.a7+ Ka8 68.Kc7 d1D 69.b7+ Kxa7 70.b8D+ Ka6 71.Db6#)

64.cxd4 b4 65.d5 Ka7

(65...b3 66.d6 b2 67.d7 etc. ist Zugumstellung zum Text.)

66.d6 b3 67.d7 b2 68.d8D b1D 69.De7+ Ka8 70.Db7+ +–

**56.c4!**

Jetzt sieht man das Malheur: Schwarz darf nicht auf c4 schlagen, denn danach würde Weiß in den Besitz einer vitalen Opposition kommen.

**56...d4**

Oder 56...Kd6 und 57.b5!+– schafft einen entfernten Freibauern.

**57.Kc2 Kd6**

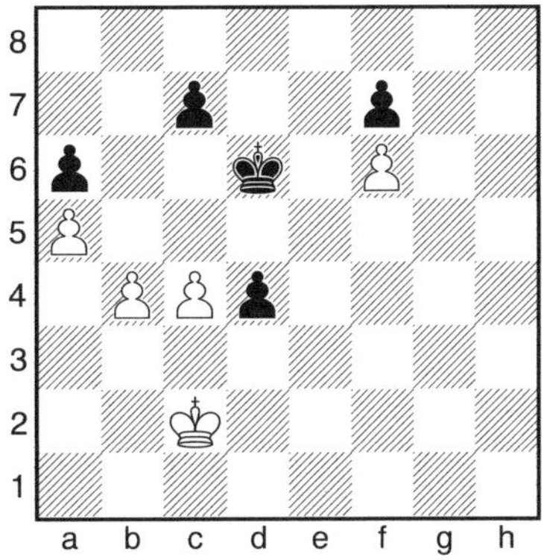

**58.Kd2!**

Durch ein erforderliches Dreiecksmanöver wird Schwarz nun ausmanövriert.

58.b5? c5!= (58...c6? 59.c5+ Kc7 60.bxa6+–)

**58...c6**

58...c5

– 59.b5? axb5 (59...Kc7=) 60.a6 (60.cxb5 c4=) 60...Kc7 61.cxb5=

– 59.bxc5+! Ke5 (59...Kc6 60.Ke2+–) 60.c6! Kd6 61.Kd3 Kxc6 62.Kxd4+–

**59.Ke2!**

59.Kd3? c5 60.b5=; 59.Kc2! Kd7 60.Kd3+– führt zur Partie.

**59...Kd7 60.Kd3 Kc7**

60...Kd6 61.Kxd4 (61.Ke4 c5 62.bxc5+ Kxc5 63.Kd3+–) 61...c5+ 62.bxc5+ Kc6 63.Kc3 Kxc5 64.Kd3 Kc6 65.Kd4+–

**61.Kxd4 Kd6 62.Kd3**

62.Ke4 Kc7

(62...c5 63.b5+–; 62...Ke6 63.b5+–)

63.Ke5 Kd7 64.b5 axb5 65.cxb5 cxb5 66.Kd5+–

**62...Kc7 63.Ke4 Kd6 64.Kd4**

Und Schwarz gab auf wegen der möglichen Folge **64...Ke6 65.Kc5**+– oder **64...c5+ 65.bxc5+ Kc6 66.Ke4 Kxc5 67.Ke5**+–.

Entfernte Bauernmehrheiten sind oft von Vorteil, besonders wenn sie zur Bildung eines entfernten Freibauern führen.

## 09.09
## Alireza Firouzja (2723)
## Anish Giri (2768)

Eindhoven 2020

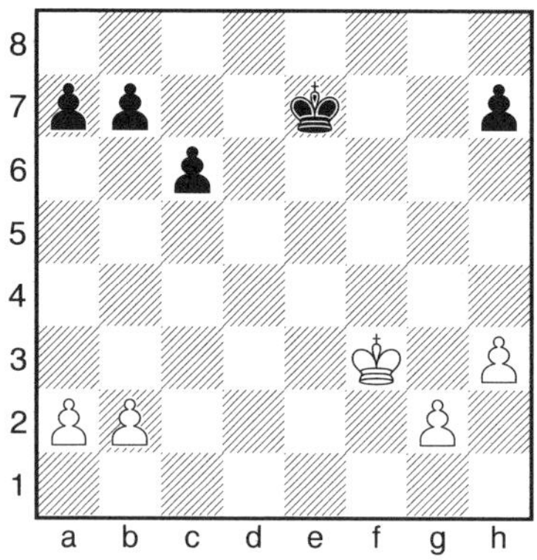

Weiß am Zug

Die weiße 2–1 Bauernmehrheit am Königsflügel entscheidet den Tag, weil nach ihrer Mobilisierung am Königsflügel keine Bauern übrig bleiben.

**44.Kf4 Kf6**

Mit 44...Kd6!? kann Schwarz noch Fragen stellen.

(44...Ke6 45.Ke4 h5 46.g4+–)

– 45.g4? b5 46.Kg5 c5 47.Kh6 c4 48.Kxh7 b4 49.g5 c3 50.bxc3 bxc3 51.g6 c2 52.g7 c1D 53.g8D=

– 45.h4 b5 46.h5 c5 47.Ke4 Ke6 48.h6! (48.g4? h6=) 48...a5 (48...Kf6 49.Kd5+–) 49.b3 Kd6 50.g4 Ke6 51.g5 Kf7 52.Kd5 c4 53.bxc4 bxc4 54.Kxc4+–

**45.g4! a5 46.a4 h6 47.h4 Ke6 48.g5 hxg5+**

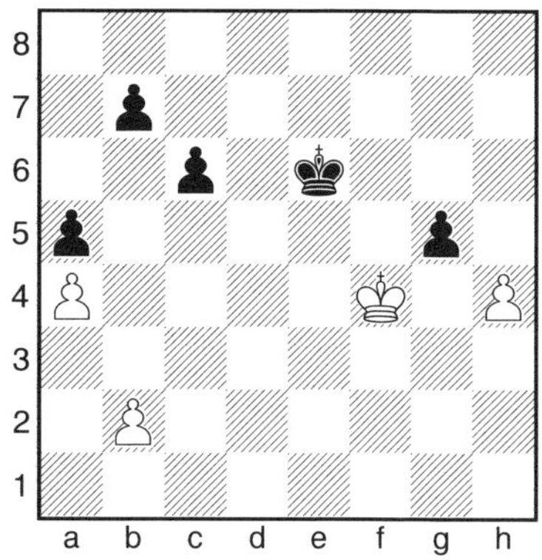

**49.Kxg5!**

Umschifft die letzte Klippe 49.hxg5? b5 50.b3 bxa4 51.bxa4 Kf7! 52.Ke5 Kg6 53.Kd6 Kxg5 54.Kxc6 Kf5=, wonach der schwarze König rechtzeitig den Remishafen auf c8 erreicht.

**49...Kf7 50.Kf5 b5 51.Ke5**

Und 1–0, weil der weiße Monarch deutlich schneller ans Ziel kommt.

Oft ist es gut, mit dem eigenen König tief in die Stellung des Gegners einzudringen, aber nicht immer.

## 09.10
## Lars Thiede (2411)
## Gennadi Fish (2457)

Bundesliga 2018

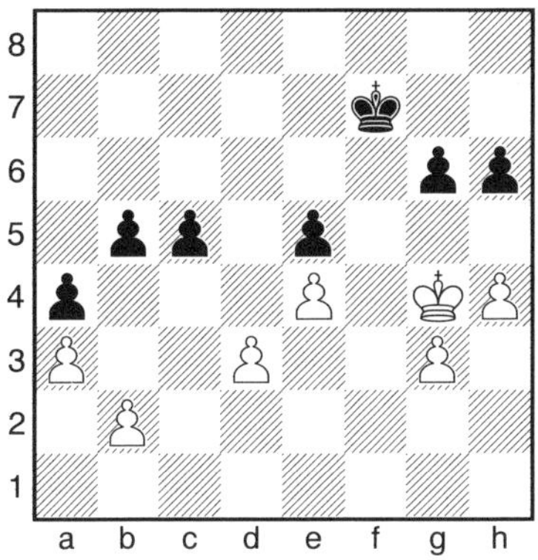

Schwarz am Zug

**39...h5+!**

Danach ist der Kampf im höheren Sinne bereits entschieden. Entweder bleibt nun der Königsflügel blockiert und der schwarze Monarch bricht mit Hilfe seiner vorteilhaften Bauernformation unweigerlich auf der Damenseite durch – oder Weiß gerät am Königsflügel in Zugzwang und muss den Gegner dort durchlassen.

**40.Kg5**

Nach 40.Kf3 könnte sich das Prozedere am Damenflügel wie folgt gestalten: 40...b4 41.Ke3 Ke6 42.Kd2 Kd6 43.Kc2 Kc6 44.b3

(44.Kd2 Kb5 45.Ke2 c4 46.Kd2 Kc5–+; 46...cxd3 47.Kxd3 Kc5–+)

44...axb3+ 45.Kxb3 Kb5 46.Kb2

(46.axb4 cxb4 47.Kb2 Kc5 48.Kb3 Kd4–+)

46...bxa3+ 47.Kxa3 c4–+

**40...Kg7 41.g4 hxg4 42.Kxg4 Kh6 43.Kg3 Kh5 44.Kh3 g5 45.hxg5 Kxg5 46.Kg3**

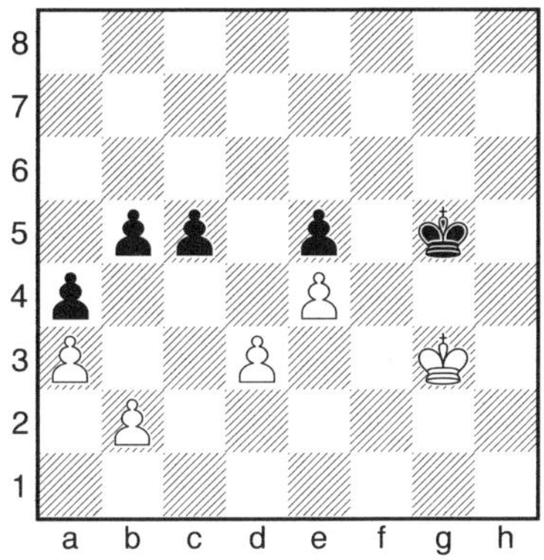

**46...c4**

Und Weiß gab auf, denn nach **47.dxc4 bxc4** gerät er böser Weise noch einmal in Zugzwang und muss den schwarzen König via h4 entscheidend vordringen lassen.

**48.Kf3 Kh4 49.Ke3 Kg4 50.Kd2 Kf4 51.Kc3 Kxe4 52.Kxc4 Kf3–+**

# Kapitel 10
# Persönlicher Nachruf auf C.D. Meyer

Ich lernte Claus Dieter Meyer, der von allen nur C.D. genannt wurde, 1989 kennen, als er die Nachfolge von Gisbert Jacoby als Hamburger Kadertrainer antrat. Seine wissenschaftliche Arbeit am Schach hat mich stets fasziniert und so kam ich 10 Jahre lang regelmäßig zu seinem Training, bis ich 1998 schließlich selbst den Staffelstab von ihm übernahm und Hamburger Kadertrainer wurde.

C.D. hat mich auf viele Turnieren vorbereitet, wobei mir besonders die Jugend Europameisterschaft in Arnheim 1990 in Erinnerung geblieben ist. Nach sehr gutem Start gelang mir allerdings nicht mehr viel und ich spielte weder gegen den Turniersieger Rune Djurhuus noch gegen den russischen Teilnehmer Vladimir Kramnik. Das Läuferendspiel van Wely-Kramnik wird C.D. allerdings danach nicht mehr loslassen.

Später sind wir oft gemeinsam zu den A Trainer-Lehrgängen gefahren und hatten auf den langen Reisen Zeit, über vergangene Zeiten zu philosophieren. Von den Trainingssitzungen sind mir besonders seine tiefschürfenden Analysen vieler Beispiele des russischen Meistertrainers Mark Dworetzki in Erinnerung geblieben. Alleine das Beispiel Kunneman gegen N.N. haben wir in der Gruppe ungefähr ein Jahr lang unter die Lupe genommen und dabei am Wegesrand viele faszinierende Endspiele analysiert.

C.D. hat alles akribisch in unserem gemeinsamen Buch *The Magic of Chess Tactics* (Russell 2002) festgehalten. Wenn er Fragen hatte, hat er nie geruht, bevor nicht alles in großer Tiefe ausgeleuchtet war. Als später das *ChessBase Video Format* aufkam, war es daher naheliegend, dass ich mich aus seinem reichhaltigen Material wie ein Kind im Süßwarenladen bediene und dann ausgewählte Beispiele und besonders instruktive Momente im Video erläutere, damit man leichter einen Überblick gewinnen kann.

So entstanden die ChessBase DVDs *Magic of Chess Tactics – revised and enlarged* (auf Deutsch und Englisch, 2009) sowie *Magic of Chess Tactics 2* (auf Deutsch und Englisch, 2014). Daraus gingen dann wiederum die Bücher *The Magic of Chess Tactics 2* (Russell 2017) und *Die Magie der Schachtaktik* (Beyer 2018) hervor.

Ich möchte auf zwei Beispiele eingehen, die mir besonders in Erinnerung geblieben sind. Zum einen Kunnemann – N.N., Berlin 1934 und zum anderen Schirow gegen Lautier, München 1993. Beide Beispiele wurden von C.D. und der Kader-Trainingsgruppe sehr lange unter die Lupe genommen.

## A) Die unendliche Geschichte

Eigentlich handelt es sich um eine Grundlinienkombination, die in der Literatur oft betrachtet worden ist, z.B. von Hans Müller („Angriff und Verteidigung“), Hans-Joachim Hecht („Schach- und Turniertaktik“) und Kurt Richter („Kombinationen“).

### 10.01
### Kunnemann – N.N.

Berlin 1934

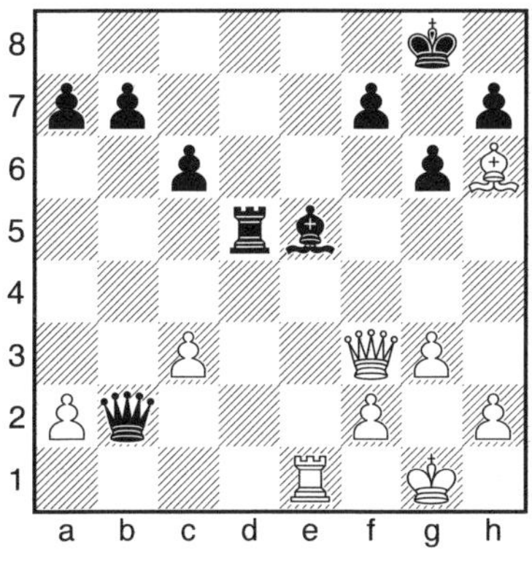

Weiß am Zug

**1.Df6**

Unser Interesse entzündete sich an der These von Mark Dworetzki aus seinem Werk „Moderne Schachtaktik“, dass 1.g4!? Weiß in Vorteil bringt (siehe unten).

**1...Dxc3?**

Danach geht die weiße Idee auf.

Das erstaunliche 1...Dc1!! hält den Laden zusammen: 2.Dxe5! Dxh6 3.Df6!? Df8 4.Te7 Tf5 5.Dd6 b5 6.Dd7 Td5 7.Dxa7=.

**2.Dg7+! Lxg7 3.Te8+ Lf8 4.Txf8#**

**1–0**

### 10.02
### Analyse von Kunnemann – N.N.

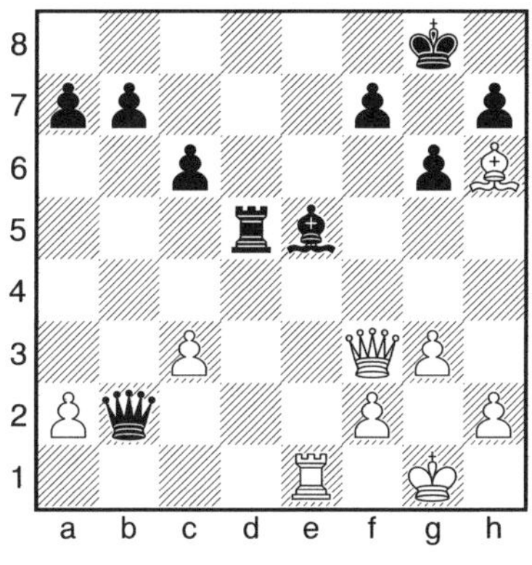

Dworetzkis These, dass **1.g4!?** Weiß in Vorteil bringt, stimmt allerdings nicht. Ich hatte lange versucht, die Analyse in dem Sinne zu gewinnen, musste aber am Ende einsehen, dass die Lage ausgeglichen ist – eine Ansicht, die C.D. übrigens von Anfang an verfochten hat. Im Rahmen dieser Rückblende möchte ich mich auf einige

Punkte beschränken, die mir besonders in Erinnerung geblieben sind.

**1...f5! 2.c4! Ta5?!**

2...Td7= ist die beste Verteidigung.

**3.gxf5 Txa2?**

3...Lg7!? 4.fxg6 hxg6 5.Dg3 Kh7 6.Lxg7 Dxg7 7.Te8 Tf5 hält den Schaden in Grenzen.

**4.fxg6 hxg6 5.Te4**

5.Kg2+– ist ebenfalls sehr stark.

**5...Lf6**

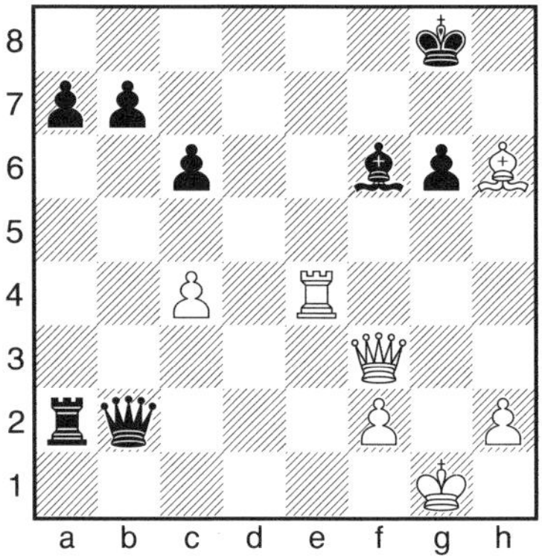

**6.Te8+?!**

Darauf hatten wir uns direkt gestürzt.

6.Kg2!! ist allerdings viel stärker; z.B. 6...Kf7 7.Le3 Ta5 *(7...Da3 8.Dh3+–)* 8.c5 Db3 9.Tf4+–.

**6...Kh7 7.Lg5! Dxf2+ 8.Dxf2 Txf2 9.Kxf2 Lxg5**

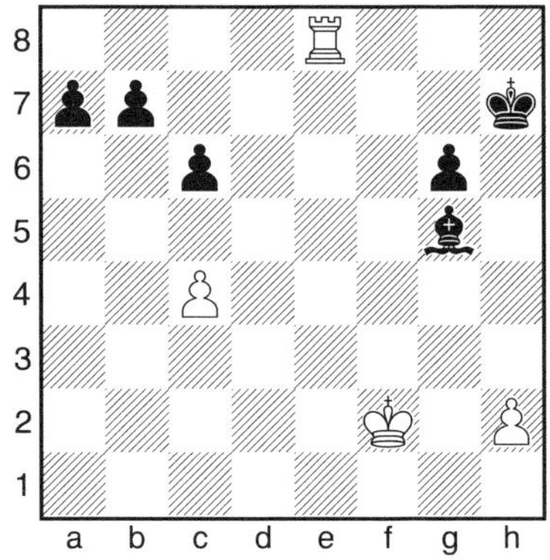

In diesem Endspiel wogten die Analysewellen hin und her. Es sollte in der Tat gewonnen sein, aber das konnte ich erst jetzt feststellen.

## 10.03

## Analyse von Kunnemann – N.N.

**1.Tb8 b6 2.Kf3?**

Ein Fehler, wie Computeranalysen von 2020 zeigen.

2.Tb7+! gewinnt nach z.B. 2...Kh6 3.Txa7 Lf4 4.Ta8 Le5 5.Ke3 Kg5 6.h3 b5 7.c5.

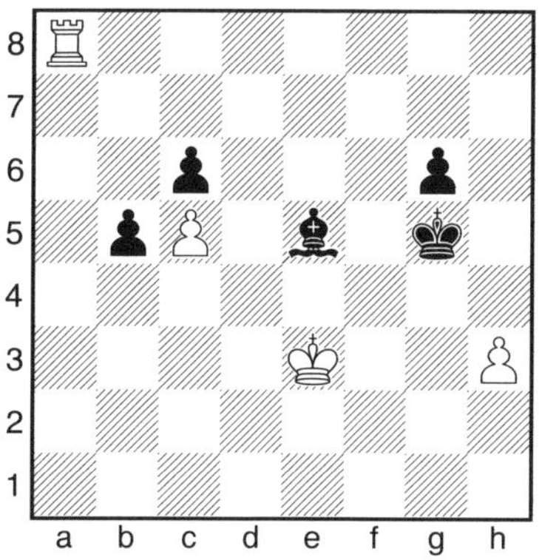

Damals hatten wir das mit remis abgeschätzt, aber Weiß gewinnt; z.B. 7...Lh2 8.Ta1 Kf5 9.Kf3 Ke5 10.Th1 Lf4 11.Te1+ Kf5 12.Ta1 b4 13.Ta6 b3 14.Tb6 Le5 15.Txb3 Ld4 16.Ta3!+–.

**2...Ld2?**

2...Lf6! rettet den Tag.

**3.Tc8! Kh6 4.Txc6 Lc3 5.Kg4! Ld4 6.h4 a5**

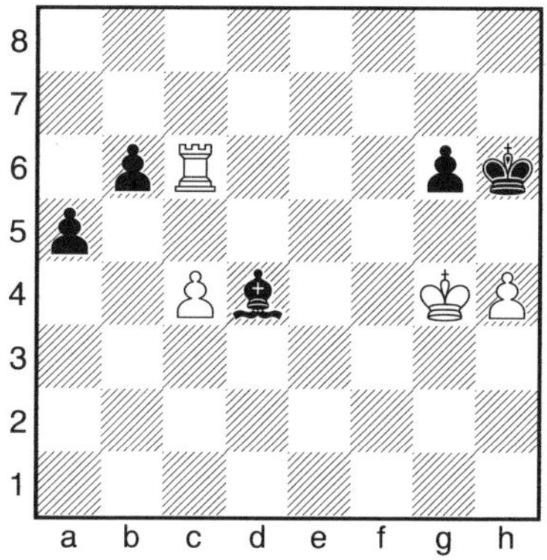

**7.h5?**

Die falsche Zugfolge. Mir war die Gewinnidee auf dem Weg zum Training gekommen, aber leider wählte ich die falsche Reihenfolge. Bei der Arbeit für diesen Artikel stellte ich fest, dass die Idee gewinnt, wenn sie schon an dieser Stelle gespielt wird.

7.c5!! Lxc5

(7...bxc5 8.h5 a4 9.Txg6+ Kh7 10.Ta6+–)

8.h5 a4 9.hxg6 a3 10.Kf5 Kg7

(10...a2 11.Tc7 a1D 12.Th7#)

11.Tc7+ Kg8 12.Ta7 b5 13.Ta5 b4 14.Txc5 a2 15.Ta5 b3 16.Kf6 b2 17.Ta8#

**7...a4**

## 10.04

## Analyse von Kunnemann – N.N.

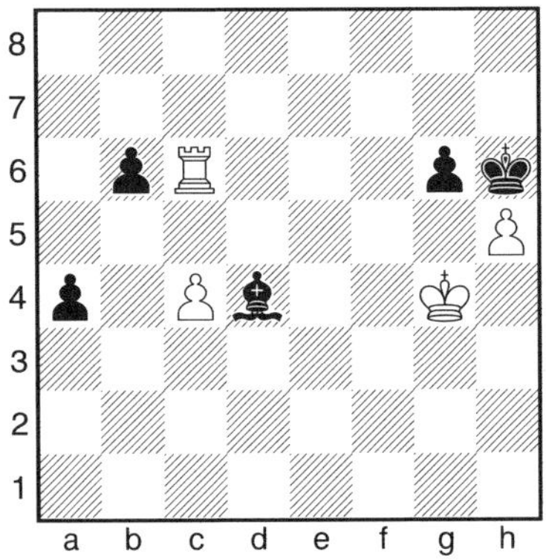

**1.c5!?**

Nun reicht dieser Ansatz knapp nicht zum Gewinn aus.

1.Td6 schlägt allerdings auch nicht durch: 1...Lc5 2.Txg6+ Kh7 3.Kf5 a3 4.Tg2 Kh6 5.Ke4 Kxh5 6.Kd3 Kh4 7.Kc3 Ld6 8.Kb3 Lc5 9.Tg8 Kh5!=. (9...Le7? führt zur folgenden Studie.)

**1...a3 2.Txg6+ Kh7 3.c6 a2 4.c7 a1D 5.c8D**

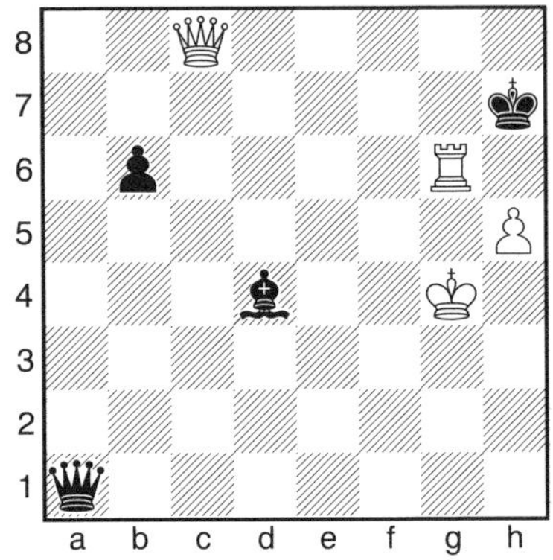

Diese Stellung sollte in der Tat für Schwarz haltbar sein.

**5...Dd1+ 6.Kf4! Dd2+ 7.Ke4 De3+ 8.Kd5 De5+ 9.Kc4! b5+! 10.Kb4 De7+ 11.Ka5 Da3+ 12.Kxb5 Db3+ 13.Kc6 Dc4+ 14.Kb7 Db5+ 15.Ka8 Da5+ 16.Ta6 Dxh5**=

Hier endetet unsere Analyse 2007.

Zum Abschluss der „Kunnemann – N.N. Saga" noch C. D. Meyers prachtvolles Fundstück am Wegesrand.

## 10.05
## Studie von C. D. Meyer

The Magic of Chess Tactics 2002

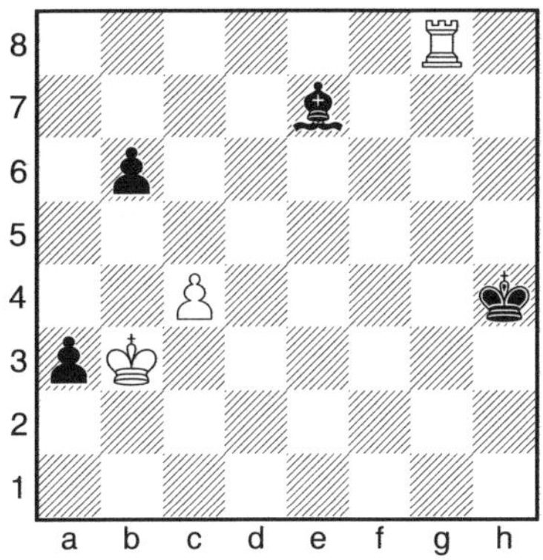

Weiß zieht und gewinnt

**1.Tg6! Lc5 2.Ka2!!**

Dieser Königsrückzug bringt Schwarz in tödlichen Zugzwang.

**2...Kh5**

2...Kh3 3.Tg5 Ld6 (3...Kh4 4.Txc5 bxc5 5.Kxa3 Kg4 6.Ka4+–) 4.Tb5 Lc5 5.Txc5 bxc5 6.Kxa3+–

**3.Tg3 Kh4 4.Txa3 Kg4 5.Ta8 Kf5 6.Te8**+–

Leider kann ich C.D. die neuen Erkenntnisse zu dieser unendlichen Geschichte nicht mehr mitteilen. Besonders, dass meine Idee c4–c5 doch gewinnt, wenn sie einen Zug eher gespielt wird. Auf jeden Fall war es sehr beeindruckend, dass wir uns im Training ungefähr ein Jahr lang Woche für Woche immer wieder mit diesem Beispiel befasst haben und doch vieles nicht erfasst hatten. Schach ist schon sehr reichhaltig.

## B) Der Anruf von C.D. Meyer

Bei Endspielen mit Türmen und ungleichfarbigen Läufern geht es nicht um die Remis-Tendenz sondern darum, dass ungleichfarbige Läufer den Angreifer begünstigen.

Die folgende Hängepartiestellung habe ich zunächst als Sekundant von Alexei Schirow analysiert, der es auch in seinem Buch „Fire on Board“ bringt. Danach zeigte ich die Analyse C.D. Meyer und sie war längere Zeit ein Thema beim Hamburger Kadertraining. In den ersten Veröffentlichungen gingen wir davon aus, dass der Abgabezug 61...Kg8?! verliert. Aber nach 15 Jahren rief C.D. an und ich musste von da an alles ändern.

Das Beispiel lässt mich bis heute nicht los und ich habe es fast allen meinen Schülern und bei vielen Trainingssitzungen und Seminaren gezeigt. Daher kann ich neue Erkenntnisse von Vincent Keymer und Gukesh bieten. Beide waren zu dem relevanten Zeitpunkt 13 Jahre alt und auf dem Weg zum Großmeister bzw. schon dort angekommen. Es ist eines meiner absoluten Lieblingsbeispiele.

**10.06**
**A. Schirow (2670)**
**J. Lautier (2635)**
München 1993

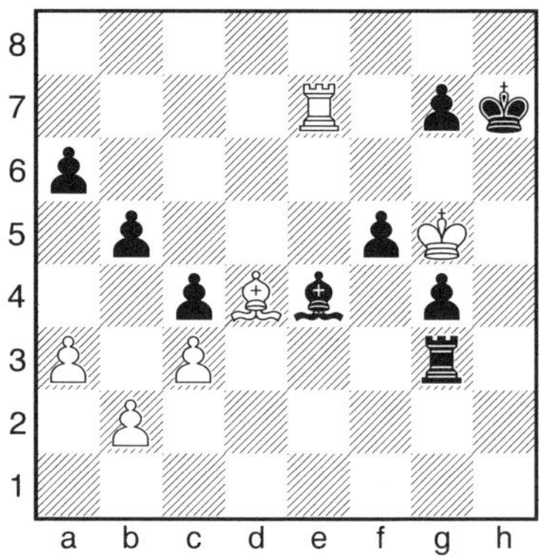

Schwarz am Zug

In dieser Stellung gibt es sogar *drei* Remiszüge.

**61...Kg8?!**

Lautier hatte in der Tat den Zug abgegeben, den wir vor allem erwartet hatten. Ich dachte allerdings 15 Jahre lang, dass er verliert, bis eines Tages C.D. Meyer anrief.

Kurz vor Wiederaufnahme der Hängepartie hatten Alexei und ich noch eine andere Variante analysiert: 61...Th3 62.Txg7+ Kh8 63.Kg6 f4+ 64.Kg5 Td3? (64...Lc2=)

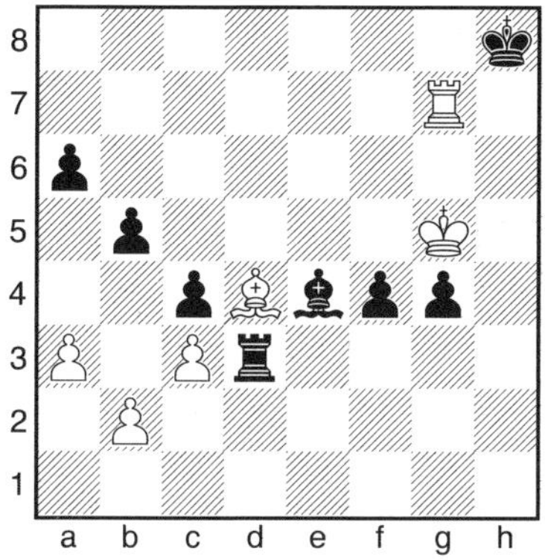

Hier fand ich zum Glück den Gewinn.

(Alexeis Notebook hat keinen Saft mehr und wir hatten uns noch nicht um einen Adapter gekümmert. Fritz hätte das sicher auch und vor allem schneller gefunden.)

65.Te7+ Txd4 66.cxd4 g3 67.Txe4 g2 68.Te1 f3 69.Kg6 f2 70.Te8#

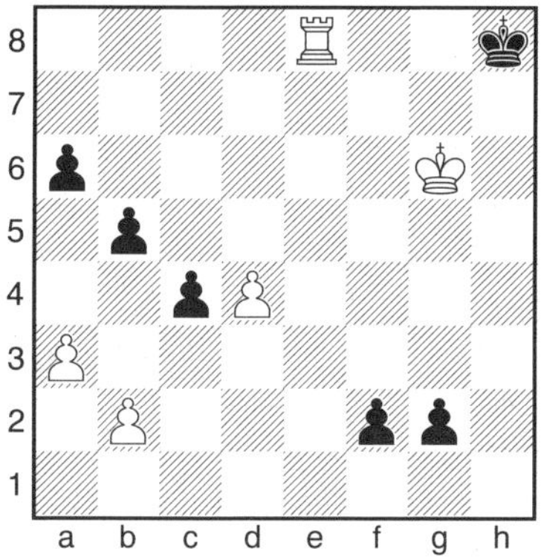

Das war als Sekundant mein wichtigster Beitrag zu Alexeis Turniersieg. Er hatte zwar keinen direkten Einfluss, aber Alexei begann daran zu glauben, dass er in der Hängepartie Gewinnchancen hat.

– 61...Td3 ist ebenfalls spielbar.

– Nach 61...Tg2? kann Weiß hingegen seine Drohung ausführen und forciert matt setzen: 62.Txg7+ Kh8 63.Kg6 f4+ 64.Kf7 Ld5+ 65.Kf8 Td2 66.Lf6 g3 67.Tf7#.

**62.Kg6 Lc6**

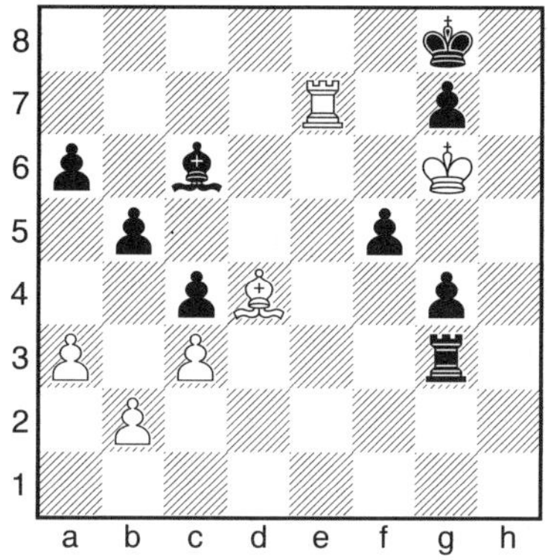

**63.Lc5!?**

Diesen Trick hatte Lautier zum Glück in seiner Hängepartieanalyse nicht berücksichtigt.

**63...Td3?**

63...Kh8!! ist paradoxerweise der einzige Remiszug, den Fritz auf Alexeis Notebook auch noch gefunden hatte, kurz bevor der Akku leer war. Lautier hat vermutlich zur Analyse keinen Computer eingesetzt, die damals ja noch nicht so stark waren wie heute. Nun sollte Weiß mit 64.Ld4 Kg8 die Stellung wiederholen und danach zu 65.Txg7+ greifen: 65...Kf8

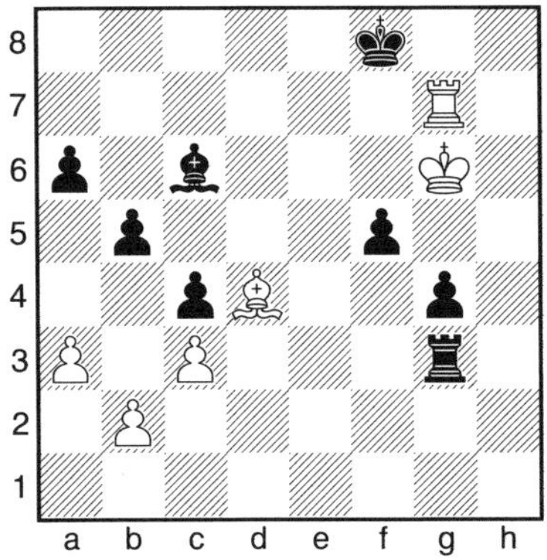

66.Tc7!? Meine Verbesserung, die ich aber erst später fand.

(66.Kf6= kam in der Post mortem Analyse von Schirow und Lautier vor.)

66...Lg2!

(Es geht auch 66...Lh1, während alle anderen Zügen verlieren.)

**a)** Beim Training (in Hamburg Mitte 2019) fragte Gukesh nach der Variante 66...Le8+? 67.Kf6 Tg2

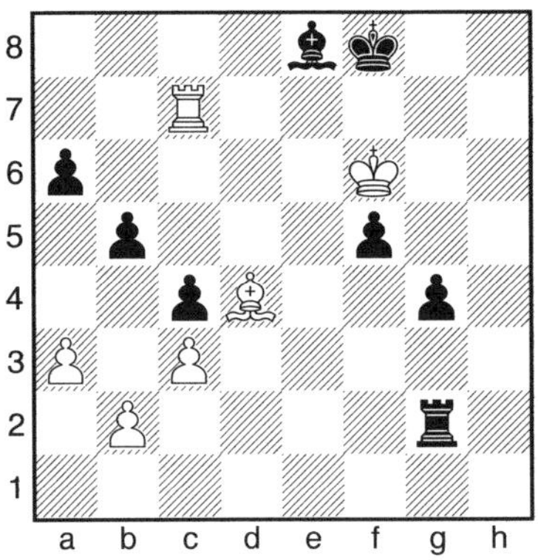

Und es war ein Computer, der den Gewinn fand: 68.Th7

(68.Tc8? Te2 69.Lc5+ Kg8 70.Le7 gewinnt zwar den Läufer, aber nicht die Partie: 70...g3 71.Txe8+ Kh7 72.Td8 Txe7 73.Kxe7 g2 74.Td1 f4 75.Kf6 f3 76.Td7+ =.)

68...Kg8 69.Tg7+ Kh8 70.Te7 Lc6 71.Te6 Ld7 72.Td6 Le8 73.Td8+–

**b)** 66...Ld5? (66...Le4? 67.Kf6+–) 67.Tc5 Le6 (67...Lb7 68.Te5+–) 68.Kf6

Erst jetzt kann dieser Zug erfolgen, weil er mit Tempo geschieht.

68...Ld7 69.Tc7

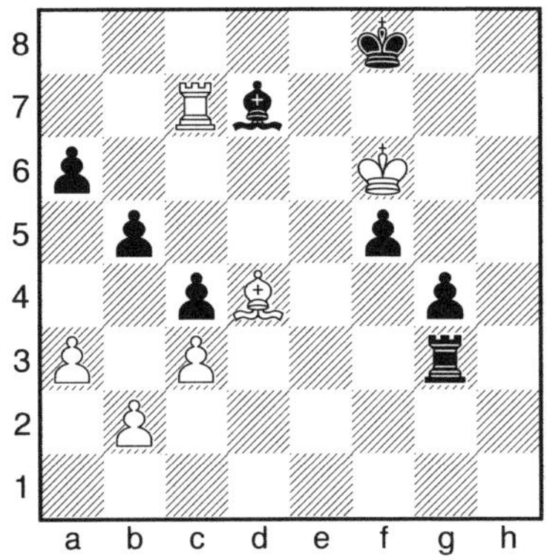

Nun hat Schwarz nur die Wahl, wie er verlieren möchte; z.B. 69...Ke8 70.Ta7 Kd8 (70...Lc8?! 71.Te7+ Kd8?! 72.Lb6#) 71.Lb6+ Kc8 72.Tc7+ Kd8 73.Tc5+ Ke8 74.Te5+ Kf8 75.Lc5+ Kg8 76.Td5 Td3 77.Ld4+–.

67.Kf6 Ke8 68.Ke6 Kd8 69.Tc5 Lb7 70.Lf6+ Ke8 71.Tc7 Te3+ 72.Le5 Txe5+ 73.Kxe5

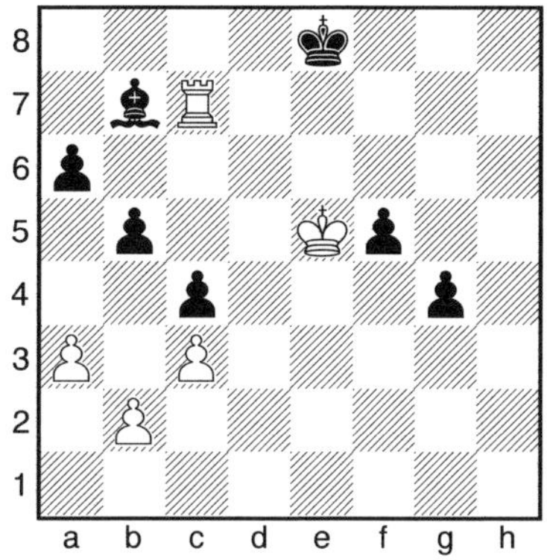

Ich dachte 15 Jahre lang, dass Weiß gewinnt, aber das stimmt nicht, wie C.D. Meyer mit Hilfe von Engines nachwies, nachdem die *Sechssteiner Tablebases* für die Suche verfügbar waren. Zwar fand ich zusammen mit Vincent Keymer Fehler in seiner Analyse, die aber reparabel sein sollten: 73...Le4 74.Kf4 Kd8 75.Ta7 Kc8 76.Txa6 Kb7 77.Tg6 Ld3 78.Ke5 Kc7 79.Kd4

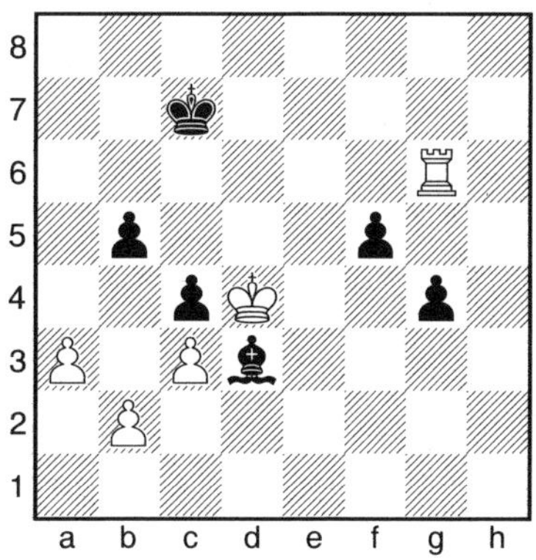

Und hier fand Vincent Keymer 79...Lc2!

(C.D. Meyers 79...Le2? verliert dagegen: 80.Tf6 Ld3 81.b3 Der Ausheber! 81...g3 82.bxc4 bxc4 83.Ke3 g2 84.Kf2 Le4 85.Kg1 Kb7 86.Td6 Kc7 87.Td4 Kb6 88.Txc4+–.)

Eine Beispielvariante lautet 80.Kc5 Kd7 81.Kxb5

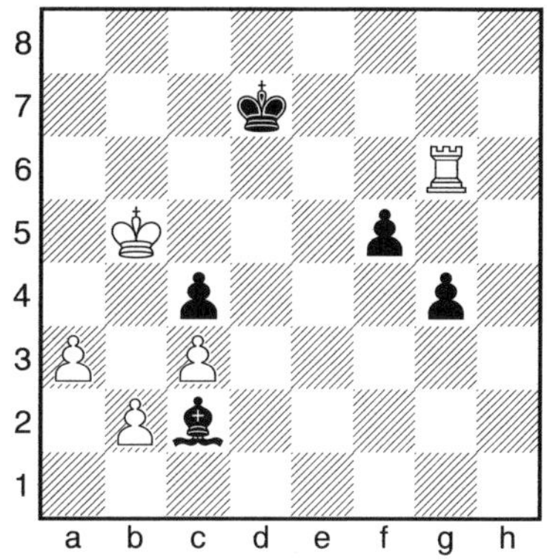

Nun kommt das schwarze Gegenspiel gerade rechtzeitig: 81...Ke7 82.Kxc4 Kf7 83.Tg5 Kf6 84.Tg8 Kf7 85.Td8 g3 86.Td2 f4 87.Kd4 f3 88.Ke3 f2= (Schirow in *Endgame Magic 136* im Jahr 2019).

**64.Txg7+ Kh8 65.Ld4!**

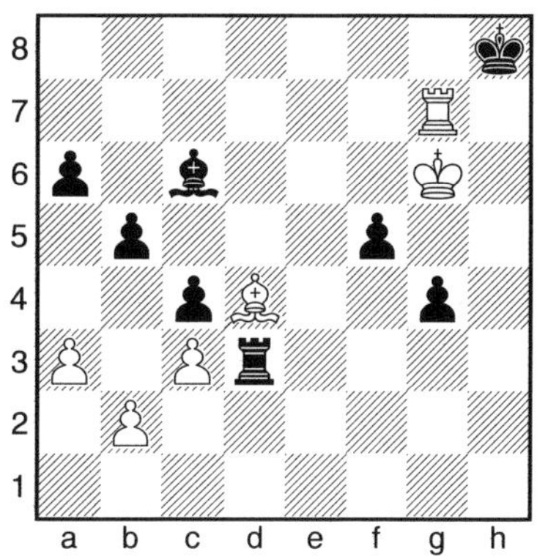

**65...Txd4**

Nach 65...Le8+ 66.Kh6 Th3+ 67.Kg5

Th5+ 68.Kf4+– …

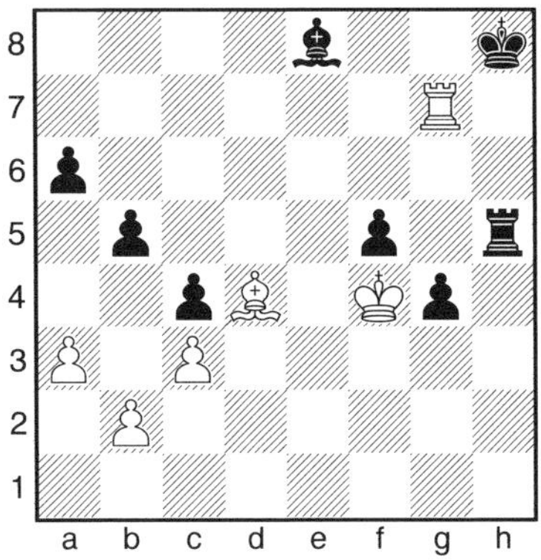

… wird die Batterie gewinnbringend feuern.

**66.cxd4 f4**

Nach 66...g3 67.Th7+ Kg8 68.Tc7 Le8+ 69.Kf6 f4 70.Tg7+ Kh8 71.Tg5 Lc6 72.d5 Lxd5 73.Txd5 g2 74.Kf7+– …

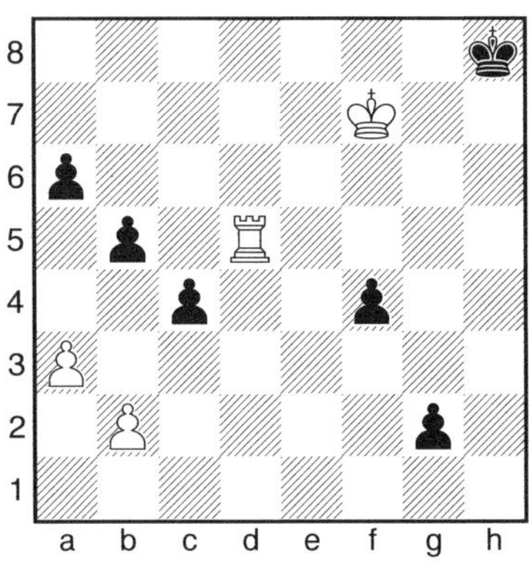

… kommt das Matt aus einer anderen Richtung (B. Certic im Informator 58).

**67.Tc7 Le4+ 68.Kh6 Ld5**

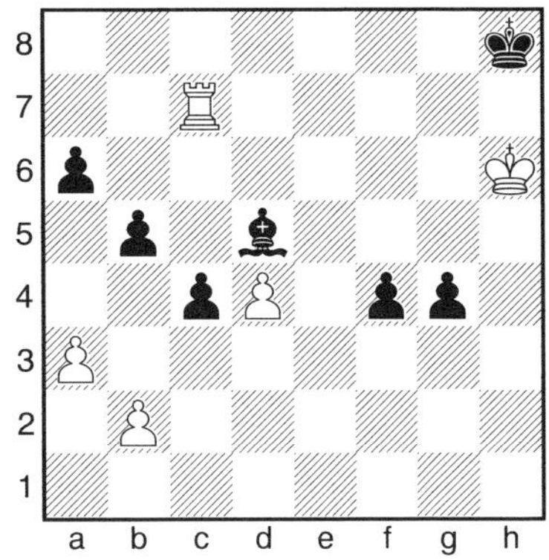

**69.Tc5!**

Schirow ist nun stets ein Tempo schneller.

**69...Lg8 70.d5 f3 71.d6 Le6**

71...f2 72.Tf5 g3 73.d7 g2 74.d8D g1D 75.Df6+ Dg7+ 76.Dxg7#

**72.Te5 Ld7 73.Te7 f2 74.Txd7 Kg8 75.Tg7+ Kf8 76.d7** 1–0

Leider werden nun keine Anrufe von C.D. mehr kommen. Möge er in Frieden ruhen. Sein beeindruckendes schachliches Lebenswerk wird immer bleiben. Dieser Teil von Kapitel 10 basiert auf einem Ende Mai 2020 im *Schachmagazin 64* erschienenen Artikel.

# Kapitel 11
# Aufgaben

**A11.01**
**Julius Muckle (2082)**
**Luis Engel (2155)**
Hannover 2015

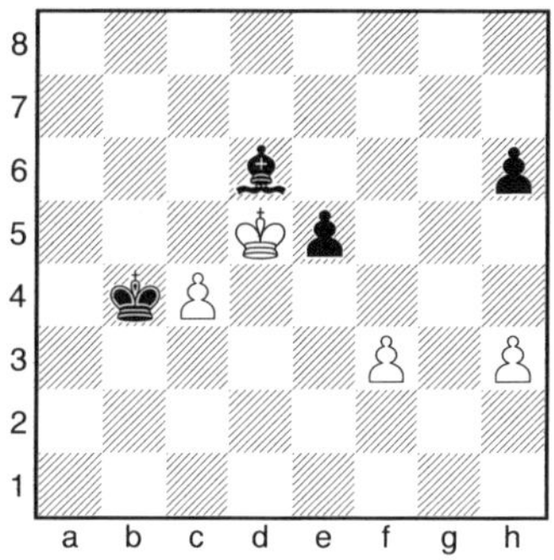

Schwarz zieht und gewinnt

**A11.02**
**Georgios Souleidis (2427)**
**Luis Engel (2507)**
Hamburg 2019

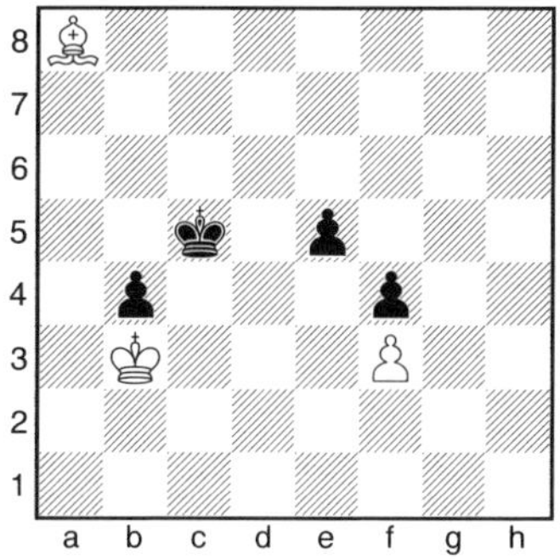

Kann Weiß am Zug gewinnen?

**A11.03**
**Ekkehard Schnoor (2142)**
**Luis Engel (2138)**
2. Bundesliga Nord 2015

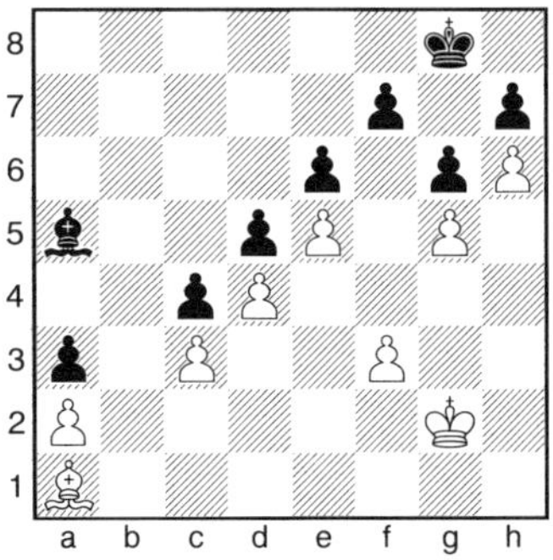

Schwarz zieht und gewinnt

**A11.04**
**Luis Engel (2363)**
**George Ileana (2219)**
Mamaia 2017

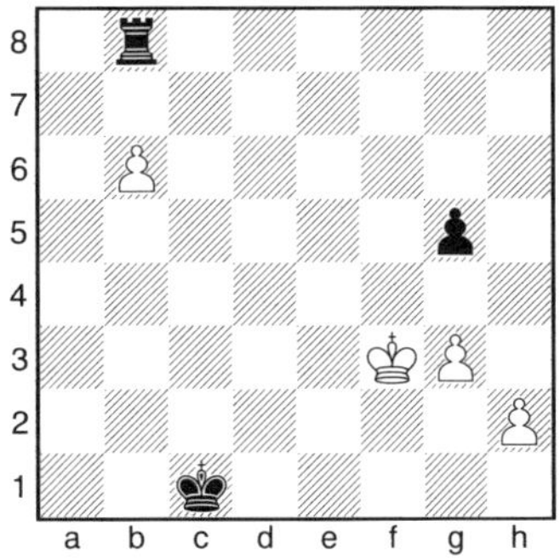

Weiß zieht und hält remis

**A11.05**
**Kaido Külaots (2568)**
**Sarunas Sulskis (2556)**
Wilna 2014

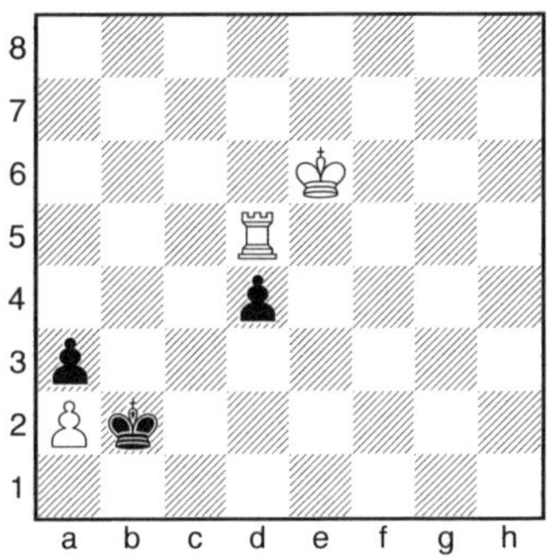

Weiß zieht und gewinnt

**A11.06**
**Jan Brunner (1888)**
**Luis Engel (2163)**
Willingen 2016

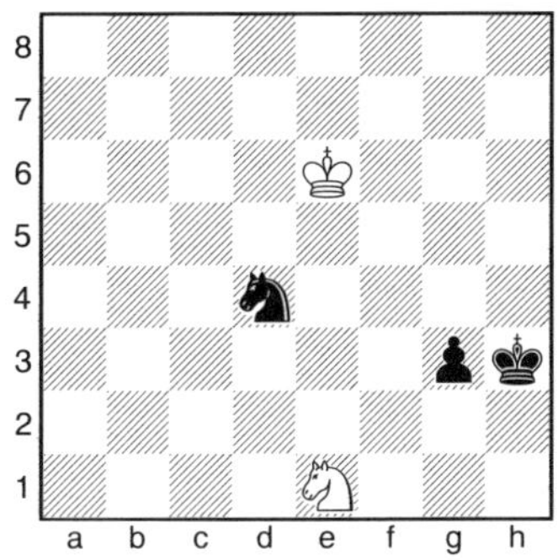

Weiß zieht und hält remis

**A11.07**
**Hikaru Nakamura (2754)**
**Jan Njepomnjaschi (2775)**
GCT Paris Rapid 2019

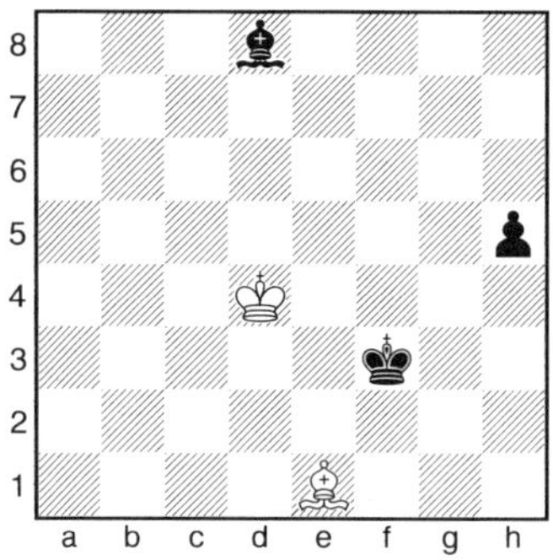

Schwarz zieht und gewinnt

**A11.08**
**Studie von S. Kozlowski**
Swiat Szachowy 1931

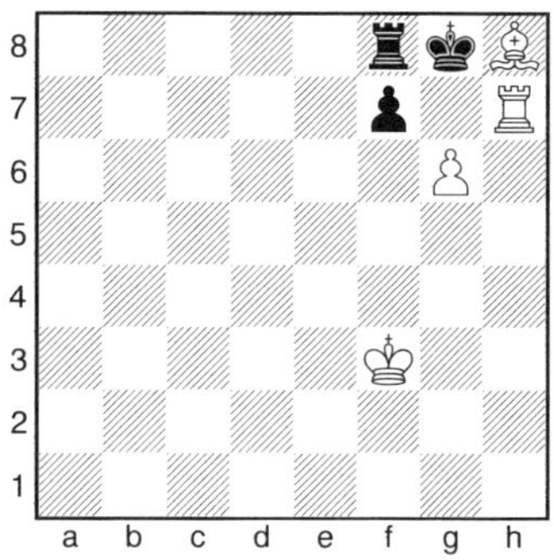

Weiß zieht und gewinnt

**A11.09**

**Simon Bekker Jensen (2478)**

**Olavur Simonsen (2201)**

Faroe Islands 2018

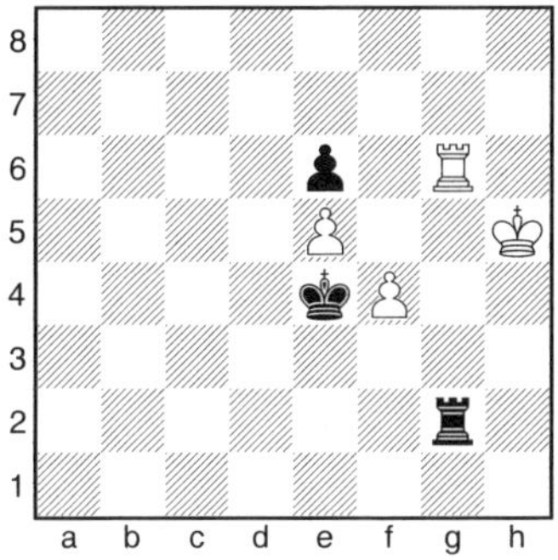

Schwarz zieht und hält remis

**A11.10**

**Andrey Esipenko (2603)**

**Yi Wei (2733)**

Moskau 2019

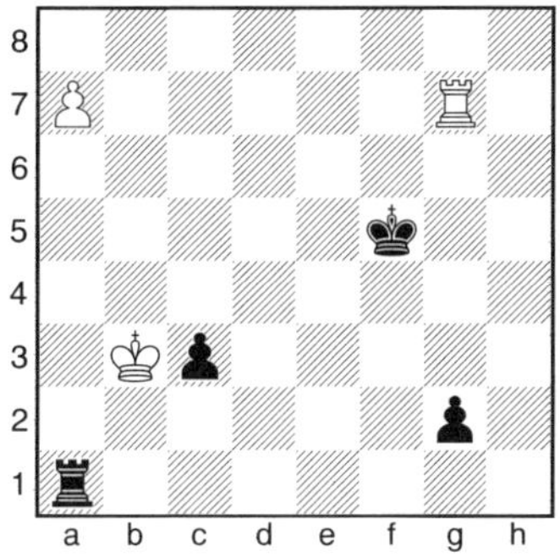

Schwarz zieht und gewinnt

## A11.11
**Paul Velten (2507)**
**Juri Solodownitschenko (2572)**

Brest 2019

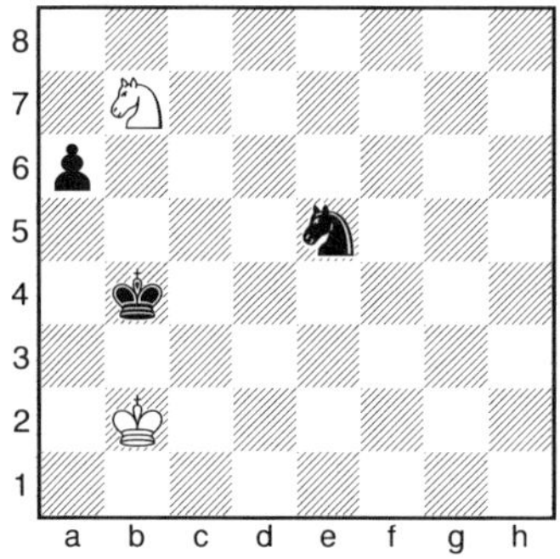

Schwarz zieht und gewinnt

## A11.12
**Abhijeet Gupta (2606)**
**Murali Karthikeyan (2593)**

China 2019

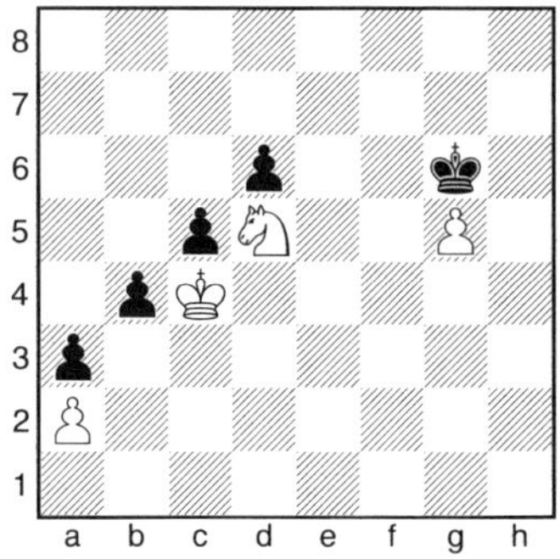

Weiß zieht und gewinnt

**A11.13**
**Christian Braun (2376)**
**Mikael Agopow (2440)**
Bundesliga 2017

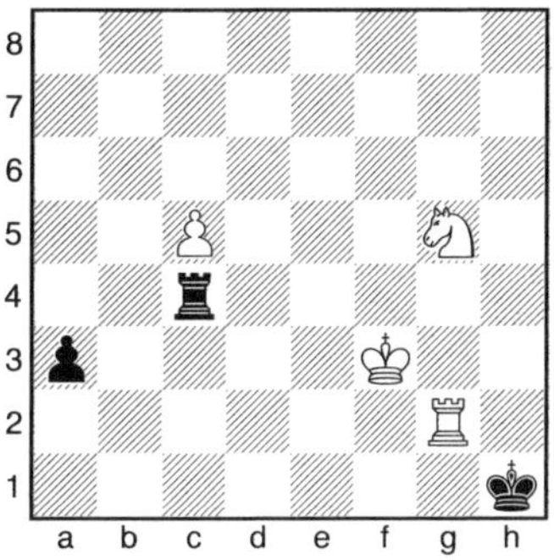

Weiß zieht und gewinnt

**A11.14**
**Nodirbek Yakubbojew (2587)**
**G. Akash (2404)**
China 2019

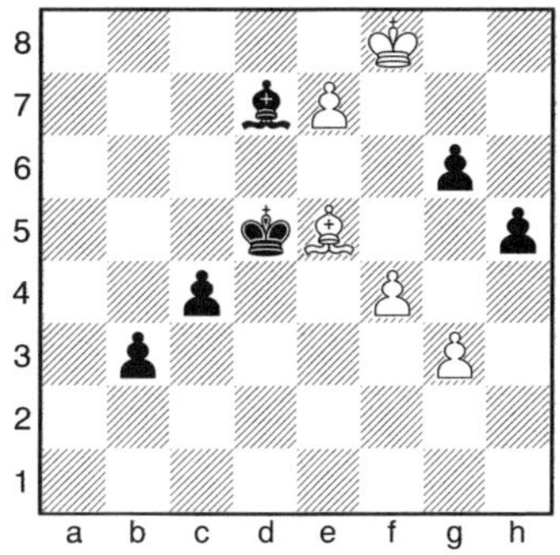

Weiß zieht und hält remis

**A11.15**
**Tomi Nyback (2572)**
**Maximilian Neef (2453)**
Bundesliga 2018

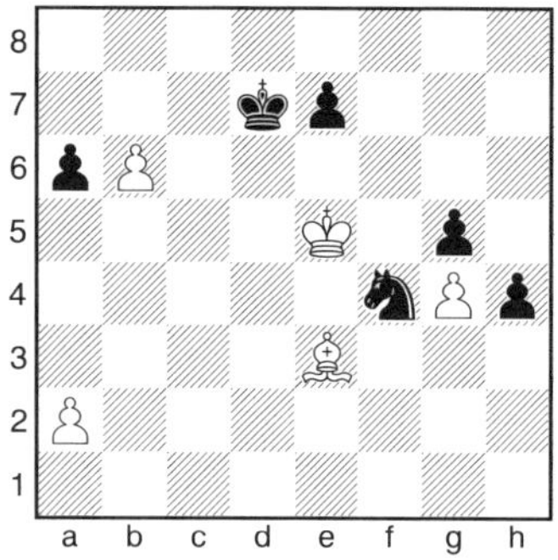

Schwarz zieht und gewinnt

**A11.16**
**Schluss einer Studie**
**von Oleg Perwakow**
64 Chess Review 2005

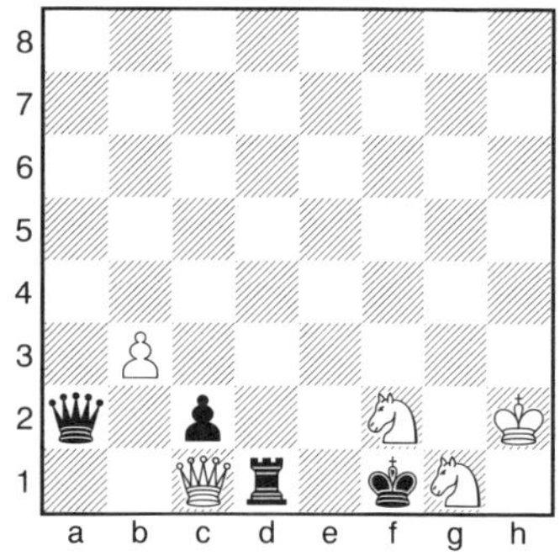

Weiß zieht und gewinnt

# Lösungen der Aufgaben

**A11.01**

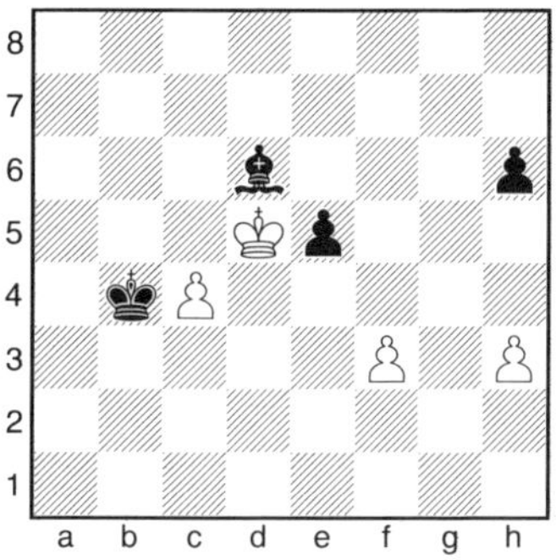

Schwarz gewinnt mit **58...Lb8!**, denn danach kommt Weiß wie üblich früher oder später in Zugzwang.

Nicht jedoch 58...Lc7? 59.Kc6 Lb8 60.c5 …

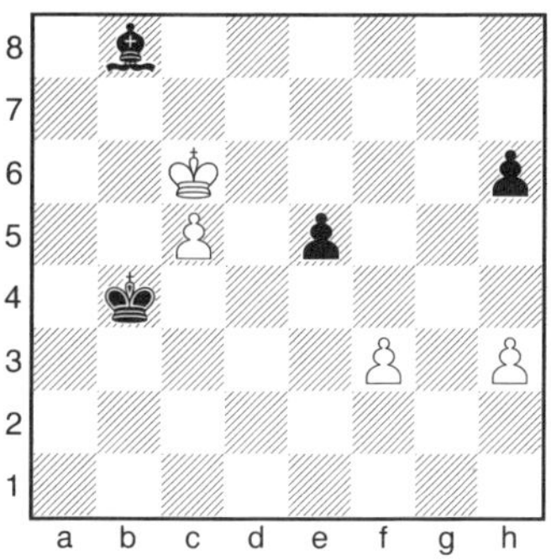

… denn Schwarz kann überraschenderweise nicht gewinnen.

– 60...h5 61.h4 Kc4 62.Kb7 Kxc5 63.Kxb8 Kd4 64.Kc7 Ke3 65.Kd6 Kxf3 66.Kxe5 Kg4 67.Ke4 Kxh4 68.Kf3=

– 60...La7 61.Kd6 Lxc5+ 62.Kxe5 Kc4 63.Kf4 Lf2 64.h4 Kd3 65.Kg4 Ke2 66.Kh3 Kxf3 67.Kh2!=

**59.c5 Kb5 60.c6 Kb6 61.Ke6 Kxc6 62.Kf6 Kd5 63.Kg6 Kd4 64.Kxh6 Ke3 65.Kg5 Kxf3 66.h4 e4 67.Kf5 e3 68.h5 e2 69.h6 e1D**

**0–1**

**A11.02**

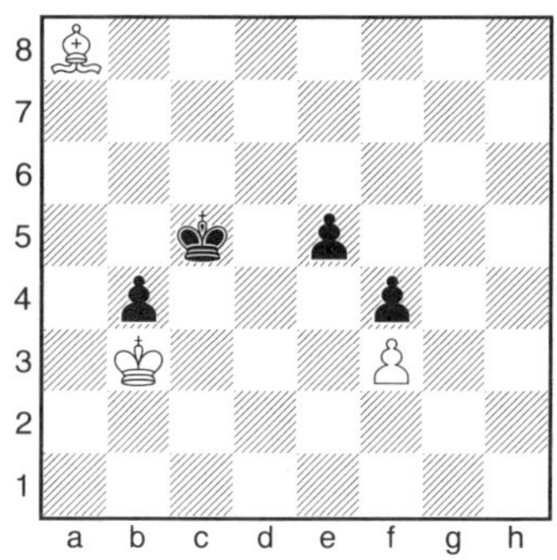

Weiß kann gewinnen, muss aber kuriose Königsmanöver durchführen.

**96.Ka4**

Der König muss vordringen, um Fortschritte machen zu können.

In der Partie folgte 96.Lb7?! Kb5 97.La8 Kc5 und die Partie wurde remis gegeben, obwohl Weiß nach wie vor auf Gewinn steht.

**96...Kc4 97.Le4 Kc5**

– 97...Kc3 98.Kb5 b3

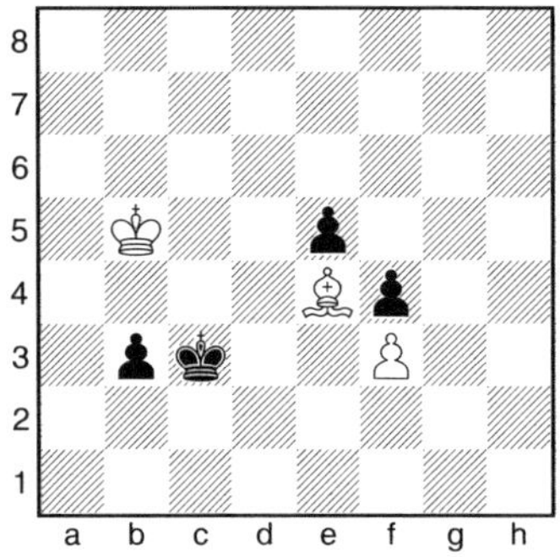

99.Ka4

(99.Kc5? b2 100.Kd5 Kd2 101.Kxe5 Ke3 102.Kf5 b1D 103.Lxb1 Kxf3=)

99...Kc4 100.Ka3 Kc3 101.Lf5 b2 102.Ka2+–

– 97...b3 98.Ka3 Kc3 99.Lf5 Kc4 (99...b2 100.Ka2+–) 100.Kb2 Kb4

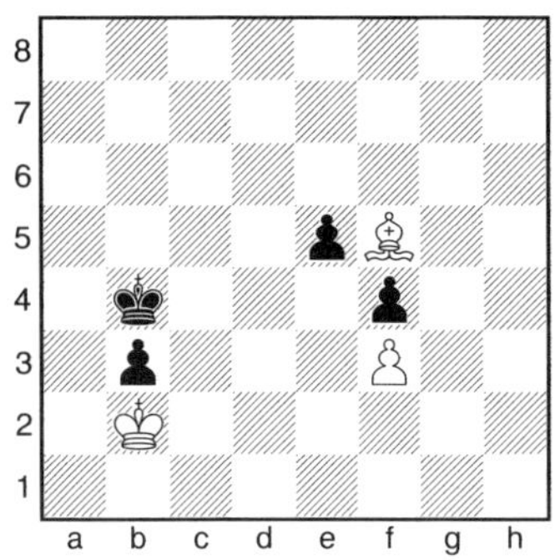

101.Ld3

(101.Le6? e4 102.fxe4 f3 103.Lg4 f2 104.Le2 Kc5 105.Kxb3 Kd4=)

101...Ka4 102.Lc4 e4 103.fxe4 Kb4 104.Lxb3 f3 105.Ld1 f2 106.Le2 Kc5 107.Kc3+–

**98.Ka5 Kc4 99.Kb6 b3**

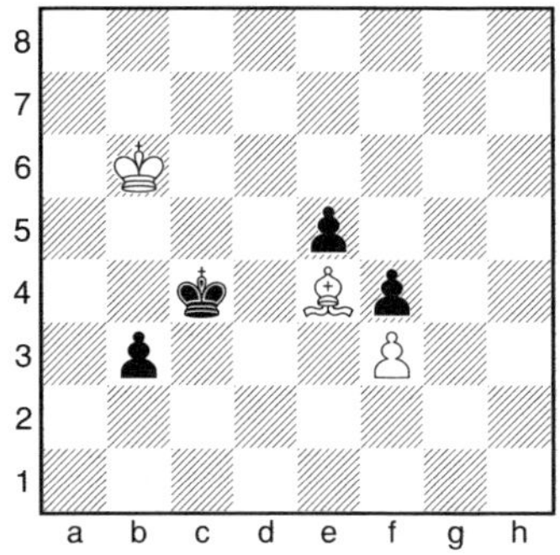

**100.Ka5!**

Dieser direkte Switchback ist die entscheidende Pointe. Nachdem der b-Freibauer vorgerückt ist, kann der weiße König umkehren.

**100...b2 101.Ka4 Kd4 102.Kb3 Ke3 103.Kxb2**+–

**A11.03**

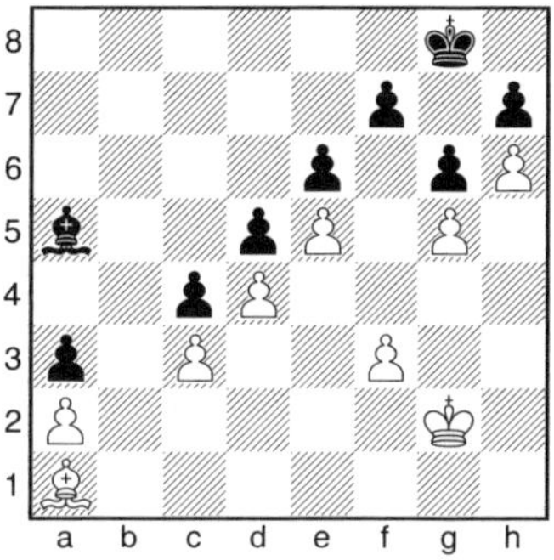

Mit **51...f6!!** setzte Schwarz den Dosenöffner an.

51...Ld8? 52.f4 f6 53.gxf6=

**52.exf6**

52.gxf6 g5 53.f4 gxf4 54.Kf3 Kf7 55.Kxf4 Kg6 56.Kg4 Kxh6 57.Kg3 Ld8 58.Kg4 Kg6 59.Kf4 h5 60.Kg3 Kg5 61.Kf3 h4 62.Kg2 Kg4 63.Kf2 h3 64.Kg1 Kg3 65.Kh1 h2 66.f7 Le7–+

**52...Lc7 53.Kh3 Lf4 54.Kg4 Lc1**

**0–1**

**A11.04**

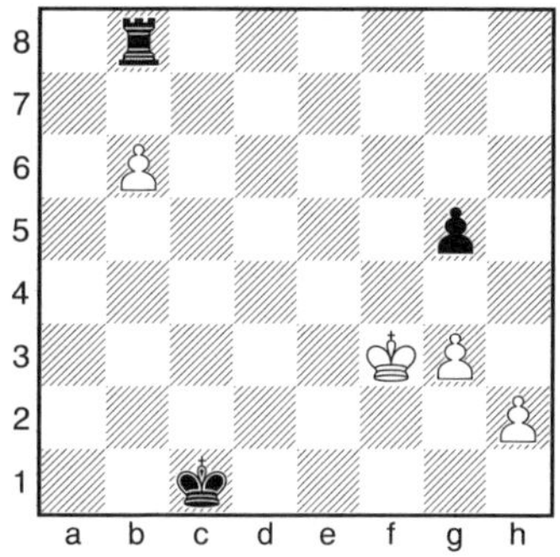

Weiß muss das Rennen richtig starten, denn nach **59.Kg4?** kommt der schwarze König rechtzeitig zurück.

Das direkte 59.h4! remisiert nach z.B. 59...gxh4 60.gxh4 Kd2 61.h5 Txb6 62.Kf4 Tb5 63.Kg4 Ke3 64.h6 Ke4 65.h7 Tb8 66.Kg5=.

**59...Kd2 60.Kxg5 Ke3 61.h4 Ke4 62.h5**

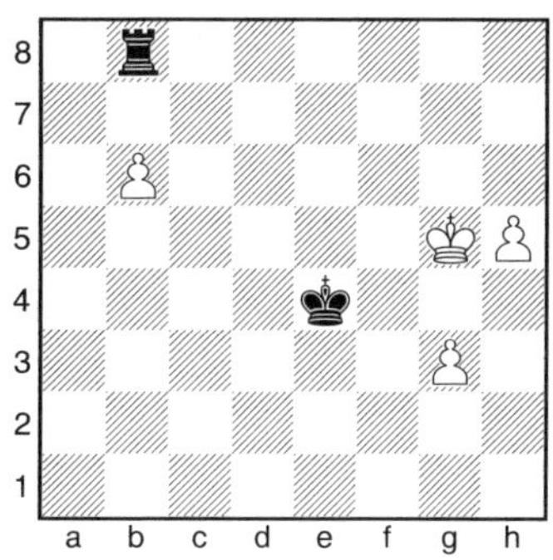

**62...Ke5!**

Der Bodycheck hat Priorität.

**63.Kg6 Txb6+ 64.Kg7 Kf5 65.h6 Tb7+**

**0–1**

**A11.05**

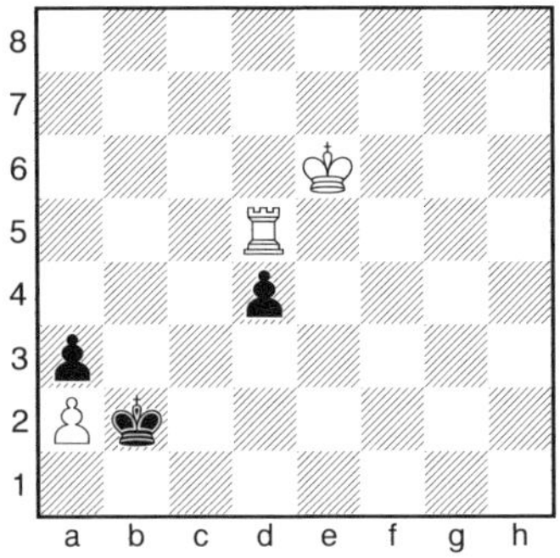

Weiß muss sehr genau agieren und jeden Tempogewinn mitnehmen.

**56.Ke5?**

Danach ist der König zu langsam.

Nur das Zwischenschach 56.Tb5+! gewinnt.

(56.Txd4? ist zu gierig: 56...Kxa2 57.Tb4 Ka1 58.Kd5 a2=.)

56...Kc2

56...Kxa2 (56...Kc3 57.Tb3+ +–) 57.Kd5 d3 58.Kc4

– 58...d2 59.Td5 Kb1 60.Txd2 a2 61.Kb3 a1S+ 62.Kc3+–

– 58...Ka1 59.Kc3 d2 60.Td5 a2 61.Txd2 Kb1 62.Td1#

57.Kd5 d3

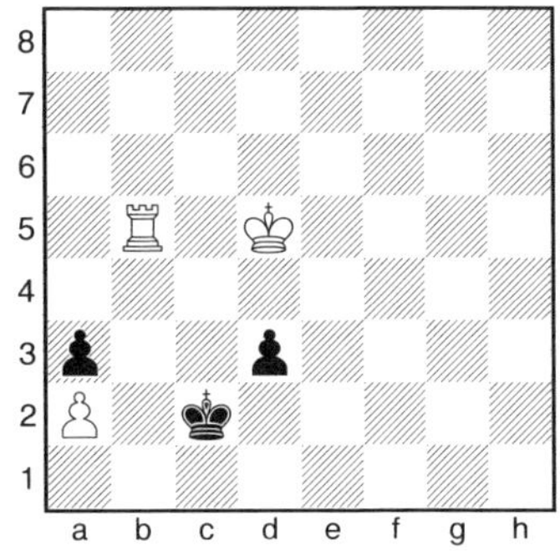

Nun gewinnt erneut nur das Zwischenschach 58.Tc5+! mit der möglichen Folge 58...Kb2 (58...Kd1 59.Kc4 d2 60.Kb3+–) 59.Kc4

– 59...Kxa2 60.Kc3 d2 61.Kxd2 Kb2 62.Tb5+ Ka1 63.Kc3 a2 64.Td5 Kb1 65.Td1#

– 59...d2 60.Td5 Kc2 61.Kb4 d1D 62.Txd1 Kxd1 63.Kxa3 Kc2 64.Kb4+–

**56...Kxa2 57.Kxd4 Kb2**

57...Kb1?? 58.Kc3+–

**58.Tb5+ Kc2 59.Ta5 Kb2 60.Tb5+ Kc2 61.Kc4 a2 62.Ta5 Kb2 63.Tb5+ Kc1 64.Th5 a1D 65.Th1+ Kb2 66.Txa1 Kxa1**

**½–½**

**A11.06**

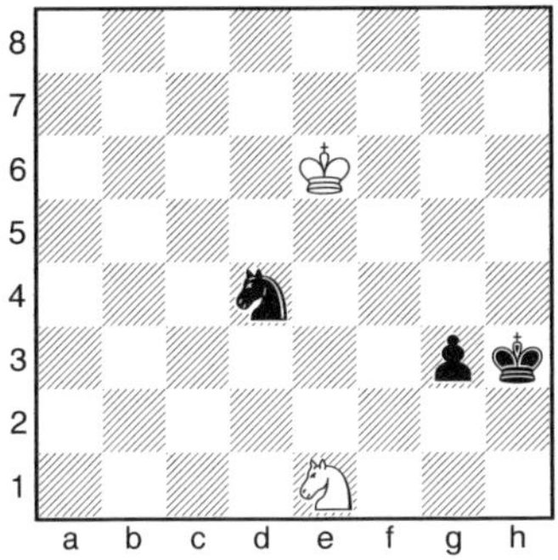

Diese Aufgabe ist sehr schwierig.

**58.Ke5?**

Der weiße König muss außer Reichweite von Springerschachs ziehen: 58.Kf6! Sc2 (58...Kh2 59.Kg5 Kg1 60.Kf4 Kf2 61.Sd3+=) 59.Sd3 Kg4 60.Se5+ Kf4 61.Sg6+ Ke3 62.Sh4 Se1 63.Kg5 Sf3+ 64.Kg4=.

**58...Sc2! 59.Sf3?!**

59.Sxc2 g2–+; 59.Sd3!? scheitert an 59...Kg4 60.Sf4 Kf3 61.Sg6 Se3 62.Sf4.

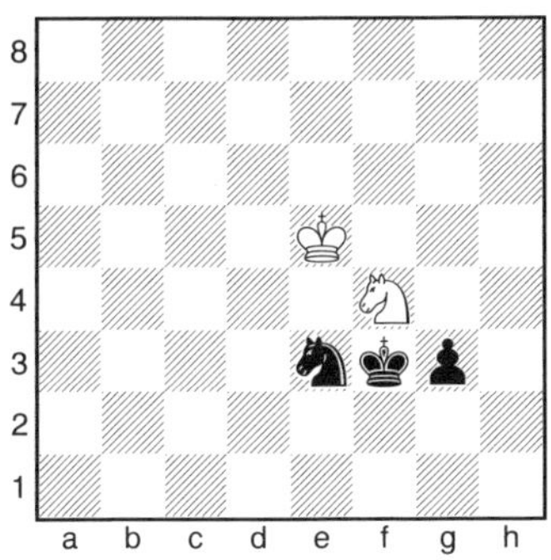

62...Sd5 63.Sh3 Sb4 64.Sf4 Sc6+ 65.Kf5 Sd4+ 66.Ke5 Se2 67.Sg6 Kg4 68.Ke4 g2 69.Se5+ Kg3 70.Sf3 Sf4 71.Ke3 Sh3 72.Ke2 Sg5 73.Sg1 Kh2 74.Kf2 Se4+ –+

**59...g2 60.Ke4 Kg3 61.Sg1 Kf2 62.Sh3+ Kf1 63.Kd3 Sb4+ 64.Kd4 Sa6 65.Kd5 Sc7+ 66.Ke5 Sb5 67.Ke4 Sc3+ 68.Ke3 Sd1+**

**0–1**

**A11.07**

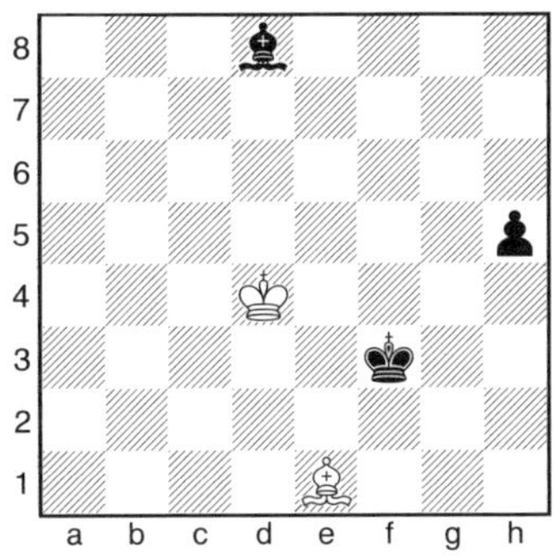

Der weiße König steht derart ungünstig, dass Schwarz dies entscheidend ausbeuten kann.

**88...Lb6+!**

88...Lc7? 89.Lh4! Kg4 90.Le7 (90.Le1? Lg3–+) 90...Lf4 91.Ke4 Lg5 92.Lxg5 Kxg5 93.Kf3=

**89.Ke5**

89.Kd3 Lf2 90.Lb4 h4 91.Ld6 h3 92.Lh2 Lg3 93.Lg1 Kg2–+

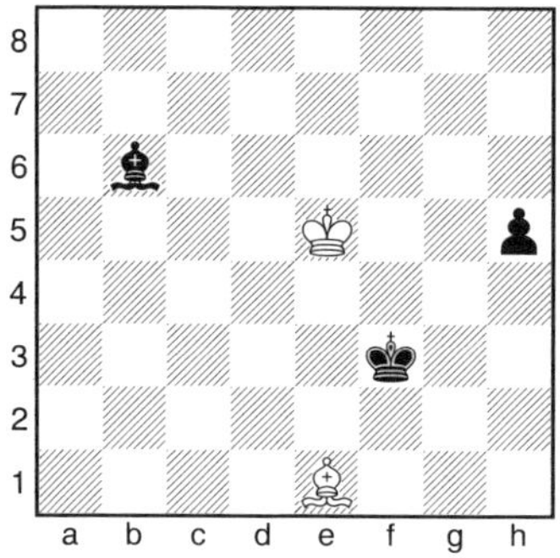

**89...Lc7+!**

Doch erst dieses zweite Schachgebot ist tödlich.

89...Lf2? 90.Lxf2 Kxf2 91.Kf4 h4 92.Kg4=

**90.Kf5**

90.Kf6 Lg3–+

**90...Lg3 91.Lc3**

91.Kg5 h4–+

**91...h4 92.Ld4 h3 93.Lg1 Lf2**

**0–1**

**A11.08**

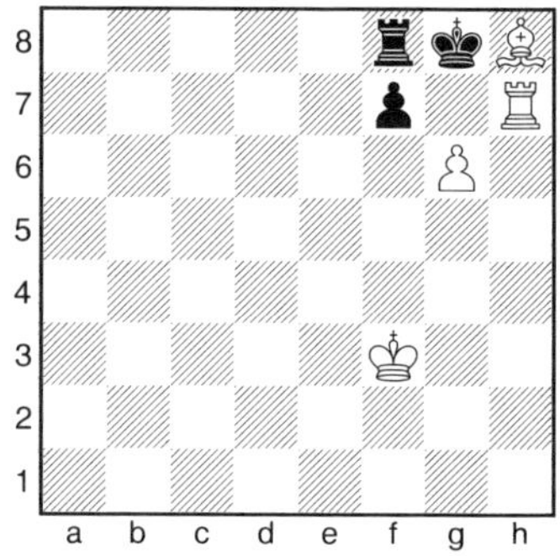

Die verblüffende Schlichtheit dieser Studie ist dem Kommentator (CDM) seit seiner Jugendzeit unvergessen geblieben.

**1.Tg7+!**

1.g7? Ta8=; 1.Lf6? fxg6 2.Tg7+ Kh8 3.Tf7+ Kg8 4.Tg7+ =

**1...Kxh8 2.Th7+ Kg8 3.g7**+–

Störendes Material wird einfach über Bord geworfen, um – wie von Zauberhand – flugs eine spezielle Art von Überlastung zu forcieren.

**A11.09**

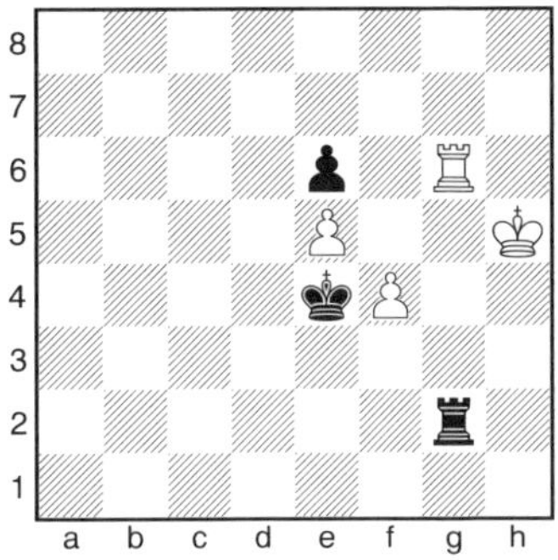

Trotz der hohen Remis-Tendenz in Turmendspielen muss der Verteidiger oft sehr genau agieren. Hier gilt es, die erforderliche Koordination der schwarzen Kräfte zu finden.

**88...Tf2?**

Diese Idee, den Bauern f4 mit dem Turm zu erbeuten, scheitert.

– Nach dem erforderlichen 88...Th2+! 89.Kg5 Kd5! sind die schwarzen Kräfte dagegen bestens koordiniert: 90.Tg7

(– 90.f5 exf5 91.Kxf5 Tf2+ =

– 90.Kf6 Tf2 91.Ke7 Txf4 92.Txe6 Tf5=)

90...Th8 91.Td7+ Ke4 92.Td6 Tf8 93.Txe6 Tf5+! (93...Txf4? 94.Tf6+–) 94.Kg6 Txf4 95.Te8 Kd5 96.e6 Kd6 97.e7 Kd7 98.Tf8 Te4=

– 88...Ta2?

(88...Txg6? 89.Kxg6 Kxf4 90.Kf6+–)

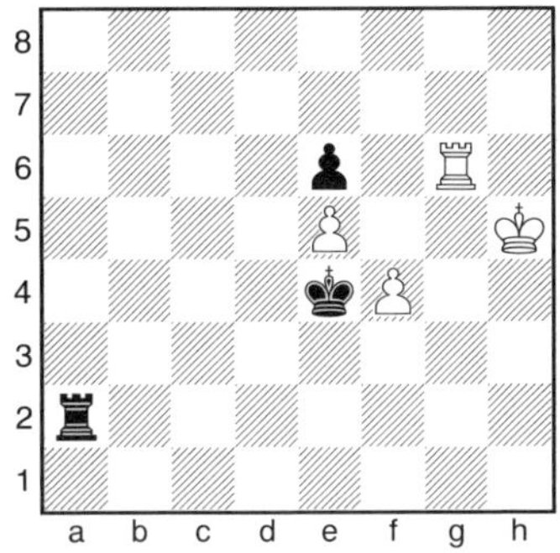

89.Kg5

(89.Txe6? Kxf4= 90.Kg6 Tg2+ 91.Kf6 Tg5 92.Te7 Tf5+)

– 89...Ta6 90.Tf6 Tb6

(90...Kd5 91.Tf8 Ke4 92.Te8 Tb6 93.Kf6 Kd5 94.f5! exf5+ 95.Kxf5+–)

91.Tf8 Ta6 92.Te8 Kd5 93.f5+–

– 89...Kd5 90.Tg7!

(90.Kf6? Tf2 91.Kg5 Tg2+ 92.Kh6 Th2+ 93.Kg7 Th4 94.Tf6 Ke4

– 95.Kf7 Kd5 96.Txe6 Txf4+ 97.Tf6 Kxe5=

– 95.Txe6 Txf4 96.Te8 Kd5 97.e6 Kd6=; 97.Kg6 Tf1 98.e6 Kd6=)

90...Ke4 91.Te7 Kd5

(91...Ta6 92.Kf6 Kxf4 93.Txe6+–; 92...Kd5 93.Td7+ Kc4 94.Td6+–)

92.Td7+ Ke4 93.Td6 Tg2+ 94.Kf6 Tf2 95.Kxe6+–

**89.Kg5**

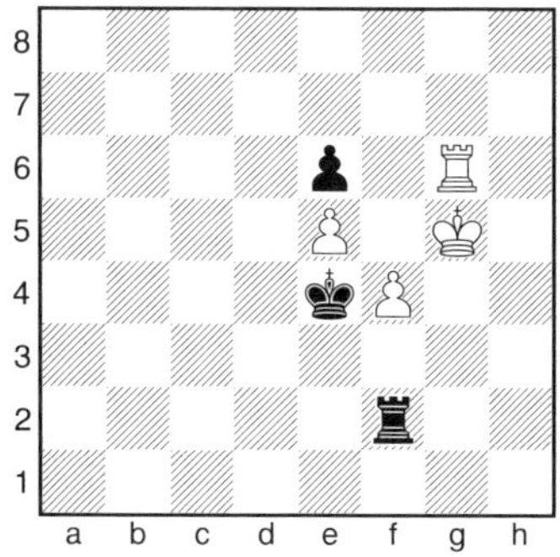

**89...Txf4**

89...Kd5 hilft angesichts von 90.Tg7! auch nicht, wie die folgenden Abspiele zeigen.

– 90...Ke4 91.Kf6 Kxf4 92.Kxe6 Te2 93.Tf7+ Kg5 94.Tf1 Ta2 95.Tg1+ Kf4 96.Kf6+–

– 90...Ta2 91.Td7+ Ke4 92.Td6 Tg2+ 93.Kf6+–

– 90...Th2 91.Td7+ Ke4 92.Td6 Tg2+ 93.Kf6 Kxf4 94.Kxe6 Te2

(94...Kg5 95.Kf7 Tf2+ 96.Kg7 Te2 97.e6 Kf5 98.Kf7 Ke5 99.Ta6 Tf2+ 100.Ke8 Tf6 101.Kd7+–)

95.Td4+ Kg5 96.Td1 Kf4 97.Kf6 Txe5 98.Tf1+ Ke4 99.Te1+ +–

Nach **90.Tf6!** kann der schwarze Turm dem Abtausch nicht entkommen und Schwarz gab auf.

**A11.10**

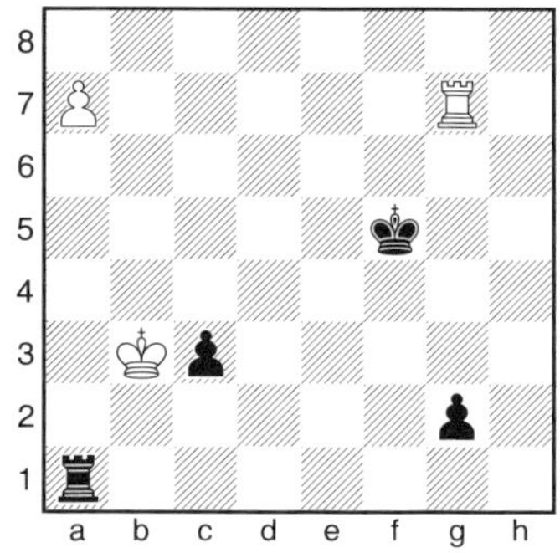

Der folgende Trick ist typisch, kommt hier aber in einem etwas ungewöhnlichen Gewand vor.

**65...c2!**

Bauernopfer zwecks Hinlenkung des gegnerischen Königs auf die 2.Reihe

**66.Kxc2 Txa7**

Ablenkung bzw. Hinlenkung

**67.Txa7**

Der Turmspieß nach 67.Txg2 Ta2+ –+ ist die eigentliche Pointe.

Oder 67.Tg8 Ta1–+

**67...g1D 68.Td7 Dc5+ 69.Kd1 Ke4 70.Td2 Dc4 71.Th2 Df1+ 72.Kc2 Ke3 73.Th6 Df4 74.Th3+ Ke2 75.Tc3 Da4+ 76.Tb3 Dc4+ 77.Kb2 Kd2**

**0–1**

**A11.11**

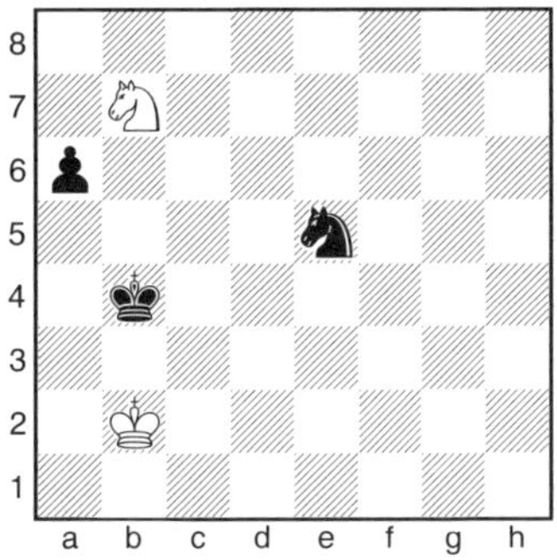

Der schwarze König steht zum weißen Springer in einer Distanz, die den Springer dominiert und die auch „Karpov-Distanz“ genannt werden kann. In der Folge wird der weiße Springer auch noch in östlicher Richtung dominiert.

**73...Sf7! 74.Ka2 Kb5 75.Kb3 Kb6 76.Sc5 Kxc5 77.Ka4 Kb6**

**0–1**

**A11.12**

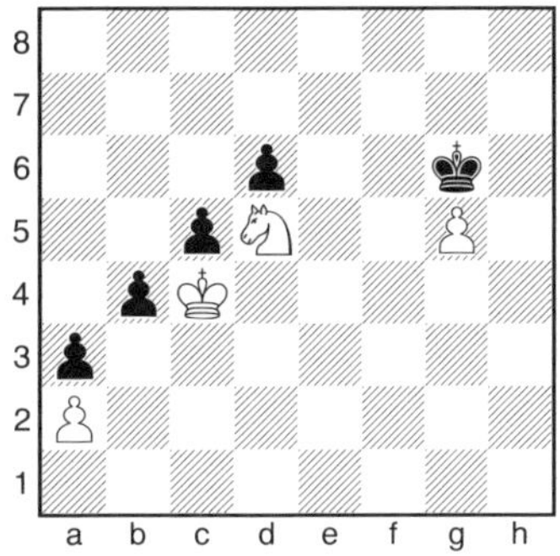

Manchmal wirkt ein Springer langsam und unbeholfen, doch er kann auch sehr gelenkig sein.

**63.Sf6!**

– 63.Sc7? Kxg5 64.Sb5 d5+ 65.Kxc5 b3 66.Sxa3 bxa2 67.Sc2=

– 63.Sxb4? cxb4 64.Kxb4 Kxg5 65.Kxa3 Kf4 66.Kb4 d5 67.Kc5 Ke5 68.a4 d4=

**63...Kf5**

63...Kxg5 64.Se4+ Kf4 65.Sxd6 Ke5 66.Sb7 b3 67.Kxb3 Kd4 68.Kxa3+–

**64.Se8 d5+**

64...Ke6 65.g6 d5+ 66.Kb3 d4 67.Sd6 d3 68.g7 d2 69.g8D+ +–

**65.Kb3 Kxg5**

65...d4 66.Sd6+ Kxg5 67.Se4+ +–

**66.Sc7**

Das gewinnt einen Bauern, wodurch die

schwarze Bauernmauer Risse bekommt.

**66...Kf4**

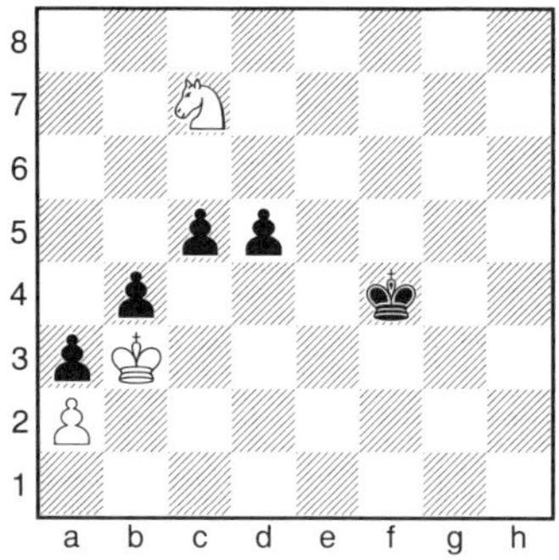

**67.Se6+**

67.Sa6+–; 67.Sxd5+? Ke5 68.Se3 Kd4 69.Sc4 Kd3 70.Sa5 Kd4 71.Sb7 Kd5=

**67...Ke3 68.Sxc5 d4 69.Kxb4 d3 70.Sa4 Kd2**

70...d2 71.Sc3 Kd3 72.Kb3 (72.Sd1? Kc2 73.Sf2 Kb2=) 72...Kd4 73.Sd1 Kd3 74.Kxa3 Kc2 75.Sf2+–

**71.Kxa3**

**1–0**

**A11.13**

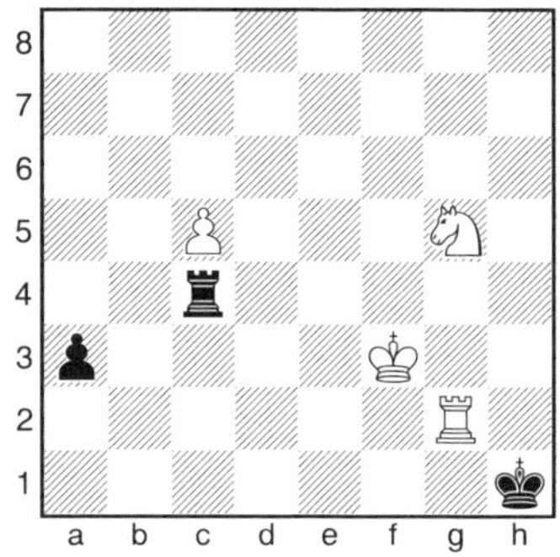

Für den Verteidiger ist es oft ein sehr schlechtes Zeichen, wenn sein König in der Ecke eingesperrt ist.

**69.Ta2?**

So geht es allerdings nicht.

Nach 69.Kg3! wird der schwarze König am Ende völlig überraschend in der anderen Ecke matt gesetzt: 69...Tg4+

(69...Txc5 70.Th2+ Kg1 71.Sf3+ Kf1 72.Tf2#)

70.Kxg4 Kxg2 71.Sf3 a2

(71...Kf2 72.Sd4 Ke3 73.Sc2+ Ke4 74.c6+–)

72.Se1+ Kf1 73.Sc2 Ke2 74.c6 Kd2 75.Sa1 Kc3 76.c7 Kb2 77.c8D Kxa1 78.Dc1#

**69...Tc3+?**

Der verbleibende Bauer muss mit 69...Txc5! beseitigt werden, wonach Weiß dem Eckensteher-König nicht beikommen kann; z.B. 70.Se4 Tf5+ 71.Kg3 Kg1 72.Ta1+ Tf1 73.Txa3 Tf8 74.Sg5 Kf1 75.Te3 Tg8 76.Te5 Tg6=.

**70.Kf2 Tb3**

70...Txc5 71.Sf3 Tc1 72.Kg3+–

**71.Sf3 Tb1**

71...Tb2+ 72.Txb2 axb2 73.Sd2+–

**72.Kg3**

**1–0**

**A11.14**

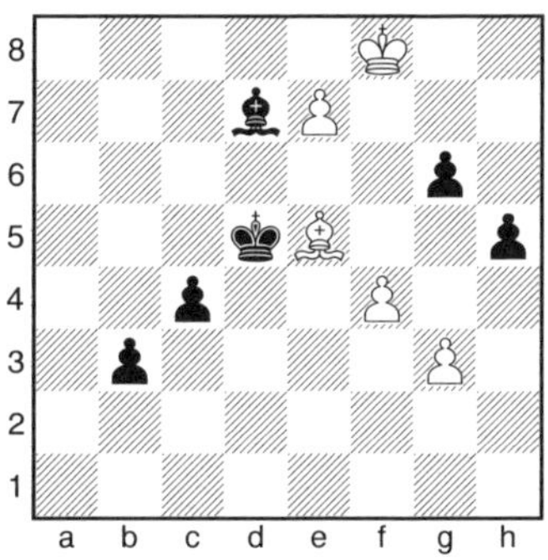


Bei Wettrennen gilt die ansonsten übliche Remis-Tendenz mit ungleichfarbigen Läufern nur bedingt.

**56.Kg7!**

Damit steht Weiß für das anstehende Rennen in den Startlöchern.

– 56.e8D? scheitert an 56...Lxe8 57.Kxe8 Ke4 und die schwarzen Bauern sind zu schnell: 58.Kf7 Kd3 59.Kxg6 c3 60.f5 b2 61.f6 b1D 62.f7 Db4 63.Kg7 c2 64.Lf4 h4 65.f8D Dxf8+ 66.Kxf8 hxg3–+.

– Nach 56.Kf7? g5! 57.f5 Kxe5 58.f6 b2 steht Weiß hingegen der eigene König im Weg: 59.Kg7 b1D 60.f7 Db5 61.f8D Dc6–+ und nun z.B. 62.Db8+ Kd5 63.Dg8+ Ke4 64.Df7 c3 usw.

**56...g5**

Oder 56...Ke6 57.Kxg6 Le8+ 58.Kg7 Kxe7 59.f5= bzw. 56...Le8 57.Kf8=.

**57.f5 Kxe5 58.f6 b2**

Hier wurde remis vereinbart, weil der schwarze König nach **59.f7 b1D 60.e8D+ Lxe8 61.fxe8D+** kein rechtes Versteck findet; z.B. **61...Kd4 62.Dd8+ Ke4**

62...Ke3 63.Dxg5+ =; 62...Kc3 63.Df6+ Kc2 64.Df5+ Kb2 65.Db5+ =

**63.De8+ Kf3 64.Dxh5+ g4 65.Df7+! Kxg3 66.Dxc4=**

## A11.15

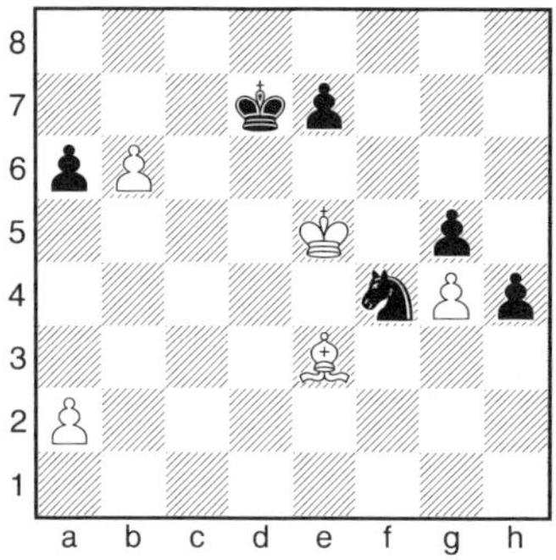

Wenn der Springer seine taktische Wendigkeit ausspielen kann, ist er sehr stark.

**43...Se2!**

Der Aufgalopp zum Läufergewinn.

43...h3?! 44.Lg1 Sg2 sollte auf lange Sicht ebenfalls gewinnen, ist aber bei Weitem nicht so einfach und elegant.

**44.Ke4 h3 45.Kf3 h2 46.Kg2**

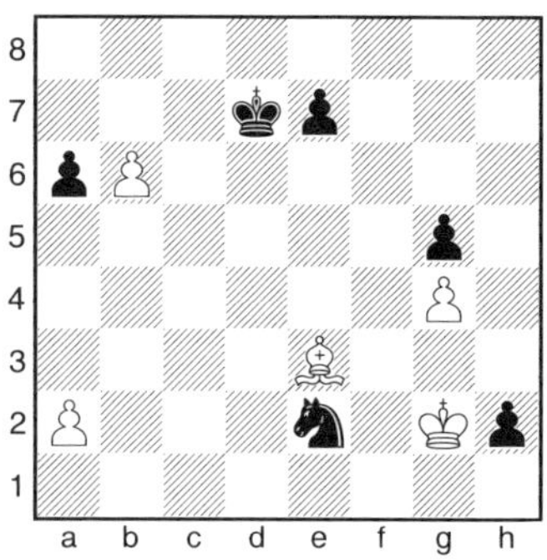

**46...Sg3!**

Und 0–1 aufgrund von **47.Kxh2 Sf1+ 48.Kg2 Sxe3+ 49.Kf3 Sc4**–+.

## A11.16

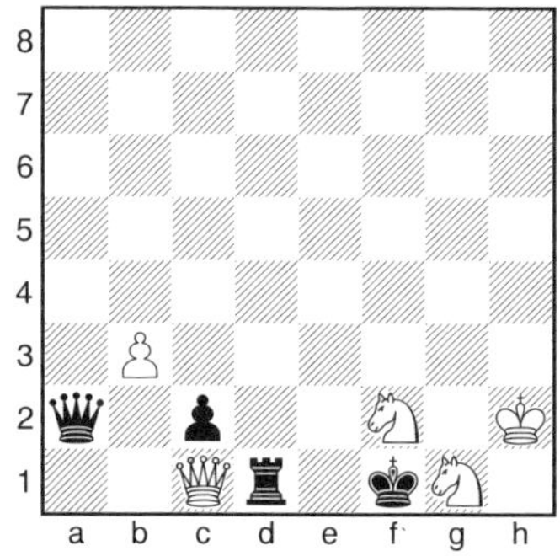

Wunderkerzen verleihen diesem Studienfinale gebührende Glanzlichter.

**4.Sd3!**

Mit der Ddrohung Df4 matt.

**4...Txc1 5.Se2! Kxe2**

Ansonsten 6.Sg3 matt.

**6.Sxc1+**

Der verbleibende Schimmel räumt noch mit einem „Familienschach“ entscheidend ab.

**6...Kd2 7.Sxa2**+– Wow!

# Quellenverzeichnis

Bönsch, E. & U., „Schachlehre/Schachtraining“ 2000

ChessBase Magazine

ChessBase Nachrichten (www.chessbase.de)

CORR Database 2015/2018

„Dworetzki's Endgame Manual“, 2011

Heinicke, H., „Heinicke, Kunst des Positionsspiels“, 1981

Mega Database 2013/2017/2018

Meyer, C.D., Im Spiegel der Analyse, Edition Olms 1987

Meyer, C.D. & Müller, K., „The Magic of Chess Tactics“, (in Buchform Russell 2002, als ChessBase DVD 2009)

Meyer, C.D. & Müller, K., „Magic of Chess Tactics 2“, 2013 (ChessBase DVD)

Meyer, C.D. & Müller, K., „Magische Schachendspiele“, 2020 (ChessBase DVD)

Meyer, C.D. & Müller, K., „The Magic of Chess Tactics 2 (Intuition, Imagination & Precision)“, (in Buchform Russell 2017)

Müller, K., „Endgame Corner“ (www.ChessCafe.com)

Nalimov Endgame Tablebases

NEW IN CHESS Magazines

Schachmagazin 64

Winter, E., „Chess History Center“ (www.chesshistory.com)

www. schachbundesliga.de

# Index „Magische Endspiele“

## Spieler mit Schwarz gegen …

# Über die Autoren

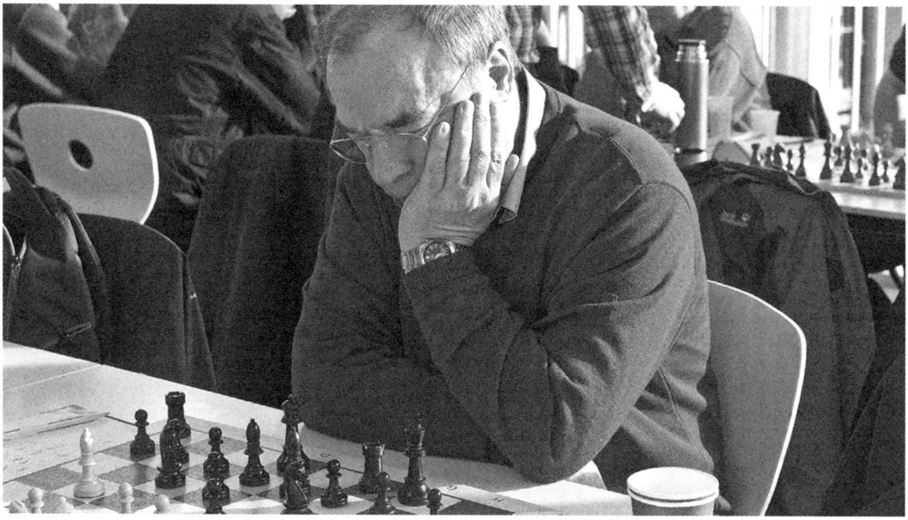

*Claus Dieter Meyer*

FM Claus Dieter Meyer wurde am 1. August 1946 in Bremen geboren. Nach seiner Tätigkeit als Assekuranz-Makler arbeitete er als freier Schachjournalist für diverse Zeitschriften, wurde 1983 FIDE-Meister und verdiente sich die Sporen als Analytiker und Schachtrainer (A-Lizenz seit 1986).

C.D. Meyer ist Autor der Bücher *Schach-Bundesliga 1980–83* (1984, zusammen mit Johannes Eising und Gerd Treppner), *Im Spiegel der Analyse* (1987), *Die Jahrhundert-Meisterschaft im Schach* (2001, zusammen mit Robert Hübner und anderen) – sowie in Kooperation mit Karsten Müller: *The Magic of Chess Tactics* (2002), die Training-DVDs *Magic of Chess Tactics – revised and enlarged* (2009), *Magic of Chess Tactics 2* (auf Deutsch und Englisch, 2014) sowie *The Magic of Chess Tactics 2* (Intuition, Imagination & Precision, 2017).

C.D. Meyer hat auch Schachbücher vom Englischen ins Deutsche übersetzt und bearbeitet: Kotows *Think / Play Like a Grandmaster*, Nunns *Tactical Chess Endings* und *The Najdorf for the Tournament Player*.

Von 1989 bis 1998 arbeitete er als Stützpunkt-Trainer in Hamburg, ebenso bis 1998 viele Jahre als Landestrainer von Bremen (LSB). Insbesondere war er in der Schachabteilung von Werder Bremen von 1986 bis 2012 als (Spieler-)Trainer beschäftigt und war sehr lange (Co-)Autor der Rubrik Analysen unter *www.werder-schach.de*. Für das *ChessBase Magazin* war er etliche Jahren als Kommentator tätig, überwiegend im Bereich Bundesliga (Werder Bremen). C.D. Meyer ist im März 2020 nach langer schwerer Krankheit verstorben. Dieses Projekt ist so etwas wie sein letzter schachlicher Wille.

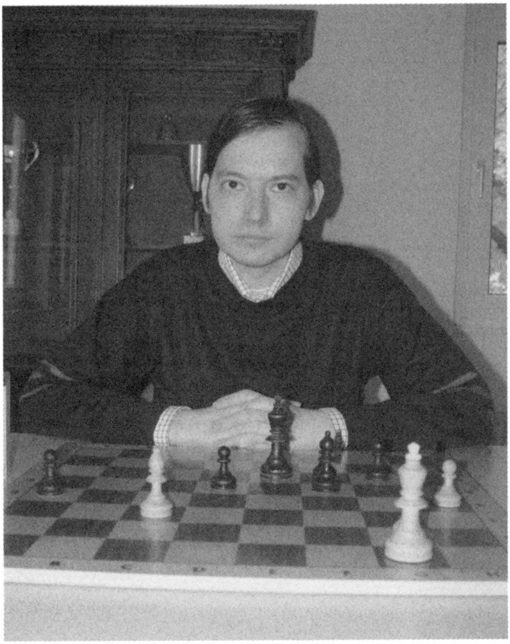

*Karsten Müller*

GM Dr. Karsten Müller wurde am 23. November 1970 in Hamburg geboren. Er studierte Mathematik und promovierte 2002. Von 1988 bis 2015 spielte er für den Hamburger SK in der Bundesliga und errang 1998 den Großmeister-Titel.

Zusammen mit Frank Lamprecht ist er Autor der hochgeschätzten Werke *Secrets of Pawn Endings* (2000) und *Fundamental Chess Endings* (2001). Zusammen mit Martin Voigt schrieb er *Danish Dynamite* (2003), mit Wolfgang Pajeken *How to Play Chess Endgames* (2008), mit Raymund Stolze *Zaubern wie Schachweltmeister Michail Tal* sowie *Kämpfen und Siegen mit Hikaru Nakamura* (2012).

Aufmerksamkeit fand auch Müllers Buch *Bobby Fischer, The Career and Complete Games of the American World Chess Champion* (2009) sowie besonders auch seine exzellente Serie von ChessBase-Endspiel-DVDs *Schachendspiele 1–14*. Müllers beliebte Rubrik *Endgame Corner* erschien unter *www.ChessCafe.com* von Januar 2001 bis 2015, seine Rubrik *Endspiele* im *ChessBase Magazine* seit 2006.

Der vielbeschäftigte und weltweit anerkannte Endspiel-Experte wurde 2007 als „Trainer des Jahres“ vom Deutschen Schachbund ausgezeichnet. Im Beyer Verlag sind bereits 6 seiner Bücher erschienen: *Schachtaktik*, *Positionsspiel*, *Verteidigung* (zusammen mit Merijn van Delft), *Schachstrategie* (zusammen mit Alex Markgraf), *Italienisch mit c3 und d3* (zusammen mit Georgios Souleidis) und *Magie der Schachtaktik* (zusammen mit C.D. Meyer).

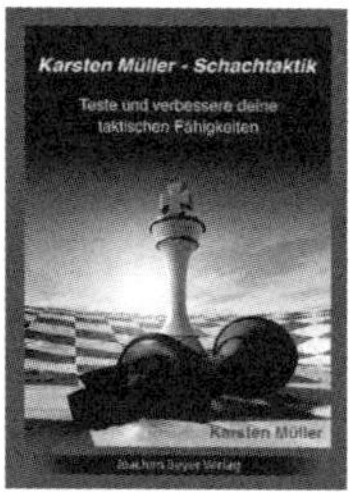


**Karsten Müller**

## Karsten Müller – Schachtaktik

**Teste und verbessere deine taktischen Fähigkeiten**

**268 Seiten, gebunden, Leseband**

Das erhältliche Werk versammelt insgesamt 565 Denksportaufgaben aus dem Bereich der Taktik, wobei sämtliche Phasen der Schachpartie berücksichtigt werden. Der erste Teil des Buchs stellt alle erdenklichen Elemente und Motive der Schachtaktik in kurzer Form vor und verknüpft diese jeweils mit einer Reihe von lehrreichen Übungen, die sich vornehmlich an fortgeschrittene Anfänger richten. Der zweite Teil bietet Testaufgaben variierender Schwierigkeit, die den ambitionierten Vereinsspieler bis hin zum Meister ansprechen. Kurze Hinweise (Lösungshilfen) zu den Tests werden in einem separaten Kapitel angeboten.

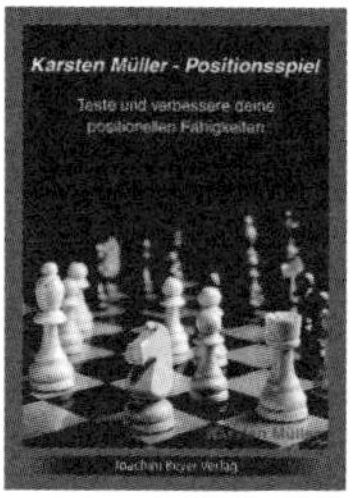


**Karsten Müller**

## Karsten Müller – Positionsspiel

**Teste und verbessere Deine positionellen Fähigkeiten**

**352 Seiten, gebunden, Leseband**

Das Positionsspiel unterscheidet sich grundlegend vom Kombinationsspiel, das durch taktische Manöver einen schnellen Materialgewinn oder das Matt anvisiert. Das Positionsspiel zielt hingegen darauf ab, die Stellung allmählich zu verbessern, bis diese für einen entscheidenden Schlag reif ist. Bei dieser Schritt-für-Schritt-Strategie ist in der Regel keine präzise Berechnung oder abschließende Bewertung der Abspiele möglich. Das Werk will die Fähigkeiten des Spielers im Stellungsspiel verbessern, den Positionsblick schärfen und helfen, ein Gefühl für die richtigen strategischen Entscheidungen zu entwickeln.

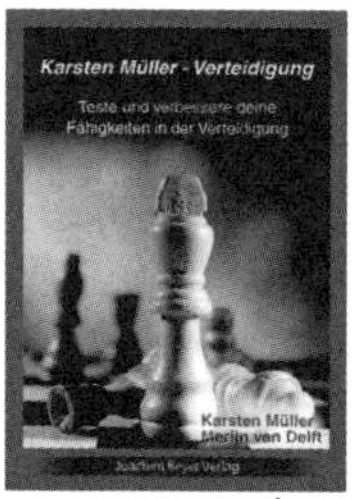


**Karsten Müller / Merijn van Delft**

## Karsten Müller – Verteidigung

**Teste und verbessere deine Fähigkeiten in der Verteidigung**

**258 Seiten, gebunden, Leseband**

Zu den behandelten Themen gehören: – Prinzipien und Methoden des Verteidigers – Verteidigung gegen einen Königsangriff – Neutralisierung einer Initiative – Rettung des Remis – Passive oder aktive Verteidigung – die Entwicklung von Gegenspiel.

Aber auch sonst nur stiefmütterlich behandelte Fragen wie die der Verteidigung gegen den Minoritätsangriff. Einem der findigsten und zähesten Verteidiger unter den Weltmeistern, Tigran Petrosjan, ist ein eigenes Kapitel gewidmet. Die Übungen richten sich an versierte Vereinsspieler.

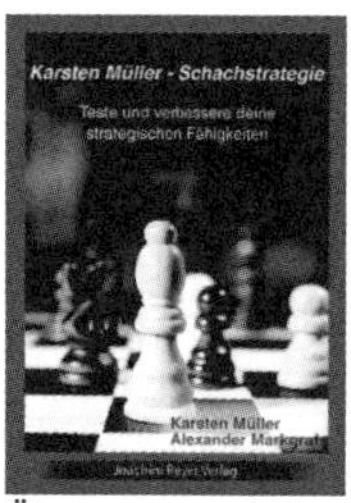


**Karsten Müller / Alexander Markgraf**

## Karsten Müller – Schachstrategie

**Teste und verbessere deine strategischen Fähigkeiten**

**284 Seiten, gebunden, Leseband**

Dies ist der vierte und krönende Schlussband von Karsten Müllers Reihe zu Lehr- und Übungsbüchern, die sich dem Mittel- und Endspiel widmen. Thematisch nahe verwandt mit dem vorhergehenden Band „Positionsspiel“, will dieses Werk weitere Schwerpunkte im Bereich der strategischen Spielführung setzen und wiederum den Leser anleiten, sich anhand zahlreicher Übungs- und Testaufgaben zu verbessern und zu vervollkommnen. Zu den Kernthemen der Autoren gehören Prophylaxe, der richtige Abtausch, Domination, Verwertung eines Vorteils, u.a.. Fraglos richtet sich dieser Trainingskurs an fortgeschrittene Spieler, die bereits auf grundlegende strategische Kenntnisse zurückgreifen können.